동학을 배우다
마음을 살리다

동학을 배우다 마음을 살리다

동학과 동양철학의 수련법 비교

송봉구 지음

머리말

　필자는 동학을 공부하기 전에 주자가 집대성한 성리학을 공부했다. 그중에서 가장 관심을 둔 주제는 수양론이다. 주자 수양론의 핵심은 '거경궁리(居敬窮理)'이다. '거경'은 마음을 항상 '경'의 상태에 있게 하는 것이며, '경'은 늘 깨어 있는 것이다. '궁리'란 만물의 이치를 탐구하는 것이다. 즉 '거경궁리'는 '마음을 항상 깨어 있게 하여 만물의 이치를 탐구'하는 것이다.

　그런데 사람의 마음에 욕심이 끼어들어 깨어있지 못하고 만물의 이치도 탐구하지 못해서 서로의 관계를 왜곡해 버린다. 이 왜곡된 관계를 회복하기 위해서는 먼저 욕심을 제거해야 한다. 그렇게 하는 공부가 '거경'이다. '궁리'는 거경의 상태에서 사물의 이치를 탐구해서 그 본체와 본연을 파악하는 것이다. 이렇게 말하면 거경이 먼저고 궁리가 나중이라고 생각할 수 있다. 그러나 꼭 그런 것은 아니다. 때로는 마음이 심란한 가운데 이치를 궁구하다가 마음이 경의 상태에 들어갈 수도 있다. 문제는 거경, 즉 마음이 항상 깨어 있다는 것의 참된 의미가 무엇인지 이해하기 어렵다는 것이다. 또 이치를 궁구해서 내 것으로 만드는 것의 의미 역시 이해하기 어렵기는 마찬가지다. 필자는 '거경궁리'를 주제로 해서 박사논문을 쓰고 학위도 받았다. 그러나 그 이후로도 거경궁리에 대한 참된 의미가 무엇인지, 그리고 내 삶에서 어떻게 실현할 것인지 여전히 고민거리였다.

고민이 깊어 파탄에 이를 즈음에 동학의 수련법을 만났다. 물론 동학사상이야 대학 시절 이래로 어느 정도는 알고 있었지만 사상이나 종교, 혁명이나 운동이 주를 이루었고, 동학의 주문 수련법은 거의 모르고 있었다. 그런데 부산에 와서 동학을 계승해 온 천도교가 아직도 있고 일요일마다 시일식(법회)도 봉행하고 있다는 사실을 알게 되었다. 그때부터 천도교인들의 도움을 받아 주문 수련을 시작했다. 그렇게 5년 정도 수련을 계속하면서 어느덧 성리학의 '거경궁리'가 어떤 의미인지 어느 정도 알게 되었다. 성리학(주자학)에는 글로만 남아 있는 그 개념을 동학의 수련을 통해서 경험적으로 체득한 것이다. 그리고 하나의 공부 매듭이 지어질 때마다 그 내용을 글로 쓰게 되었다. 이 책에 실린 글들이 그것이다.

동학 수련법의 글들을 정리하면서, 동학-천도교의 실체와 역사를 새롭게, 넓게, 깊게 이해하게 되었다. 동학농민혁명이 왜 일어났으며, 우리나라가 어떻게 식민지가 되었는지, 그리고 자주 독립을 위해 선조들이 어떤 노력을 했는지…. 그 중심에 동학의 세 스승님이 계셨다. 오늘날 대한민국이 독립을 하고 눈부시게 발전하는 밑바탕에 동학-천도교의 사상과 역사가 자리매김해 있음을 알게 된 것이다. 세 분 스승님의 삶과 사상을 공부하는 것은 오늘의 대한민국을 이해하는 데, 그리고 그 안에서 살아가는 나 자신을 이해하는 데 큰 도움이 될 것은 자명하다.

수운 최제우 선생의 기본 사상은 성리학을 바탕으로 하면서도 불도와 선도를 아우르고, 당시 조선에 갓 들어와 세력을 확대하던 서학(천주교)의 하느님 사상도 들어 있다. 한마디로 당대 우리나라에 전래되고 뿌리내린 모든 종교의 가르침을 조화시켰다고 할 수 있다. 그렇게 해서 수운 선생은 동학-천도교의 뿌리를 깊이 내렸다. 이어 수운 선생을 계승하여 38년간 가르침을 펼친 해월 최시형 선생은 동학-천도교의 거목이라 할 수 있다. 해월 선생은 시대 상황과 세계사의 흐름에 조응하며 민중들의 삶에 밀착하여 공감하고 공동하면서 수운의 사상을 다양하게 가지 쳐서 뻗어나가게 함으로써 동학이 거목으로 성장하게 하였다. 그 원동력이 바로 위기 때마다 거듭해서 실시한 49일 수련이었다. 49일 동안 주문 수련에 전념하며 스승(수운)이 전해준 시천주 사상과 교리를 연마하고, 내 몸에 모신 한울님을 기름[養天主]으로써 민중들이 충분히 소화할 수 있도록 가다듬었다. 해월 선생은 민중 가까이에서 '한울님 모심[侍]과 살림[養]을 체행하는 사람'의 모습을 보여줌으로써 가는 곳마다 동학의 새 숲을 일구어 나갔다. 해월 선생이 동학농민혁명 이후 거대한 사상적 도약을 끝내고 생을 마감하자 그 뒤를 이어 동학을 살려 나간 분이 의암 손병희 선생이다. 수운이 뿌리요, 해월이 줄기와 가지라면 의암은 그것을 무성하게 하고 꽃피운 분이라 할 수 있다. 의암 선생은 동학농민혁명 이후 완전히 꺼져 버릴 위험에 처한 동학의 불씨를 살려내어 '천도교'라는 근대적 종교로 중흥시켰다. 특히 1910년에 조선이 일본의 식민지가 되자 선생은 10년 안에 나라를 다시 찾겠다는 목표를 세우고 인재 양성에 매진하고 물적 토대를 구축해 나간다. 그 근간을 이룬 것은 한편으로 주문 수련을 통한 영적 수련으로서 성심신의 역량을 기르는 것이고, 다른 한편으로 근대적 교육 체계나 언론 출판의 활성화를 통한 민족의 근대적 정치 역량을 함양하는 것이었다. 그중에서도 지도자 수련에 선발되어 참여한 사람들이 500명 정도 되었는데, 이들은 훗날 전국 각지에서 3.1만세운동을 이끄는 핵심 지도 역량이 되었다. 3.1만세운동은 당대-당장의 독립을 성취한 것은 아니지만, 당시 조선의 민중들에게 독립을 해야 한다는 의지와, 독립을 할 수 있다는 자신과, 독립 이후의 세계에 대한 희망을 불어넣어 준 데에 더 깊고 큰 의의가 있다. 특히 3.1만세운동으로 상해에 대한민국임시정부가 수립되었고, 그것은 광복으로까지 이어진다. 오늘날 대한민국의 뿌리가 어디인지를 놓고 말들이 많지만 동학의 세 분 스승의 가르침과 그 역사적 전개 과정을 공부해 보면 더 이상 의문이 없을 것이다.

이러한 동학-천도교의 사상과 역사는 우리가 바라는 세계에 이르기 위해서는 운동과 혁명만이 전부가 아니라, 그 이면-바탕에 동학-천도교의 주문 수련법에 따라 심신과 영성을 수련하고, 지혜와 지성을 수양하는 절차와 도법이 필요하다는 점을 절실하게 시사한다.

오늘의 세계는 코로나19 이후 전 세계적으로 새로운 삶의 질서(뉴노멀)가 도래하고 있다. 이것이 생명평화의 방향으로 나아가기 위해서는 동학-천도교의 시천주-양천주-각천주의 수련이 필수적인 요건으로 요청되고 있다. 동학-천도교는 오늘 세계의 근간이 되는 근대-물질-자본-생산 중심의 문명에 대한 대안적 세계로서의 '다시 개벽'을 주창하였고, 그 철학과 사상, 방법과 실천의 내용을 가지고 있기 때문이다. 이 책을 통해서 동학의 세 분 스승님의 일생과 그 가르침, 특히 수련법에 대한 이해와 실천의 문화가 확산된다면, 더없이 다행이겠다. 마지막으로 고마운 분들께 감사의 말씀을 전하고자 한다. 공부하는데 토대를 만들어준 부모님과 두딸을 잘 기르고 분위기 잘 만들어준 아내와 책 내용을 알차게 만들어준 〈도서출판 모시는사람들〉의 박길수 대표님께 감사드린다.

2020년 8월 6일 더운 여름 해운대에서

송봉구 識

머리말 ————5

여는 글―동학의 수련법 총론 ————————————13
: 시천주-양천주-각천주

제1부 **수운 최제우** : 하늘을 더불어 모시다

Ⅰ. 수운 최제우는 어떻게 살았는가? ————————45
  1. 혼돈의 변경에 서다 ————————————47
  2. 새로운 길을 찾아, 떠나다 ————————49
  3. 새로운 길을 찾아, 돌아오다 ————————52
  4. 새로운 길, 동학을 열다 ——————————55
  5. 한울의 덕을, 펼치다-포덕 ————————62
  6. 한울 속으로 돌아가, 순도하다 ——————68

Ⅱ. 노자의 허심과 수운의 수심 수련법 비교 ————73
  1. 들어가는 말 ——————————————75
  2. 노자의 허심 수련법 ——————————78
  3. 수운의 수심 수련법 ——————————84
  4. 허심과 수심 수련법 비교 ————————94
  5. 나가는 말 ——————————————97

Ⅲ. 선불교의 화두선과 동학의 주문 수련법 비교 ————99
  1. 들어가는 말 ——————————————101

  2. 육조혜능 · 마조도일 · 대혜종고의 수련법 ———— 103

  3. 동학의 21자 주문 수련법 ———————————— 115

  4. 화두선과 주문 수련법 비교 ————————————— 121

  5. 나가는 말 ——————————————————— 123

Ⅳ. 양명의 치양지와 수운의 시천주 비교 ———————— 127

  1. 들어가는 말 —————————————————— 129

  2. 왕양명과 최제우의 삶과 새로운 수련법 ——————— 131

  3. 양지(良知)와 천주(天主) 비교 ——————————— 136

  4. 양명과 수운의 수련방법론 비교 —————————— 144

  5. 나가는 말 ——————————————————— 149

제2부 해월 최시형 : 땅을 더불어 그리다

Ⅰ. 해월 최시형은 어떻게 살았는가? ————————— 153

  1. 청년 해월, 동학을 만나다 ————————————— 155

  2. 40대의 해월, 동학을 계승하고 재건하다 —————— 161

  3. 50대의 해월, 동학을 널리 펴다 —————————— 165

  4. 60대의 해월, 동학 세상을 지향하다 ———————— 168

  5. 70대의 해월, 도를 전하고 순도하다 ———————— 176

Ⅱ. 해월 최시형의 이심치심 수련법 ————————— 179

  1. 들어가는 말 —————————————————— 181

  2. 이심(以心) ——————————————————— 183

  3. 치심(治心) ——————————————————— 192

  4. 나가는 말 ——————————————————— 203

Ⅲ. 주자의 거경과 해월의 수심정기 비교 ——————— 207

  1. 들어가는 말 —————————————————— 209

2. 주자의 거경 ——————— 213

3. 해월의 수심정기 ——————— 221

4. 거경궁리와 수심정기의 비교 ——————— 232

제3부 **의암 손병회**: 세상을 더불어 살리다

Ⅰ. 의암 손병회는 어떻게 살았는가? ——————— 239

1. 의기 남아로 자라나다 ——————— 241

2. 새 시대의 동학 청년이 되다 ——————— 242

3. 백천간두에 선 동학을 짊어지다 ——————— 246

4. 더 넓은 세상으로 나아가다 ——————— 252

5. 다시, 개벽하여 천도교 시대를 열다 ——————— 254

6. 인류의 가슴에 새 문명 정신을 새기다 ——————— 258

7. 의암, 한울로 돌아가 세상에 드러나다 ——————— 263

Ⅱ. 의암 손병회의 심성 수련법 연구 ——————— 267

1. 들어가는 말 ——————— 269

2. 본론 ——————— 271

3. 나가는 말 ——————— 286

Ⅲ. 의암 손병회의 이신환성설 연구 ——————— 289

1. 들어가는 말 ——————— 291

2. 신 · 심 · 성과 소체 · 대체의 관계 ——————— 293

3. 육신관념을 성령관념으로 바꾸다 ——————— 302

4. 나가는 말 ——————— 307

참고문헌 ——————— 309

동학의 수련법 총론 *

: 시천주-양천주-각천주

* 이 글은 『유학연구』 20집에 실린 것을 수정하여 재수록했다.

동학의 세 분 스승님의 공부 방법론은 각각 특징이 있지만 그래도 그 바탕에 한결같이 흐르는 정신은 지극한 정성으로 21자 주문에 의지해서 공부하면 결국 내가 모신 한울님을 체득한다는 것이다. 그리고 그 결과로 각자위심(各自爲心)의 이기적인 삶, 각자도생(各自圖生)의 투쟁적인 삶이 아니라, 하늘과 사람, 그리고 만물이 서로 조화를 이루고 서로의 행복의 이유가 되어 주는 삶을 살 수 있다는 것이다. 맹자는 그 큰 틀의 삶을 사는 이를 '대장부'라고 했다. 동학 세 분 스승님은 '대장부'답게 살다 갔다고 해도 지나치지는 않을 것이다. 지금 시대가 어렵다고 많은 사람들이 절망한다. 이 어려운 시대를 슬기롭게, 용감하게 극복하는 길은 동학의 스승님들이 공부하고 또 가르쳐 주신 것처럼 21자 주문에 의지하여 내 안의 한울님을 체득하는 것이다.

1. 들어가며

동학을 창도한 수운 최제우(1824~1864)는 19세기 중엽, 경상북도 경주 근향 작은 시골 마을(현곡면 가정리)에서 태어났다. 이때 조선의 내부는 부정부패가 만연하여 백성들이 하루도 편안할 날이 없었고, 밖으로는 평생에 들도 보도 못하던 외세가 밀려와 백성들은 혼돈과 공포에 시달렸다. 그런 속에서 오랫동안 삶의 지침이 되던 유도, 불도, 선도 등은 위기 상황에서 제구실을 하지 못하고 있었다. 수운은 이러한 내우외환을 극복할 궁극적인 길을 찾아 20세 무렵부터 전국을 떠돌며, 배우고, 묻고, 논쟁하고, 사색했다. 숱한 모색과 시행 끝에, 하늘에 빌고 또 하늘을 향하여 정성들여야 한다는 결론에 도달하여, 천성산 적멸굴과 내원암에서 치성과 단련을 잇달아 했다. 그러고도 결정적인 깨침에 도달하지 못하자, 결국 구도의 첫 출발지인 용담정으로 돌아와 끝장 수련에 돌입했다.

그 기나긴 수행과 수학, 사색과 문답, 주유(周遊)와 치성의 결과 경신년(庚申年, 1860) 4월 5일, 내게 모셔진 한울님을 체득하고, 나만이 아니라 이 세상 만물만사가 한울님을 모신 존재이자 일동일정 일사일언이 모두 한울님의 일이라는 사실을 깨달았다. 이 소중한 깨침을 당시 백성들에게 전하자 수많은 사람들이 그 가르침을 받으려고 몰려들었다. 그때 수운이 거듭 강조하며 가르쳐 준 공부 방법은 21자 주문 수련법이었다. 수운은 여러 가지 공부 한가운데에 주문 수련이 있다고 하였다. 주문 공부만 잘하면 한울님을 체득할 수 있다고 했다. 이와 같은 단순한 공부 방법만으로 군자가 될 수 있다는 것은 일반 백성들에게는 혁명적인 소식이었다.

이처럼 수운이 제창한 21자 주문은 동학 수련법의 특징을 가장 잘 보여준다. 그것을 한마디로 '수양 공부의 간이화와 대중화'(박경환, 2003)라고도 한다. 21자 주문을 정성껏 외우기만 하면 되니 쉽고, 누구든지 할 수 있으니 대중화라고 할 수 있다. 그러나 그 정도 설명으로는 구체적인 동학의 수련법이 보이지 않는다. 그래서 이 장에서는 해월과 의암을 연구하면서 구체적 수련방법론을 살펴보았다. 정혜정은 그의 논문 「동학과 불교사상」에서 해월이 마음에 대해서 말한 '심시허령(心是虛靈) 조화무궁(造化無窮)'에 대해 허령을 불교의 '진공묘유(眞空妙有)'와 상통한다고 치밀하게 분석하지만, 역시 구체적으로 불교의 어떤 방법론과 통하는 수련을 했는지 그 내용이 보이지 않는다. 그래서 의암의 수련법에서 주문을 의심하는 내용을 분석하면서 불교의 수양법이 동학에서는 어떻게 사용되었는지 살펴보았다. 그리고 윤사순은 논문 「동학의 유학적 성격」에서 타고난 기질에 머물지 않고 좀 더 나은 인간이 되는 방법으로 '그는 유일집중(惟一執中)하는 경(敬)의 태도를 바탕으로 성(誠) 및 신(信)의 태도를 익히고, 효제(孝悌)를 비롯한 삼강오륜(三綱五倫) 즉 오상(五常)의 도덕을 닦아야' 한다고 동학의 수련방법론을 언급하고 있다. 그러나 이 내용을 보면 기존 유학과 차별상이 보이지 않는다. 이것은 겉으로 드러난 글자만 보아서 그렇다. 실제 주문 수련을 통해서 수운과 해월의 변화된 모습을 보면 유학과 차별된 모습을 형용할 수 있는데, 그런 체험이 없으니 그 내용을 서술할 수 없었던 것이다. 그래서 필자는 이 글에서 이미 발표된 논문들을 언급하면서, 구체적인 수양방법론에 맞추어서 맹자의 수양방법론, 성리학의 수양방법론과의 비교를 통해서 동학 수련법을 서술하였다. 먼저 수운의 한울님 정의와 체득 방법론을 알아보고, 다음에 해월과 의암에게서 그것이 어떻게 계승되고 또 변용(확장과 심화)이 일어나는지 살펴볼 것이다.

2. 수운의 시천주(侍天主)

수운이 기도 수련을 통해서 한울님을 체득하고 21자 주문을 만들게 되는 과정은 『동경대전』의 「논학문」에 잘 나타난다.

몸이 몹시 떨리면서 밖으로 접령(接靈)하는 기운이 있고 안으로 강화(降話)의 가르침이 있으되 보였는데 보이지 않고 들렸는데 들리지 아니하므로 마음이 오히려 이상해져서 수심정기(守心正氣)하고 묻기를 "어찌하여 이렇습니까?" 대답하시기를 "내 마음이 곧 네 마음이니라. 사람이 어찌 이를 알리오. 천지는 알아도 귀신은 모르니 귀신이라는 것도 나니라. 너는 무궁무궁한 도에 이르렀으니 닦고 단련하여 그 글을 지어 사람을 가르치고 그 법을 바르게 하여 덕을 펴면 너로 하여금 장생하여 천하에 빛나게 하리라." 내 또한 거의 한 해를 닦고 헤아려 본즉 또한 자연한 이치가 없지 아니하므로 한편으로 주문을 짓고 한편으로 강령의 법을 짓고 한편은 잊지 않는 글을 지으니, 절차와 도법이 오직 이십일 자로 될 따름이니라.(『동경대전』「논학문」)

기도 수련을 지극 정성으로 한 결과 수운에게 나타난 상황은, 한울님이 안으로는 강화(降話)의 가르침을 통해서 자신의 존재를 드러내고, 밖으로는 접령(接靈)의 기운을 통해서 자신의 존재를 느끼게 해준다. 무엇인가 정의할 수 없는 존재의 존재를 느꼈지만 여전히 볼 수도 들을 수도 없는 그런 존재였다. 그래서 수운은 다시 몸과 마음을 바로 해서 질문한다. 그러자 '세상 사람들로부터 상제(上帝)라고 불리는' 한울님은 "내 마음이 곧 네 마음이다"라고 대답한다. 그리고 너는 "무궁무궁한 도에 이르렀으니 글을 지어 가르치고 덕을 펴라"라고 하였다. 수운은 이 말에 따라 1년여를 더 공부해서, 여러 절차와 더불어 세상에 한울님의 덕을 펴는 최종의 도법으로 21자 주문을 완성하게 된다.

지기금지 원위대강 시천주 조화정 영세불망 만사지

(至氣今至 願爲大降 侍天主 造化定 永世不忘 萬事知)

이 주문이 완성되자, 수운은 신유년(辛酉年, 1861) 6월부터 본격적으로 포덕을 시작한다. 결국 수운이 기도 수련을 통해서 얻은 것은 최종적으로는 내 안에 모신 한울님의 존재를 사람들이 알게 할 21자 주문이다. 그래서 21자 주문을 잘 살펴보고, 그 원리를 터득하면 내 안에 모신 한울님의 존재의 실상을 알 수 있다. 21자 주문의 뜻은「논학문」에서 수운이 직접 설명했다. 21자 주문은 강령주문(降靈呪文)과 본주문(本呪文)으로 되어 있다.

강령주문은 '지기금지원위대강(至氣今至願爲大降)'의 여덟 자이다. 강령주문의 뜻은 다음과 같이 설명되어 있다.

> 지(至)라는 것은 지극한 것이요, 기(氣)라는 것은 허령(虛靈)이 창창하여 일에 간섭하지 아니함이 없고, 일에 명령하지 아니함이 없으나, 그러나 모양이 있는 것 같으나 형상하기 어렵고, 들리는 듯 하나 보기는 어려우니 이것은 또한 혼원(渾元)한 한 기운이요, 금지(今至)라는 것은 도에 들어 처음으로 지기(至氣)에 접함을 안다는 것이요 원위(願爲)라는 것은 청하여 비는 뜻이요, 대강(大降)이라는 것은 기화(氣化)를 원하는 것이니라.(『동경대전』「논학문」)

강령주문에서 주의 깊게 살펴보아야 할 것은 기(氣)이다. 수운은 기가 허령창창해서 모든 일을 간섭하고 명령하는 존재이지만 그러나 형용하기 어려워 혼원(渾元)하다고 했다. 여기서 혼원의 의미를 제대로 알아야 기의 의미를 이해할 수 있다. 노자 『도덕경』에서 그 실마리를 얻을 수 있다.

> 보아도 보이지 않는 것, 이름하여 이(夷)라 한다. 들어도 들리지 않는 것, 이름하여 희(希)라 한다. 잡아도 잡히지 않는 것 이름하여 미(微)라 한다. 이 세 가지는 연구하여 붙잡을 수 없으니 그러므로 섞여 하나가 된다(故混而爲一). … 모양 없는 모양이라 하고 형체 없는 형상이라 하며 황홀하다고 한다. … 옛날의 도를 붙잡고서 지금의 세상을 다스린다. 태초의 시작을 알고 있으니 이것을 도의 본질이라 한다.(『도덕경』, 14장)

노자 『도덕경』에서 도의 본질은 "보아도 보이지 않고 들어도 들리지 않고 잡아도 잡을 수 없어서 아무리 연구해도 파악할 수 없으며, 그냥 섞여서 하나가 된다"라고만 묘사하였다. 그러나 마지막 부분에서 이렇게 모양을 형용할 수 없는 그 '도의 본질'의 역할을 알 수 있다. 바로 "옛날의 도를 붙잡고서 지금의 세상을 다스리고, 태초의 시작을 알고 있다."는 말이다. 이것을 보면 노자에게 있어서 도의 본질은 세상을 다스리는 근원적인 힘이라고 말할 수 있다. 수운이 말하는 '기

(氣)'도 역시 세상을 다스리는 근원적인 힘이라고 말할 수 있다. 여기에 입각해서 강령주문을 해석하면 "세상을 다스리는 근원적인 힘이 나에게 왔(있)으니, 이것을 체득하고 싶다"는 뜻이라고 할 수 있다.

본주문은 '시천주 조화정 영세불망 만사지(侍天主 造化定 永世不忘 萬事知)'의 열세 자이다. 본주문의 뜻은 다음과 같이 풀이되어 있다.

> 시(侍)라는 것은 안에 신령이 있고, 밖에 기화가 있어 온 세상 사람이 각각 알아서 옮기지 않는 것이요, 주(主)라는 것은 존칭해서 부모와 더불어 같이 섬긴다는 것이요, 조화(造化)라는 것은 무위이화(無爲而化)요, 정(定)이라는 것은 그 덕에 합하고 그 마음을 정한다는 것(合其德 定其心)이요, 영세(永世)라는 것은 사람의 평생이요, 불망(不忘)이라는 것은 생각을 보존한다는 뜻이요 만사(萬事)라는 것은 수가 많은 것이요 지(知)라는 것은 그 도를 알아서 그 지혜를 받는 것이니라.(『동경대전』 「논학문」)

수운은 우리 모두는 내 안과 밖에 걸쳐 무궁한 한울님을 모신 존재이니 21자 주문을 부모님을 모시듯이 항상 생각하여 잊지 아니하면 지극한 기운을 가진 한울님과 하나 되고, 그 결과 지극한 성인이 된다고 했다. 여기서 항상 생각한다는 것은 우리 모두가 모시고 있는 한울님을 항상 생각한다는 것으로 그 방법은 주문을 소리 내어 외우거나 마음으로 조용하게 외우는 것이다. 이렇게 주문 21자를 평생 동안 소리 내어 또는 마음으로 외우다 보면 흩어졌던 마음이 하나로 모아지고, 마음을 가리고 있던 티끌이 말끔히 사라져 본래의 청정한 마음이 드러난다. 맹자가 "학문이란 다른 것이 아니고 도망간 마음을 찾는 것이다."라고 할 때의 그 마음을 찾는 것과 같다. 여기서 맹자는 마음을 찾는 구체적 방법을 제시하지 않았다. 맹자의 다른 부분에서 그 방법을 유추해 보면 "귀나 눈의 감각기관은 생각하지 못하고 사물의 유혹에 따라가 버린다. 그러나 마음은 생각할 수 있다. 생각하면 얻고 생각하지 않으면 얻을 수 없다."는 것이다. 여기서 맹자는 마음의 생각하는 기능을 통해서 자신의 근본을 확충하는 공부 방법을 제시한다. 그래서 마음을 찾으면 사물의 유혹에 넘어가지 않는 대인이 된다고 하였다. 수운 역시 마음이 하나로 모아지면 새로운 길이 열린다고 했다. 이 과정을 수운은 『용담유사』「교훈가」에서 "성지우성(誠之又誠) 공경해서 정심수신(正心修身)"하라고 했다. 주문을 외우는데 정성을 들이면 욕망으로 인하여 분산되고 흐릿해져 있던 마음이 모아지고 깨끗해지고, '검던 낯이 희어지고 가는 몸이 굵어지'는 것과 같은 효과로 몸이 바르게 되어 그 결과로 군자가 된다는 것이다. 이렇게 되면 길을 가도 바른 길을 가게 되고, 하루 종일 무엇을 해도 즐거운 그런 세상이 열리는 것이다. 아무 일도 하지 않는 것 같이 앉아 있지만[正坐存心], 일이 주어지면 모든 일을 정확하게 할 수 있게 된다[以理應事].

수운이 설명하는 21자 주문 수련의 효능은 「교훈가」에서 가장 극적으로 드러난다. 수운은 "열세 자 지극하면 만권시서 무엇하며"라고 하였다. 주문 중에서도 본주문 열세 자를 정성을 들여 공부하면 그때까지의 모든 경전과 서책을 공부한 것과 같은 효과를 얻을 수 있다는 것이다.

수운의 이런 선언은 지금까지 내려오던 공부 방법과 크게 차별된다. 동학의 공부 방법이 나오기 이전에 선비들이 주로 공부했던 성리학의 공부 방법은 크게 두 부분으로 구성되어 있다. 하나는 거경(居敬)이요, 둘은 궁리(窮理)이다. 두 공부의 궁극적 목적은 내 마음의 뿌리인 본성(本性)을 체득하는 것이다. 이것을 천도교 식으로 표현하면 한울님을 만나는 것이다. 본성을 체득하기 위해서는 우선 욕망으로 가득 찬 마음을 깨끗하게 할 필요가 있다. 마음을 깨끗하게 하는 공부 과정이 바로 거경, 즉 마음을 경(敬)의 상태에 있도록 만드는 것이다. 경의 상태를 주자(朱子)는 네 가지로 설명했다. 하나는 항상 깨어 있음(常惺惺), 둘은 하나에 집중해서 다른 곳에 따라가지 않음(主一無適), 셋은 마음을 수렴하고 다른 것을 받아들이지 않음(其心收斂不容一物), 넷은 몸가짐을 엄숙하게 함(整齊嚴肅)이다. 이 네 가지 공부를 통해서 마음을 항상 깨어 있도록 하는 것이 거경(居敬)이다.

궁리(窮理)는 사물의 이치를 탐구하는 것이다. 성리학에서는 모든 사물에는 이치가 있다고 본다. 그 사물에 각각 내재한 개별 이치를 탐구해서 하나로 꿰뚫는 전체의 이치를 체득하는 것이 궁리이다. 이 하나이자 전체인 이치가 바로 성리학에서 말하는 본성이요, 천도교에서 말하는 한울님이라 할 수 있다. 둘 사이의 관계는 거경 공부를 통해서 마음의 욕망을 제거해서 깨끗이 하고 마음을 하나로 집중한 다음에, 사물의 이치를 탐구해서 전체이자 하나인 본성을 체득하는 것이다. 곧 거경이 바탕이라면 궁리는 바탕 위에 그림을 그려 전체 그림을 완성하는 것이라고 할 수 있다.

이와 같이 성리학의 공부 방법은 거경과 궁리라는 이중구조로 되어 있다. 이런 방법은 세상이 편안하고 시간이 많아야 할 수 있는 방법이다. 이치를 탐구하는 궁리 공부에서 가장 중요시했던 방법이 독서였는데, 공부로서의 독서는 한두 권 읽고 끝나는 것이 아니다. 유교 경전은 물론이요 역사서, 문학서까지 두루 읽어야 하는 기나긴 과정이다. 이런 방법은 성리학의 전성기에도 대다수 민중은 접근할 수 없는 길이었거니와, 외우내환에 시달리던 수운 시대에는 더더욱 어려운 일이었다. 수운 시대는 밖으로는 서양 세력의 침입이 있었고 안으로는 지배 권력이 타락해서 기본적인 생존마저 늘 위협받는 시대였다. 이런 간고(艱苦)의 시대에 오랜 시간이 필요하고 접근하기 어려운 성리학의 공부 방법으로는 시대의 질곡을 헤쳐 나가는 인간을 길러 내거나 시대적 과제를 감당하는 철학으로 기능할 수 없었다. 그래서 수운은 21자 주문 공부로서 심신을 단련하면 성리학이 제시했던 그 경지까지 속성으로 도달하는 지극히 간편한 공부 방법을 제시한 것이다. 그러나 수운의 공부 방법도 무조건 쉽게 한울님을 체득할 수 있는 것은 아니었다. 수운도 평생 공부한 결과 얻은 것이기 때문이다. 그 공부의 험난한 과정을 수운은 「시문」에서 다음과 같이 말하였다.

겨우 한 가닥 길을 얻어 걸음걸음 험한 길 걸어가노라. 산 밖에 다시 산이 보이고 물 밖에 또 물을 만나도다. 다행히 물 밖에 물을 건너고 간신히 산 밖에 산을 넘어 왔노라. 바야흐로 들 넓은 곳에 이르니 비로소 대도가 있음을 깨달았노라. 안타까이 봄소식을 기다려도 봄빛은 마침내 오지를 않네. 봄빛을 좋아하지 않음이 아니나 오지 아니하면 때가 아닌 탓이지. 비로소 올 만한 절기가 이르고 보면 기다리지 아니해도 자연히 오네.(『동경대전』「시문」)

'산 밖에 다시 산이 보이고 물 밖에 또 물을 만났다' 하는 대목에서 수운이 거쳐 왔던 공부의 험난한 과정을 엿볼 수 있다. 수운은 10대 후반까지 10여 년간 성리학적인 공부의 진수를 섭렵하였다. 그러나 그것으로서 이 세상에서 자신의 뜻을 펼칠 수 없는 시대임을 자각하고, 20대 초반부터 30대 중반까지 다시 10여 년간을 전국을 떠돌며 세상인심을 살피고, 당시에 유행하던 여타 사상을 섭렵해 나갔다. 이것을 수운은 '산 밖에 산이 보이는' 것으로 노래하였다. 산 밖에 산을 보았다는 것은 공부에 더 높은 경지, 더 넓은 지평이 있다는 것을 알았다는 것이다. 그러므로 멈출 수 없었다. 그래서 다시 천성산에 들어가서 기도했고, 어느 정도 공부의 진전이 있었지만 결정적인 순간에는 도달하지 못하였다. 그래서 마지막 공부 장소로 아버지가 남겨 주신 용담정을 선택하고, 공부에 최선을 다해서 결국은 한울님을 체험하는 경지에 도달하게 된다. 이것을 수운은 '들 넓은 곳에 이르니 비로소 대도가 있음을 깨달았노라'라고 노래했다. 그리고 자신의 깨달음의 의미를 '한 몸이 다 바로 꽂이면 온 집이 모두 바로 봄'이라고 표현하였다. 이것을 유교의 논리로 설명하면 '수신제가치국평천하(修身齊家治國平天下)'라고 할 수 있을 것이다. 수운은 당시의 혼란함을 바로 잡을 수 있는 방법으로 자신을 바로 잡고 다음에 가정을 바로 잡으면 이 땅에 봄기운이 가득찬 듯한 지상천국이 올 것이라고 말하고 있는 것이다. 또 다른 시에서 수운의 지상천국의 의의를 '병 속에 신선 술이 있으니 백만 사람을 살릴 만하도다'라고 비유적으로 말하였다. 필자는 '병속의 신선 술'이 바로 수운이 공부를 통해서 도달한 경지와 그 방법이 집약되어 있는 21자 주문이라고 본다. 이 주문으로 공부하면 모든 사람은 이 혼란한 시대에도 스스로 살아남을 수 있을 뿐 아니라, '백만 사람' 즉 수많은 세상 사람을 살릴 수 있게 된다는 것이다.

이렇게 세상 사람을 살릴 수 있는 공부 방법을 수운은 해월에게 비밀스럽게 전수하고 자신의 삶을 마감한다. 뒤를 이은 해월은 민중들이 일상생활에서 더 쉽게 할 수 있는 공부 방법을 제시한다. 해월은 수운이 제시한 21자 주문의 뜻을 계승하면서도 새로운 의미도 부여한다.

3. 해월의 양천주(養天主)

해월은 21자 주문을 "대우주 대정신 대생명을 그려낸 천서이니, '시천주 조화정'은 만물 화생의 근본이요, '영세불망 만사지'는 사람이 먹고 사는 녹의 원천이다."(『해월신사법설』「영부주문」)라고 했다.

'시천주 조화정'을 만물화생의 근본이라 한 것은 만물은 '한울이 한울 된 자'(『의암성사법설』「법문」)로서 선천적으로 자기 안에 한울님을 모시고 있기 때문에, 시천주 조화정을 터득하면 만물과 어긋나지 않고 조화를 이루며 잘 살 수 있다는 것이고, '영세불망 만사지'를 사람이 먹고 사는 녹의 원천이라 한 것은 내가 한울님을 모시고 있다는 사실을 죽을 때까지 잊지 않고 공부하면 한울님이 모든 것을 가르쳐 주시기 때문에 먹고사는 데 지장이 없다는 것이다. 이것을 다르게 표현하면 사람은 모두 내 안에 한울님을 모시고 태어났지만 수련하여 단련하지 않으면 한울님을 만날 수 없고, 세상을 원만하게 살아 갈 수 없다는 뜻이다. 내 안에 모셔진 한울님을 만나기 위해서 해월이 제시한 공부 방법은 마음으로 마음을 다스리는 '이심치심(以心治心)'이다. 여기서 해월은 나에게 있는 두 가지 마음을 제시했다. 하나는 이심(以心)이고 또 하나는 치심(治心)이다. 해월은 '이심'을 '천심(天心)'이라 했고, '치심'을 '인심(人心)'이라 했다. 곧 천심을 회복해가지고 인심을 다스리는 방법이다. 해월은 '천심은 마음이 이치에 합해서 조화로운 마음이 된 것'을 말하고, '인심은 마음이 감정에 흘러서 좁아진 상태'라고 했다. 그래서 공부하는 사람은 항상 천심으로써 인심을 다스리기를 '말을 몰 때 고삐를 당겨 올바른 길로 이끄는 것처럼 하라'고 했다.

이 과정을 좀 더 깊이 이해하려면 먼저 마음을 알아야 한다. 위에서 천심은 바른 마음이고 인심은 버려야 할 마음, 고쳐야 할 마음으로 표현할 수 있다. 이렇게 보면 마음이 두 개가 있는 것 같지만 사실은 한 마음이다. 이 마음을 수련하지 않고 마음이 가는 대로 내버려 두면 욕심이 발동한다. 마치 논에 김을 매지 않으면 잡초가 무성해지는 것과 같다. 욕심이 내 마음을 점령해 버리면 타인의 삶을 돌아볼 여유가 없어진다. 내 욕심의 범위 안에 들어오는 모든 것을 오로지 내 것으로 만들기 위해 안간힘을 쓴다. 그러다 보면 필연적으로 투쟁이 앞서게 마련이고, 결국은 비참한 삶을 살게 된다. 내 욕심만 채우려고 한 결과로 다른 사람은 물론이고, 하늘과 땅까지 적으로 만들고 만다. 게다가 그 과정에서 일시적인 승리를 쟁취한 사람이라도, 언제 누구에게 그 성과를 다시 빼앗길지 모르기 때문에 계속해서 투쟁(과로)에 내몰린다. 언제 어떻게 죽을지 모르는 속 깊은 두려움이 늘 온몸을 감싸고돈다. 이런 삶을 사는 게 과연 행복한 것인가? 아닐 것이다. 그래서 마음을 천심 즉 올바른 마음으로 바꿔야 한다. 어떻게 하는가? 마음을 가지고 마음을 닦는 수밖에 없다. 맹자에서 확인했듯이 '마음은 생각하는 권능이 있기 때문에' 이렇게 할 수 있다. 이 과정을 해월은 '마음으로 마음을 다스리는 것'이라 했다. 주문 21자를 잊지 말고 자나 깨나 마음으로 생각하는 것 밖에 없다. 항상 주문과 함께 사는 것이다. 그 주문을 외우고 생각하는 그 주체가 바로 마음이다. 주문 21자에 집중함으로써 항상 정신을 다른 곳으로 달아나지 않게 할 수 있다. 항상 있어야 하는 자리에 있으니 마음이 고요하고, 고요하니 맑아지고, 맑아지니 깨끗해진다. 마치 컵의 물을 오랫동안 한자리에 놓으면 물이 맑아지는 이치와 같다. 이것을 해월은 마음이 리(理)에 합하여 심화기화(心和氣和)가 된 상태라고 했다. 이렇게 함으로써 수련하기 전 내 마음에 기생하고 있던 사특한 마음들이 자리 잡지 못하고 스르르 없어지는 것이다. 사특한 마음이 사라진 그만큼 맑고 깨끗한 진리의 마음이 새로이 자리 잡으면 나는 그만큼 새로운 사람이 된다. 내 안에 주인공을 확실하게 모신 것이다. 맹자 식으로 표현하면 어떤 유혹에도 넘어가지 않는 대장부가 된 것이다. 이 마음을 계속 미루어 나가면 맑고 투명한 의식으로 만나는 사람, 대하는 사물을 모두 용시용활(用時用活), 즉 적재적소에 시의적절하게 쓸 수 있게 된다. 그러면 이르는 곳마다, 행하는 일마다 뜻한 대로 이루어짐, 즉 만사여의(萬事如意)하게 된다. 이것을 해월은 "현묘한 이치와 무궁한 조화를 사용할 수 있다"고 했다.

주문 수련을 열심히 한 결과 내 안에 한울님을 확실히 모시게 되면, 다른 사람도 나와 똑같은 존재임을 더불어 알게 된다. 그래서 다른 사람을 한울님처럼 모실 수 있는 것[事人如天]이다. 다른 사람을 한울님처럼 모시면 그 사람 또한 감응하여 나를 한울님처럼 모시게 된다. 그래서 나를 중심으로 사람들이 모이고 기화(氣化)가 상통하므로, 하는 일도 원만하게 이루어지게 된다. 이러한 관계를 사람들에게만이 아니라 동물과 식물들에게도 실천하면 세상 만물과 조화를 이루는 삶을 살게 된다.

이 원리가 바로 해월의 '삼경(三敬)'사상이다. 먼저 하늘을 공경하는 일(敬天)이다. 하늘을 공경하는 이치에 대해서 해월은, 절대로 공중을 향하여 상제(上帝)를 공경하는 것이 아니고, 내 마음(心地)을 공경하는 것이 곧 한울을 공경하는 것이라 했다. 한울을 공경하면, 다음과 같은 경지에 이른다.

> 사람은 한울을 공경함으로써 자기의 영원한 생명을 알게 될 것이요, 한울을 공경함으로써 모든 사람과 만물이 다 나의 동포라는 전체의 진리를 깨달을 것이요, 한울을 공경함으로써 남을 위하여 희생하는 마음과 세상을 위하여 의무를 다할 마음이 생길 수 있다.(『해월신사법설』「삼경」)

'한울을 공경함으로써 영원한 생명을 알게 된다'는 것은 사람이 죽으면 몸은 없어지지만 한울로 환원(還元)하여 영원히 산다는 것이다. 이 이치를 명철하게 각오(覺悟)하면, 죽음에 대한 두려움을 극복하게 된다. 죽어도 죽지 않는 한울의 영원함을 알기 때문이다.

모든 사람과 만물이 다 나의 동포[人吾同胞 物吾同胞]라는 것은 사람과 만물이 겉모양은 각각 다르지만 그 모두가 한울로부터 온 한가지이기 때문에, 근본에서는 모두 하나라는 것이다. 그러므로 결국 남을 도우는 것이 나를 돕는 길이라는 것을 알고, 남을 위하여 희생할 마음과 세상을 위해 의무를 다할 마음이 생기는 것이다.

다음은 사람을 공경하는 경인(敬人)이다. 사람이 곧 한울이므로, 경천과 경인은 같은 맥락이지만, 한울은 무형이므로 유형의 한울인 사람을 공경하는 데서 경천은 그 효력이 나타나고, 경인은 경천하는 자세로 하는 데서 그 덕이 완성된다. 그러므로 해월은 사람을 최고로 공경하는 이치와 결정적인 사례를 "도가(道家)에 사람이 오거든 사람이 왔다고 이르지 말고 한울님이 강림하셨다 이르라."는 것으로 제시했다. 이것은 모든 사람을 한울님으로 대우하는, 절대 평등, 절대 공경의 경지를 연 말씀이다.

다음은 동물과 식물을 비롯한 사물까지 공경하는 경물(敬物)이다. 사람이 도덕의 극치에 이르기 위해서는 사람만 공경해서는 안 되고 물(物: 동식물 모든 생명과 사물 전체)까지 그 대상을 넓혀야 천지기화의 덕에 합일 될 수 있다고 했다. 해월의 삼경 사상은 바로 이 세상 만물이 모두 한결같이 한울님을 모셨다는 것을 전제로, 사람은 영성(靈性)을 순연히 발휘하여 그것을 밖으로 드러냈기 때문에 가능해진 것이다. 그 결과 다른 사람을 한울로 대접하고, 모든 생명과 사물까지도 한울로 대접하는 경지에 이른 것이다. 그런데 이런 결과를 얻기 위해서는 한결같은 정성이 필요하다. 그 한결같은 정성을 다할 수 있게 하는 것이 바로 수련이다. 그러므로 수련의 과정 자체는 정성, 곧 한결같음으로써 이루어진다. 정성과 수련은 동전의 앞뒷면과 같은 것이다.

나무의 뿌리가 굳건치 않으면 바람을 만나 넘어질 것이요, 물의 근원이 깊지 않으면 웅덩이를 가득 채워 앞으로 나가지 못하나니, 사람의 마음이 또한 이와 같도다. 마음이 정해지지 않으면 반신반의하여 일을 이루지 못하며 공을 이루지 못하나니, 수도(修道)는 먼 길을 가는 사람과 같으니, 먼 길을 가는 사람이 중도의 험하고 어려움을 꺼리어 되돌아가면 그것이 옳겠는가. 수도는 우물을 파는 것과 같으니 우물을 파는 사람이 샘의 근원을 보지 못하고 포기하면 그것이 옳겠는가. 수도는 산을 만드는 것과 같으니 산을 만드는 사람이 한 삼태기 흙을 덜하여 앞서 이룬 공을 포기하면 그것이 옳겠는가. 수도는 양을 치는 것과 같으니 목장에서 일하는 사람이 이리떼가 오는 것을 보고 양떼를 그대로 버리어 돌아보지 아니하면 그것이 옳겠는가. 수도는 정원을 가꾸는 것과 같으니 정원을 보살피는 사람이 바람과 비를 괴로워하여 어린 꽃을 잡초 속에 내버려두면 그것이 옳겠는가. 여러분은 오직 본래의 목적에 의하여 게으르지 말고 정력을 다하여 나아가라. (『해월신사법설』「기타」)

해월은 위 글에서 공부하는 사람의 자세를 '먼 길을 갈 때 어떤 마음을 가져야 하는가? 우물을 팔 때 어떤 마음을 가져야 하는가? 산을 만들 때 어떤 마음을 가져야 하는가? 양을 기를 때 어떤 마음을 가져야 하는가? 정원의 꽃을 기를 때 어떤 마음을 가져야 하는가?'라는 비유적인 물음을 통해 제시한다. 해월은 이 물음에 대한 답으로 길을 갈 때는 중간에 포기하지 말고 나아가고, 우물을 팔 때는 샘이 솟을 때까지 포기하지 말고 파들어 가고, 산을 만들 때는 산을 만들 때까지 삼태기로 흙을 나르는 것을 마지막까지 포기해서는 안 되며, 양을 기를 때 이리가 침범해 오면 정신을 바짝 차리고 이리를 쫓아 버리고, 정원의 꽃을 기를 때는 정성껏 보살피라고 했다. 한마디로 첫 마음을 변질시키지 말고 한결같은 태도로서 끝까지 정성을 다하라는 말씀이다.

이것은 맹자가 호연지기(浩然之氣)를 기르는 방법으로 제시한 네 가지 과정을 생각나게 한다. 맹자는 호연지기를 기를 때 "반드시 호연지기를 기르는 일에 힘쓰고, 호연지기가 빨리 길러지기를 기대하지 말고, 그렇다고 호연지기 기르는 것을 마음으로 잊어서도 안 되고, 억지로 호연지기를 길러서는 안 된다[必有事焉 勿正 心勿忘 勿助長]"고 하였다. 이 네 개의 과정 역시 호연지기를 내 것으로 만들기 위해서는 중간에 그만두지 말고, 그렇다고 순리를 어그러뜨리지는 말아야 하며, 한시도 잊지 말고 끝까지 정성을 기울이라는 것이다. 해월의 방법과 비교할 때 맹자의 방법이 철학적이라면 해월의 그것은 훨씬 더 서정적이라 할 수 있다. 해월은 일상생활 속에서 쉽게 접할 수 있는 친근한 행동 방식으로 예를 들어 설명해 주고 있다. 스승인 수운이 학문적으로 제시한 공부 방법을 해월은 일상적인 수준으로 풀어 주어서, 누구나 쉽게 다가갈 수 있게 한다.

4. 의암의 각천주(覺天主)

의암 손병희는 수운과 해월의 공부 방법을 한층 더 진전시킨다. 의암은 「이신환성설(以身換性說)」에서 몸과 성령을 분명하게 나누어 "몸은 백년사는 한 물체요, 성령은 천지가 시판하기 전에도 본래부터 있는 것이니라. 성령의 본체는 원원충충(圓圓充充)하여 나지도 아니하며 멸하지도 아니하며, 더하지도 않고 덜하지도 않는 것이니라. 성령은 곧 사람의 영원한 주체요, 육신은 곧 사람의 한 때 객체니라."라고 하였다.

의암은 이처럼 몸은 백년이 지나면 사라질 운명이지만 성령은 천지가 생기기 전부터 이미 있었기 때문에 태어난 적도 없고, 태어난 적이 없기 때문에 없어지지도 않는 영원한 것이라고 하였다. 또한 성령의 범위에서 보면 우주 간에 그 어떤 것도 더해지지도 덜어지지도 않는 것이며, 이 영원한 성령을 자기의 주체로 만드는 것이 의암 공부 방법의 목표라고 할 수 있다. 이것은 맹자가 '사람은 대체(大體)와 소체(小體)를 가지고 있는데 대체를 따르면 대인이 되고 소체를 따르면 소인이 된다고 한' 것과 유사하다. 비유하면 맹자의 대체는 의암의 성령에 해당하고, 맹자의 소체는 의암의 육신에 해당된다. 맹자는 마음의 기능인 생각하는 힘을 통해서 먼저 대체를 우뚝 세우면 소체는 힘을 쓰지 못하기 때문에 대인의 삶을 살 수 있다고 했다. 그렇다면 의암은 어떤 방법으로 내 안에 있는 영원한 생명인 성령을 체득할 수 있다고 했을까? 내 안에 있는 성령을 체득하는 과정을 의암은 다음과 같이 묘사하였다.

대저 성령은 곧 마음속 단전이라. 흩어진 정신을 수습하여 단전에 모으는 데 처음에는 세상 사념이 정신을 끌어 매양 단전 밖으로 빙빙 돌아, 사념이 자연히 없어지고 정신이 기를 찾아 단전에 들어가면, 이는 수련하는 초두(初頭) 공부라. 단전에 밝고 맑은 빛이 있는 듯 없는 듯 혹 졸음도 오며 혹 사지(四肢)도 무기(無氣)하다가 그 모인 정신을 흩지 말고 날 공부와 달 공부와 해 공부가 차차 굳어지면, 단전에 밝은 빛이 점점 명랑하여 이치를 비추면 이치를 마음으로 보며, 형용을 비추면 형용을 마음으로 보며, 세계를 비추면 세계가 마음속에 있나니, 그때를 당하여 마음이 민첩하고 활동하는 힘이 전보다 백 천 배가 더한지라…. (『의암성사법설』「기타」)

의암은 위 글에서 성령을 구체적으로 우리 몸의 단전(丹田)과 같은 마음속의 단전이라 한다. 그 마음속 단전에 정신을 모으는 것이 성령을 내 것으로 하는 방법이다. 단전에 정신을 모으는 공부를 하는 처음에는 사특한 생각이 방해를 한다. 수많은 잡념들이 끊어지지 않고 일어난다. 졸음도 온다. 이것을 모두 물리쳐야 한다. 이것을 물리치면 단전에 밝고 맑은 빛이 감돈다. 여기서 멈추어서는 안 된다. 날마다 하는 공부와 한 달간 하는 공부 그리고 일 년 동안 하는 공부를 멈추지 않고 계속해야 성령이 내 삶의 주체가 된다. 성령이 주체가 된 삶에서는 '이치를 비추면 이치를 마음으로 보며, 형용을 비추면 형용을 마음으로 보며, 세계를 비추면 세계가 마음속에 있다'고 한다. 공자가

『논어』에서 "일흔 살이 되어서는 마음이 하고 싶은 대로 해도 법도를 어기지 않았다."고 한 것은 바로 이와 같은 경지를 말한 것일 터이다.

의암이 공부를 열심히 하라고 한 것은 알겠는데, 여기에는 그 구체적 방법은 잘 드러나지 않는다. 그래서 법설의 다른 부분을 살펴보았다. 수운은 끊임없이 일어나는 잡념을 끊기 위해서는 21자 주문을 '염염불망'하라고 했고 해월은 '마음으로서 마음을 다스리라고' 했는데 의암은 좀 더 다른 차원의 방법을 제시한다.

> 천하 일만 생각이 전혀 한 몸에 있으니, 앞의 물결이 겨우 쉬면 뒤의 물결이 일어난다는 이 생각이 어느 때에 없어질 것이냐. 이것을 끊으려고 불가능의 심력을 공연히 허비하지 말고, 다만 '내 속의 어떤 내가 있어 굴신동정(屈伸動靜)하는 것을 가르치고 시키는가.' 하는 생각을 일마다 생각하여 오래도록 습성을 지니면, 성품과 몸 두 가지에 어느 것이 주체요 어느 것이 객체인 것과 어느 것이 중하고, 어느 것이 가벼운 것인지를 스스로 깨닫게 될 것이니, 이 깨달음이 곧 육신을 개벽하는 것이니라. (『의암성사법설』「인어물개벽설」)

의암은 우선 끊임없이 일어나는 생각을 무작정 끊는 것은 불가능하다고 말한다. 무작정 주문만 외우면 잡념이 물러간다고 장담할 수 없다는 것이다. 그럼 어떻게 공부를 해야 하는가? 의암은 그 방법으로 '내 속의 어떤 내가 있어 굴신동정하는 것을 가르치고 시키는가' 하는 생각, 다시 말해 그 생각의 뿌리를 캐들어가서 잡념이 일어나는 그 상황에 직면하라고 한다. 이와 유사한 방법은 유가(儒家) 쪽에서 찾아 볼 수 없고 굳이 찾는다면 선불교의 화두(話頭) 수행법과 유사하다. 선불교에서는 본래의 불성을 깨닫기 위해 화두를 드는 공부를 한다. 그중 대표적인 화두가 '내 몸뚱이를 끌고 다니는 이 놈은 도대체 누구인가?' 즉 '내 주인공은 무엇일까?'라는 것이다. 이 화두를 가지고 계속 공부하다 보면 어느 날 문득 '뚜렷한 소식'을 접하게 된다. 뚜렷한 소식이란 몸과 성령이 확실히 분리되는 그날이 온다는 사실이다. 그것을 깨닫는 순간 - 머리로 아는 것이 아니다 - 더 이상 나는 욕망의 노예가 아닌 내 삶의 주인공이 된다. 마찬가지로 의암이 제시한 한 생각을 오래도록 붙잡고 수련을 거듭하면, 어느 순간 한울님이 내 삶을 이끌고 가는 삶으로 바뀌는 경험을 하게 된다. 즉 성령이 주체가 되는 삶으로 바뀌는 것이다.

의암이 제시하는 수련 방법에는 한 가지 의문이 남는다. 즉 장애를 돌파하는 구체적인 방법을 제시한 점은 좋지만, 21자 주문 자체로써 잡념이 일어나는 그곳에 승부를 걸면 되는데 왜 별도로 다른 생각의 주제를 선정했을까? 하는 점이다. 다시 말해, 21자 주문을 지극 정성으로 외우다 "삼칠자(21자)를 그려내니 세상 악마 다 항복하네[圖來三七字 降盡世間魔]라고 한 대로 주문이 바로 모든 잡념을 막는 방패가 되는데, 왜 또 새로운 방법을 제시했느냐 하는 것이다. 훗날 천도교의 제도를 정비할 때, 핵심이 되는 다섯 가지 정성스런 수도의 덕목[五款,

呪文, 淸水, 侍日, 誠米, 祈禱] 중에서 주문(呪文)을 첫 번째 덕목으로 제시한 데서도 알 수 있듯이, 의암은 다른 법설에서 주문의 중요성을 수없이 강조한다. 그런데 의암은 수운이나 해월에 비하여 상대적으로 주문 자체만을 고집하기보다 주문과 더불어 다른 수련 방법을 부가하거나 상황에 따라 주문을 다양하게 활용하는 방법을 제시한다는 것을 알 수 있다. 이는 사람마다 수련 방법이 달라야 한다는 것을 반영한다. 21자 주문은 같은 글자를 되풀이하며 외우는 것이기 때문에 주문이 마음속에 자리를 잡는 데 시간이 오래 걸리는 사람은 그것을 촉진하는 다른 방법을 쓸 필요가 있다. 반대로 화두를 가지고 깨달음을 구하는 방법은 의심이 생기지 않는 사람은 공부하기 어렵다는 단점이 있다. 이런 사람에게는 주문 공부가 더 직접적이고 적합할 수도 있다.

이렇게 21자 주문을 외우든 화두를 들든, 공부를 통해 얻는 효과는 무엇일까? 의암은 다음과 같이 말한다.

> 교(敎)는 안으로 정신을 수습하여 한울이 사람을 내신 이치와 사람이 세상에 처하는 방법을 연구하며, 밖으로 행실과 법률과 실업에 주의하여 명예와 이익의 최우등을 스스로 기하는 데 의복과 음식과 거처와 약을 각기 문명제도로 육신에 적당한 도수를 맞추거니, 어찌 천정(天定)한 수(壽)를 누리지 아니하며, 매양 생각이 동할 때에 생각으로 생각을 살펴 외람하며 음란하며 교만하며 방탕하며 탐하며 독하며 속이는 생각을 제거하면 표면의 높은 행실이 결단코 법률에 저촉한 일이 없을

뿐 아니라, 겸하여 농상공의 실업으로 육신 자량(資糧)에 곤핍한 일이 없거니 어찌 지극한 복이 아니리오. 대범 그 사람이 도덕의 군자요 명예의 군자니 한울이 군자에게 대하여 무엇으로써 대접하리오. 그 대접하는 것은 인간 수복이라. 수복을 누릴 때에 다시 생각하면 수복이 내려 어디로부터 좇아 왔겠는가. (『의암성사법설』「기타」)

생각으로 생각을 살펴 인간의 여러 가지 마음의 독을 제거하면 그 사람은 명예로운 도덕군자가 된다. 군자에게 한울님은 오래 살게 해 주고 복을 준다. 결국 공부의 효과는 육신은 편하게 오래 살도록 해 주고 마음은 모든 나쁜 요소를 제거했기 때문에 역시 편안한 군자의 삶을 보장해 준다는 것을 알 수 있다. 이러한 군자의 삶을 살기 원했기에 일본이 우리나라를 점령했을 때 의암은 우리나라의 독립을 이루기 위해 서울 봉황각에 사람들을 모아 가르치고 또 수련하게 하여, 독립에 헌신할 수 있는 인재로 길러낸다. 수련을 통해서 육신관념을 성령관념으로 바꾸면, 나는 의로운 일에 나서서 죽음이 찾아와도, 영원한 삶을 믿기에 죽음도 극복하며 그 의로움을 이루는 길에 헌신할 수 있는 새로운 인간이 된다. 그래서 일본군의 무서운 총칼 앞에서도 당당히 맞설 수 있었던 것이다. 동학도가 근현대사의 고비에서 나라를 위해 큰일을 할 수 있었던 것은 모두 이 수련의 결과요 그 시작은 바로 수운이 깨달은 '시천주'였다는 것을 알 수 있다.

5. 나가며

지금까지 동학의 수련 방법을 맹자의 수양 방법과 대비하면서 살펴보았다. 수운은 21자 주문을 외우며 한울님 모심을 깨닫고 언제나 염념불망하는 심력을 단련하는 방법을 통해서 우리 모두는 한울님을 모신 소중한 존재라는 것을 깨닫고 살아갈 수 있게 하였다. 맹자의 공부 방법에 비유하면 마음으로 생각하는 심력으로써 자신의 근본인 대체를 기르는 방법이다. 맹자는 생각을 할 때 무엇을 어떻게 하라 제시하지 않았는데, 수운은 구체적인 도구이며 원리를 담은 21자 주문을 제시했다. 수운의 방법이 많은 백성들에게 호응을 얻었던 이유는 성리학이 '만권시서'를 동원하여 가르친 이 세상의 이치와 수련법을 21자 주문으로 모두 갈음하여, 누구나 참여할 수 있게 한 덕분이다. 이를 계승한 해월은 수운의 공부 방법론이 쉬웠지만 그래도 아직은 철학적인 경향이 남아 있던 것을 완전히 생활 속의 가르침으로 변화시킨 점이 특징적이다. 마음을 가지고 마음을 기르는 방법을 제시하고 일상생활 속에서 쉽게 경험할 수 있는 상황으로 비유적으로 설명하여, 내 안의 한울님을 찾고, 기를 수 있는 길을 열어 주었다. 의암의 시대는 서구 문물이 들어와 사람들의 인식이 달라졌고, 의암 자신은 일본에서 서구 문물의 실상을 직접 접했기 때문에 스승들의 전통적인 어법을 다시 한번 뛰어 넘는 방법을 제시하였다. 그래서 상당히 철학적으로 심화된 내용으로 전달하고자 했다. 공부 방법도 주문을 무조건 외우는 것을 넘어서 주문을 활용하는, 선불교의 화두선 같은 방법도 동원해서 다양한 수양방법론을 제시한 것이 의암 공부 방법론의 특징이라 할 수 있다.

지금까지 살펴본 데서 알 수 있듯이 동학의 세 분 스승님의 공부 방법론은 각각 특징이 있지만 그래도 그 바탕에 한결같이 흐르는 정신은 지극한 정성으로 21자 주문에 의지해서 공부하면 결국 내가 모신 한울님을 체득한다는 것이다. 그리고 그 결과로 각자위심(各自爲心)의 이기적인 삶, 각자도생(各自圖生)의 투쟁적인 삶이 아니라, 하늘과 사람, 그리고 만물이 서로 조화를 이루고 서로의 행복의 이유가 되어 주는 삶을 살 수 있다는 것이다. 맹자는 그 큰 틀의 삶을 사는 이를 '대장부'라고 했다. 동학의 세 분 스승님은 '대장부'답게 살다 갔다고 해도 지나치지는 않을 것이다. 지금 시대가 어렵다고 많은 사람들이 절망한다. 이 어려운 시대를 슬기롭게, 용감하게 극복하는 길은 동학의 스승님들이 공부하고 또 가르쳐 주신 것처럼 21자 주문에 의지하여 내 안의 한울님을 체득하는 것이다.

이제 본문에서 세 분 스승님의 수련법을 좀 더 구체적으로 논구하며 실행의 길을 모색해 보기로 한다.

제1부

수운 최제우

: 하늘을 더불어 모시다

Ⅰ. 수운 최제우는 어떻게 살았는가?

Ⅱ. 노자의 허심과 수운의 수심 수련법 비교

Ⅲ. 선불교의 화두선과 동학의 주문 수련법 비교

Ⅳ. 양명의 치양지와 수운의 시천주 비교

수운 선생은 한울님을 '보였는데 보이지 아니하고 들렸는데 들리지 않는' 존재로 그리고 있다. 없는 듯 있는 존재인 한울님도 '나(한울님)를 찾으려면 너(최제우)의 마음에서 찾으라.'고 했다. 즉 '내 마음이 곧 네 마음이다.'라고 하였다. 그리고 한울님은 선생에게 주문과 영부를 준다고 하면서 그것으로 세상 사람들을 가르치고, 또 세상 사람들을 구제하라고 한다. 이때 한울님의 마음이 곧 수운 선생의 마음이므로, 주문과 영부는 곧 수운 선생이 만들어서 스스로에게 주는 것이기도 하다.

I.

수운 최제우는
어떻게 살았는가?*

* 이 글은 「새로운 학문의 개척자 수운 최제우」에 실렸던 것을 수정해서 재수록했다.

기울어 가는 나라를 새로이 일으키고, 희망 없이 고통에 허덕이는 민중들을 구원하며, 나아가 이 세상이 새로운 시대로 나아가는 방향을 올바르게 가르침으로써 세상을 구하고자 일생을 바쳐 온 수운 최제우. 새로운 삶의 질서로 영위되는 세상, 후천 개벽을 꿈꾸며 살아온 선생은 끝내 이단 사교와 요언으로 백성을 현혹한다는 혐의를 쓰고 순도의 길을 걸어 한울로 돌아갔다

1. 혼돈의 변경에 서다

수운 선생은 조선 순조 24년, 1824년 10월 28일 오늘의 경주시 현곡면 가정리에서 아버지 근암 최옥(近庵 崔鋈)과 어머니 한씨 부인 사이에서 태어났다. 아버지 최옥은 경상도 일대에서 인정받는 퇴계학파의 유학자였다. 문집으로 『근암집(近庵集)』이 남아 있고 조선의 대 유학자이며 문필가인 노계 박인로의 문집을 편집할 때 영남의 여러 유학자들과 참여하였다. 수운 선생의 7대조인 최진립(潛窩 崔震立)은 임진왜란과 병자호란에 거듭 참전하여 공을 세워 정무(貞武)라는 시호를 받았고, 경주시 내남면에 있는 용산서원에 배향되었다. 정무공은 '경주 최부잣집'의 조상이기도 하여, 그 집안과 수운의 집안은 일가가 된다. 반면 어머니는 성은 한씨이고 한번 결혼의 경험이 있다는 사실 이외에는 잘 알려지지 않은 분이다. 아버지 최옥(근암공)은 한씨를 만나기 전에 두 부인이 있었으나 딸 둘만 얻고 아들이 없었다. 수운의 어머니는 최옥의 세 번째 부인인 것이다. 근암은 그의 나이 60이 넘어 보게 된 아들이라 수운 선생을 지극히 사랑했다. 수운은 어려서부터 하나를 가르치면 열을 깨우치는 영민함도 있었기 때문에, 근암공은 선생께 큰 기대를 걸고 어린 수운(卜述)을 가르쳤다. 이런 기대에 부응하여 선생은 어릴 때부터 마을의 어린아이들과 놀 때에도 남다른 영특함을 보여 사람들을 놀라게 했다. 특히 수운 선생의 눈빛이 남달라서 그 눈을 한번 본 사람은 스스로 외면할 정도로 형형한 빛을 발했다고 한다. 그래서 수운을 두고 역적이 될 눈을 지녔다고 말하는 사람도 있었다.

　수운 선생이 열 살 되던 해에 어머니인 한씨 부인이 돌아가셨다. 그 슬픔을 극복하기 위해서 수운은 더욱 공부에 집중했다. 어머니의 삼년상을 치른 직후, 13세 되던 해에 선생은 결혼을 한다. 근암공으로서는 자신이 죽기 전에 혈손으로 하여금 대를 잇게 할 욕심도 있었을 것이다. 그러나 아버지의 이러한 바람도 이루어지지는 않는다. 그로부터 4년 뒤, 수운 선생의 든든한 후원자였던 아버지마저 돌아가시고 만다. 선생의 처지는 참으로 어렵게 되었다. 아버지에게 배운 공부(儒學)로는 그 뜻을 펼칠 수 없는 처지였고(수운 선생은 再嫁女의 자손이어서, 과거를 통해 벼슬에 나아갈 길이 원천적으로 막힌 처지였다), 그렇다고 가산이 넉넉하여 한가로이 공부만 하며 지낼 수 있는 처지도 아니었다. 또한 어려서부터 글공부만 한지라 농사짓는 법도 몰랐다. 참으로 어려운 처지에 놓인 것이다. 수운 선생은 자신이 유구한 역사를 가진 조선 왕국의 주류 집단으로부터 멀리 떨어진 변경에 놓여 있음을 어렴풋이 자각하였다. 그리고 그 조선 전체의 기운이 적체되고 혼탁하여, 나라는 어지럽고 그 안의 백성들은 희망 없는 삶을 이어가고 있음을 체험적으로 인식하였다. 그리하여 선생은 도대체 어떻게 살아야 하는지, 이 세상이 영영 이처럼 출구 없는 혼돈을 헤매며 가게 될 것인지, 그 밖의 길은 없는지 답을 찾기 위해 길을 떠난다.

2. 새로운 길을 찾아, 떠나다

선생이 새로운 길을 찾아 집을 나선 시기는 스무 살 때였다. 그날부터 선생은 10년간 전국을 떠돌면서 세상의 인심을 살펴보았다. 세상은 확실히 무너지고 있었다. 양반들은 자신과 집안의 안위만 생각하고 나라를 어떻게 지탱하고 난관을 헤쳐 나가야 할지 방안도 없고, 관심조차 없었다. 이런 와중에 죽어나는 것은 백성들이었다. 일 년 내내 뼈 빠지게 농사를 지어도 추수 후에 손에 쥐는 것은 거의 없었다. 온갖 명목의 잡종 세금을 내고 나면 그날로 빈털터리가 되다시피 하는 것이다. 식량 빚을 지지 않고는 목숨을 부지할 수가 없었다. 공부를 하는 선비들도 희망 없기는 마찬가지였다. 이미 누가 합격할지 다 결정되어 있었기 때문이었다. 문제의 정점은 국왕의 권력이 허약하고 몇몇 권세 가문들이 돌아가며 나라의 정치를 좌우하여 농단하고 있었기 때문이었다. 이러한 부패와 무능, 그리고 그에 비해 끝을 모르고 높아진 착취의 사슬이 권력의 층위를 따라 내려가면서 결국 백성들의 고혈을 짜내는 데까지 이르렀다. 나라가 나라답지 못한지 너무 오래

되었다. 선생은 10년간 세상을 살피면서 이러한 세태를 온몸으로 알게 되었다. 조선 건국의 동력이 되고, 500년 왕조를 '사대부의 나라'로 이끌어온 양반 유생들에게 전성기의 청렴과 절제의 미, 그리고 목숨을 걸고 이상 정치와 이상 국가를 지향하는 결기가 없기는 마찬가지였다.

그들이 떠받들어 온 '성리학'은 출세에도 쓰이지 못하고 세상을 구원하는 데도 쓰이지 못한 채, 정치한 논리와 현란함만 더해가고 있었다. 조선 왕조 이전 고려 500년 사직을 지탱하였으며, 조선왕조에서도 때로 민중들에게 정서적 안식과 해탈의 길을 보여주던 불도(佛道) 역시 희망이 없기는 마찬가지였다. 세상과 인생을 구원할 복음(福音)이라고 하여 당시 백성들의 호응을 새롭게 얻고 있던 천주학도 공부를 해 보았다. 모든 사람을 평등하게 대해야 한다는 가르침은 일견 마음에 들었다. 그러나 조상의 '혼령'을 부정하여 제사를 거부하면서도 자신의 '영혼'으로 천당에 간다는 것은 그 자체로 이치에 어긋나는 것이어서 양심상으로 도저히 받아들여지지 않았다. 수운 선생은 나라를 바로 세우고 백성을 안녕케 할 수 있는 새로운 가르침이 필요하다고 생각하기에 이르렀다. 개혁(改革)을 넘어 개혁(開革)으로 가는 길을 찾기에 이른 것이다. 뜻이 있는 곳에 길이 있어서, 선생에게 새로운 길을 찾는 단서가 주어졌다.

선생이 10년간 전국 팔도를 두루 돌아다니며 세상의 풍속과 당대의 사상과 담론들을 넓고 또 깊이 공부한 결과를 가지고, 새로운 길을 모색하기 위해 처가가 있는 울산에 정착해서 공부하고 있을 때의 일이다. 어느 봄날 기거하는 초당(草堂)에서 한가로운 시간을 보내고 있는데, 차림새가 이상한 손님이 찾아왔다. 자신을 금강산 유점사에서 공부하던 스님이라고 하면서 처음 보는 책을 선생에게 꺼내 놓았다. 자신이 백일기도 끝에 얻은 책인데, 내용을 이해할 수 없어 전국을 떠돌며 알 만한 사람을 찾아다니는 중이라고 했다. 그리고 사흘의 말미를 주면서, 그 책의 내용을 알아보아 달라는 것이었다. 수운 선생이 책을 살펴보니, 지금까지 보던 책이랑 그 내용이 너무나 달라서 놀랐다. 그 책의 핵심 내용은 "이 세상의 궁극의 진리를 깨달으려면 하늘에 기도하라"는 것이었다.

사흘 뒤 그 스님이 다시 찾아왔다. 스님은 "혹 깨달은 것이 있습니까?"라고 물었다. 선생은 "제가 이 책의 내용을 알았습니다."라고 답하였다. 이에 스님은 밝은 얼굴로 웃으시면서 말하기를 "이 책은 진실로 선생의 책입니다. 저는 다만 전하기만 할 뿐입니다. 부디 성취하시기를 바랍니다."라고 말하고는 마당으로 내려서더니 온데간데없이 사라져 버렸다. 선생은 이 일로 인해서 큰 깨달음을 얻었다. 그동안 선생이 주력한 방법은 주로 독서를 통해 세상을 건질 방책을 구하고자 하는 것이었다. 이것은 능력이 뛰어난 사람이 스스로 공부를 할 수 있을지언정 다수의 사람이 따라 할 수는 없는 방법이었다. 선생은 그 책에서 가르친 대로 하늘에 기도하여 도를 구하는 공부법을 실천하기로 결심하고 좋은 장소를 물색하기 시작했다.

3. 새로운 길을 찾아, 돌아오다

이때 수운 선생이 기도장으로 택한 곳이 경남 양산에 있는 천성산 (千聖山)이다. 때는 1856년 여름. 선생이 살던 경주 근방에도 이름난 사찰이나 수도처가 있는데 굳이 천성산을 택한 이유는 무엇일까? 천성산은 일찍이 통일신라시대의 원효 스님이 천 명의 성인을 길러냈다고 하는 유서 깊은 곳이다. 골짜기가 깊고 물도 풍부하기 때문에 기도하기에 좋은 장소였으며, 원효 스님과 관련된 이야기도 수운을 이곳으로 이끈 이유가 되었을 것이다. 원효 스님은 고차원적인 불교 이론을 정리하기도 하였지만, 그보다 불교를 민중 친화적인 종교로 만드는 데 크게 이바지한 일로 기억할 만한 인물이다. 즉 '나무아미타불'을 무시로 외는 것만으로도, 깨달음을 얻고 번뇌에서 해탈할 수 있다고 가르쳤다. 천성산 깊은 계곡 막다른 곳에는 내원암(內院庵)이라는 통도사의 말사가 자리 잡고 있었다. 수운은 이 암자의 방 한칸을 빌려 공부를 시작하였다. 이때 수운은 어떤 방법으로 공부하였을까? '하늘에 기도'한다는 것만으로 구체적인 방법을 짐작할 수는 없다. 다만, 우리는 유학자 집안 출신인 수운이 '하늘'이라는 하나의 대상에 집중하게 되었다는 것만은 알 수 있다. 불교의 경우에도 이와 유사한 방법이 있다. 바로 부처님의 이름을 열심히 부르는 것이다. "나무아미타불 관세음보살"을 되풀이해서 지극 정성으로 외우는 것이 대표적이다. 이렇게 하염없이 외우다 보면 어느덧 번뇌 망상이 사라지고 지혜의 문이 열리는 경험을 할 수 있는 것이 불교 수련법이다. 수운 선생의 망상은 쉽게 없어지지 않았을 것이다. 왜냐하면 유학의 뿌리가 단단히 박혀 있었기 때문이다. 성장기 전부를 바친 공부의 방법과 내용은 그것을 '버린다'고 해서 무작정 버려지는 것은 아니다. 더욱이 수운은 유학의 내용에 한계를 느끼기 전에, 당시 '재가녀의 자손은 과거에 응시할 수 없다'는 조선의 법률에 따라 원천적으로 출사(出仕)길을 봉쇄당한 처지였다. 당시 조선에서 '과거를 통한 입신'은 뜻을 품은 남아가 도전할 수 있는 유일한 의미 있는 길로 여겨지고 있었다. 수운은 그 길을 버리고, 10여 년간 세상을 떠돌며 새로운 길을 찾았고, 뜻밖의 인연으로 '하늘에 기도하라'는 새 길의 입구에 들어섰지만, 지난 기억을 완전히 떨치고 비상하기 위해 가야 할 길은 여전히 먼 셈이었다. 선생은 이런 마음의 아픔을 잊기 위해 더욱 열심히 수련에 몰두했다. 그렇게 49일을 작정하고 기도하던 도중 47일째 되던 날, 갑자기 고향에 계신 숙부가 돌아가셨다는 소식이 마음으로부터 찾아 왔다. 그 길로 산을 내려와 고향으로 가보니 과연 숙부가 돌아가셨다. 비범하고 신비로운 경험을 한 것이다. 이것은 집중 수련을 통해서 그만큼 마음이 맑아졌음을 말한다. 그러나 그 정도의 공부로도 이 세상을 구한다는 말을 할 수는 없었다. 아쉽게도 첫 번째의 기도 수련은 기대한 결과를 얻지는 못했지만 그래도 이렇게 공부하면 새로운 길을 찾을 수 있겠다는 희망을 갖게 하였다. 숙부의 초상을 치르고 다시 울산으로 돌아온 선생은 다시 천성산 기도에 들어갔다. 두 번째 기도 장소는 내원암 맞은편 산 정상 부근의 자연 동굴, 적멸굴(寂滅窟)이었다. 규모는 작지만 원효 스님도 기도했다고 하는 장소였다. 적멸(寂滅)이란 생과 사의 경계를 넘어서 사라짐 또는 세속의 눈으로 볼 때는 죽음을 뜻하는 이름이니, 그 수도에 임하는 수운 선생의 마음가짐이 바로 그러했을 터이다. 이미 수운 선생은 하던 사업마저 망하였고, 마지막 생계의 끈이던 논마저 저당 잡혔다가 남의 손에 넘겨주고, 빈털터리 신세였다. 선생은 굴 안에서 먹고 자면서 새벽부터 정좌하고 묵념하며 하늘에 기도하는 수련을 계속해 나갔다. 이 무렵 수운의 기도에 관한 전설이 전해온다. 동학-천도교의 3세 교주 의암 손병희 선생이 1909년 말경에 제자들을 이끌고 이곳 천성산 내원암에서 수련을 한 적이 있었다. 이때 적멸굴로 일행을 안내했던 내원사 주지가 전해 내려오는 이야기를 들려주었다. 그것은 '경주 최복술이 이 굴에 와서 도통을 하여 수리가 되어 날아갔다'는 것이다. 여기서 '최복술'은 수운 선생의 어릴 때 이름이고, 수리는 독수리의 일종인데 불교에서는 지혜를 상징하는 동물이다. 이것을 다시 해석하면 '경주 사는 최복술이 이곳에서 공부해서 도통하여 그 뜻을 펼쳤다.'는 것이다. 이런 이야기로 보면 이미 선생은 천성산에서 결정적인 체험을 했다고 볼 수 있다. 그러나 천도교의 역사에는 아직 결정적인 체험을 했다고 기록되고 있지 않다. 선생은 천성산에서의 두 번째 49일 수련을 마치고 울산에서 운영했던 철점도 정리하고 가족을 데리고 고향으로 돌아왔다. 그때가 1859년 10월이었다.

4. 새로운 길, 동학을 열다

1859년 10월에 선생은 결정적인 진리를 깨닫지 못한 채, 울산의 살림을 정리하고 가족들을 데리고 용담으로 돌아왔다. 선생은 용담으로 돌아오는 자신의 심정을 『용담유사』 「용담가」에서 다음과 같이 노래하였다.

> 구미용담 찾아오니 흐르나니 물소리요 높으나니 산이로세 좌우산천 둘러보니 산수는 의구하고 초목은 함정(含情)하니 불효한 이내마음 그 아니 슬플소냐 오작은 날아들어 조롱을 하는 듯고 송백은 울울하여 청절을 지켜내니 불효한 이내 마음 비감회심 절로난다.(『용담유사』 「용담가」)

고향 산천은 선생이 구도의 길을 떠나기 전이나 돌아오는 지금이나 그대로인데, 그것을 바라보는 선생의 마음은 예전 같지 않은 것이다. 그 모든 심정을 수운은 '부모에게 불효를 한 것'이라는 말로 드러낸다. 과거에 급제한 것도 아니고 선조가 남겨준 가산을 늘리지도 못하였다는 게 '불효'라고 자책하는 표면적인 이유가 될 수 있다. 의기소침한 마음 때문에 우짖는 새 소리조차 선생을 조롱하는 것으로 듣고 있다. 그러나 선생은 여기에서 글을 끝내고 있지 않다. 수운은 그해 겨우 내내 마지막 힘을 다하여 수행 정진을 거듭하였다. 새벽녘 그 누구보다 먼저 일어났고, 저녁엔 모두가 잠들 때까지 책을 읽고 수련하였다. 역시 선생의 비감회심은 그보다 더 깊은 비장한 각오와 진전을 향한 한 걸음의 후퇴였던 셈이다. 즉 그 마음은 새로운 시대를 여는 결정적인 체험의 계기가 되었다. 경신년(1860) 4월 초오일, 드디어 말로 형언할 수조차 없는 체험을 통해, 무극대도를 얻었다.

> 가련하다 이내부친 여경인들 없을소냐 처자 불러 효유하고 이러그러 지내나니 천은이 망극하여 경신사월 초오일에 글로 어찌 기록하며 말로 어찌 성언할까 만고 없는 무극대도 여몽여각 득도로다 기장하다 기장하다 이내운수 기장하다 한울님 하신 말씀 개벽 후 오만년에 네가 또한 첨이로다 나도 또한 개벽 이후 노이무공 하다가서 너를 만나 성공하니 나도 성공 너도 득의 너희 집안 운수로다.(『용담유사』「용담가」)

선생은 결정적인 체험의 순간을 위와 같이 기록하고 있다. 불효자로 끝날 줄 알았던 인생이 새로운 차원으로 도약하는 순간이다. 여기서 비로소 '한울님'이 등장한다. 한울님은 자신도 수운을 만남으로써 뜻을 이루게 되었다고 고백한다. "개벽 후 오만 년에 너(최제우)가 처음이고 나(한울님)도 너 덕분에 내가 일한 공덕을 이룰 수 있게 됐다."라고 한 것이다. 바로 한울님이 수운 선생을 만나서 자신의 할 일을 완성했다는 것이다. 한울님의 일이란, 인간이 삶과 죽음을 따로따로 보고, 한울님과 인간-만물을 별개의 것으로 보는 각자위심의 망상에서 깨어나 동귀일체, 천인합일의 경지에 이르게 하는 불사지약(不死之藥)을 전하는 것이다. 한울님이 이 일을 할 수 있는 것은 평생토록 이 우주의 근본 원인이며 생명의 원천이자 모든 진리의 출발점인 한울님에게 이르고자 한 수운 선생의 노력이 한울님을 약동시켰기 때문이다. 마치 알 속에서 스스로 알을 깨려는 병아리와 그 결정적 순간에 알 껍질을 쪼아주는 어미닭의 관계와도 같다.

수운은 또 다른 글에서 한울님과 만나던 때를 다음과 같이 증언한다.

몸이 몹시 떨리면서 밖으로 접령(接靈)하는 기운이 있고 안으로 강화(降話)의 가르침이 있으되, 보였는데 보이지 아니하고 들렸는데 들리지 아니하므로 마음이 오히려 이상해져서 수심정기하고 묻기를 "어찌하여 이렇습니까." 대답하시기를 "내 마음이 곧 네 마음이니라. 사람이 어찌 이를 알리오. 천지는 알아도 귀신은 모르니 귀신이라는 것도 나니라. 너는 무궁 무궁한 도에 이르렀으니 닦고 단련하여 그 글을 지어 사람을 가르치고 그 법을 바르게 하여 덕을 펴면 너로 하여금 장생하여 천하에 빛나게 하리라."(『동경대전』「논학문」)

수운 선생은 한울님을 '보였는데 보이지 아니하고 들렸는데 들리지 않는' 존재로 그리고 있다. 없는 듯 있는 존재인 한울님도 '나(한울님)를 찾으려면 너(최제우)의 마음에서 찾으라.'고 했다. 즉 '내 마음이 곧 네 마음이다.'라고 하였다. 그리고 한울님은 선생에게 주문과 영부를 준다고 하면서 그것으로 세상 사람들을 가르치고, 또 세상 사람들을 구제하라고 한다. 이때 한울님의 마음이 곧 수운 선생의 마음이므로, 주문과 영부는 곧 수운 선생이 만들어서 스스로에게 주는 것이기도 하다. 수운 선생은 한울님을 만난 뒤 바로 그 가르침을 세상 사람들에게 전하지 않고 일 년여 동안 절차와 도법을 여러 가지로 정리한 뒤, 최후로 21자 주문을 지어서 그것을 세상 사람들에게 전해 주었다. 그래서 한울님을 만나고자 하는 모든 사람은 주문 공부를 꼭 해야만 했다. 그러면 21자 주문은 도대체 어떤 것일까?

먼저 21자 주문을 다시 한번 더 되새겨보자.

> 강령주문 : 지기금지 원위대강 至氣今至 願爲大降
> 본주문 : 시천주 조화정 영세불망 만사지 侍天主 造化定 永世不忘 萬事知

다행히, 수운 선생이 『동경대전』 「논학문」에서 직접 주문의 뜻을 풀어 놓았다.

> '지'라는 것은 지극한 것이요, '기'라는 것은 허령(虛靈)이 창창하여 일에 간섭하지 아니함이 없으나 그러나 모양이 있는 것 같으나 형상하기 어렵고, 들리는 듯하나 보기는 어려우니, 이것은 또한 혼원한 한 기

운이요, 금지라는 것은 도에 들어 처음으로 지기에 접함을 안다는 것이요, '원위'라는 것은 청하여 비는 뜻이요, '대강'이라는 것은 기화를 원하는 것이니라.(『동경대전』「논학문」)

이 내용은 '강령주문'에 대해 풀이한 부분이다. 여기서 한울님은 지기(至氣)라고 지칭된다. '지극한 기운'으로서의 한울님이 나에게 이르기[大降]를 기원하는 것이다. 다음으로 한울님의 실제 모습은 어떤지, 그리고 한울님을 어떻게 만나고, 모시는지는 본주문에서 설명되고 있다.

'시'라는 것은 안에 신령이 있고, 밖에 기화가 있어 온 세상 사람이 각각 알아서 옮기지 않는 것이요, '주'라는 것은 존칭해서 부모와 더불어 같이 섬긴다는 것이요, '조화'라는 것은 무위이화요, '정'이라는 것은 그 덕에 합하고 그 마음을 정한다는 것이요, '영세'라는 것은 사람의 평생이요, '불망'이라는 것은 생각을 보존한다는 뜻이요, '만사'라는 것은 수가 많은 것이요, '지'라는 것은 그 도를 알아서 그 지혜를 받는 것이니라.(『동경대전』「논학문」)

이 주문에서 한울님은 사람의 몸에 모셔진 존재로 정의된다. 그것이 시천주(侍天主)이다. 어떻게 모시는가. 안으로는 신령함으로 존재하고 밖으로는 기화를 이루는 것을 알아서 옮기지 않는 것이다. 신령은 무엇이라고 정의하기 어렵지만 '거룩한 힘' 즉 지기(至氣)의 한 양태라고 말할 수 있다. 우리가 본래부터 가지고 있는 거룩한 힘을 공자는 '인'이라고 했다. 공자는 인을 다양하게 묘사하고 있지만 그래도 가장 근사한 표현을 꼽자면 '극기복례(克己復禮)'이다. 그 뜻은 '자신의 욕심을 이기고 본래의 마음과 몸가짐을 회복하는 것'이다.

공자를 계승한 맹자는 '인'을 좀 더 철학적으로 해석하여 '인의예지(仁義禮智)'라고 하였다. 그리고 '인의예지'는 '네 가지 마음'에서 비롯된다고 했다. 그것은 불쌍한 사람을 보면 구휼하는 측은지심(惻隱之心), 의롭지 못함을 지나치지 않고 꺼려하는 수오지심(羞惡之心), 다른 사람을 앞세우고 자신을 낮추는 사양지심(辭讓之心), 옳고 그름을 구분하는 시비지심(是非之心)의 네 가지 마음은 사람이면 누구나 선천적으로 타고난다고 하였다. 그러나 타고나는 것만으로는 의미가 없다. 어떻게 하면 그것을 삶의 현장에서 활활발발하게 작동할 수 있게 하는가?

다음으로 동학에서 모시는 대상이 되는 신령은 밖으로는 '기화'한다고 했다. 기화란 기운이 조화를 이룬다는 의미이다. 밖으로 거대한 기운이 조화를 이룸으로써 만물을 화생(化生)하는 것이다. 만물 가운데 인간도 포함된다. 인간의 육체를 만들어 내면서 그 안에 네 가지 마음도 심어진 것이다. 이 구조를 인간은 벗어날 수 없다. 그래서 평생 옮길 수 없다고 한 것이다. 그리고 한울님 즉 '천'에 대한 설명은 하지 않고 바로 '주'를 설명한다. 천(한울)을 설명하지 않은 것은 그것이 말로 설명할 수 없는 존재이기 때문이리라. 다만 '주' 자를 설명할 때 그것이 한울님을 부모 섬기듯이 섬겨야 할 대상이라고 하였다. 그러므로 '시천주'란 나를 낳아준 부모 같은 내 존재와 생명의 근원인 한울님이 내 안에는 신령으로 화생하고 밖으로는 조화하는 기운 또는 생동하는 기운으로서 나의 삶을 간섭하고 지지한다는 뜻이다. 따라서 나라는 존재는 한울님을 떠나서는 살 수 없다. 마치 물고기가 물 밖에서 살 수 없는 것과 같다. 시천주가 되면 즉 내가 한울님의 간섭을 받는 존재로서의 자기 존재 방식에 온전히 합일되면, '조화정' 즉 한울님이 하는 일 또는 한울님의 공덕이 이루어지는 방식(造化)과 하나가 된다(定). 내가 한울님과 관계를 망각한 채 제멋대로 살아갈 때는 내 욕심을 통제하지 못하기 때문에 한울의 기운, 한울님의 뜻과 하나가 될 수 없다. 내 마음대로 하고자 하는 욕심에 지혜의 눈이 가려져서 한울님의 뜻을 알아 챌 수 없다. 시천주를 체험으로 깨닫고 조화에 일치하게 되면 그다음 목표는 그 상태를 유지하는 것이다. 그것이 영세불망(永世不忘)이다. 시천주 조화정은 한번 경험했다고 늘 그렇게 유지되는 것이 아니라, 언제나 마음으로 잊지 않아야만, 그 상태가 발현되는 것이다. 그러한 삶으로 살아가다 보면, 만사(萬事) 즉 세상의 모든 일의 이치를 알게 된다(知). 즉 세상 만물은 한울님이 조화로 화생한 것이고, 그러므로 우리는 한울님의 뜻을 알고, 그대로 살아야 함을 알고, 깨닫고, 실행하게 된다는 것이다.

지혜의 눈이 열리고 기운의 운용을 자유자재로 할 수 있게 되자, 심령(心靈)의 유혹이 뒤따랐다. 홀로 재상의 지위를 얻어서 정치권력으로서 세상을 제도할까, 아니면 거부가 되어 술수를 부려서 세상 사람들을 모아 들일까 하는 방편이 떠오르기도 했다. 그러나 선생은 이 유혹을 단호히 물리치고 좁고 험하더라도 옳은 길, 바른 길을 택한다는 뜻에 흔들림이 없었다. 잡다한 번뇌가 사라지고, 절차와 도법이 간결 명료하게 정리되자, 세상 사람들에게 한울님의 가르침을 펼치기 시작한다. 그것을 '포덕'이라 한다.

5. 한울의 덕을, 펼치다 - 포덕

한울님을 처음 만난 날로부터 일 년 남짓 지난 뒤 즉 1861년 6월경 선생은 포덕을 시작하는데, 그에 앞서 맨 처음 포덕을 한 사람은 바로 부인 박씨였다. 부인 박씨가 동학의 가르침을 인정하고 받아들이는 데는 험난한 과정이 있었다. 박씨 부인은 수운이 동학을 창도하고 절차와 도법을 정리하는 과정이 모두 못마땅했다. 결혼한 뒤 집안일은 거의 돌아보지 않고(도를 구하는 동안 행상 등을 병행하기는 했으나), 진리를 깨달으려고 10년간이나 전국을 떠돌았으니 누군들 괴로움과 불만이 없겠는가. 게다가, 보통사람의 눈으로 보기에 동학을 창도하기 전후의 수운의 언행은 처음에는 미친 사람처럼 보였고, 그다음에는 마치 이 세상 사람이 아닌 것처럼 이상하게만 보였다. 눈에 보이지 않는 한울님과 대화를 한다는 둥, 영부를 그려서 불에 살라 물에 타서 먹기를 거듭하는 둥 참으로 견디기 어려운 기행을 이어갔기 때문이다. 그러더니 어느 날부터 수운은 부인에게 절을 하기 시작했다. 남녀를 엄별하고 아내에게 남편은 하늘이라 여기던 시대에, 하늘같은 남편이 '천첩(賤妾)'으로 자칭하는 부인에게 절을 하는 것은 도저히 견딜 수 없는 망동이었다. 자포자기하고 모진 생각까지 품기도 했지만 그때마다 수운은 정성을 다하여 절하고 또 절했다. 그 마음이 이윽고 통하여, 부인은 마침내 수운의 진정을 이해하고, 수운을 남편 이상으로 여기고 입도했다.

다음으로 선생은 집안의 여자 노비 두 명 중 한 명은 수양딸로 삼고, 한 명은 며느리로 맞이했다. 누구나 모두 한울님을 모시고 있음을 온몸으로 깨달았음을, 그리고 그 이치에 따라 사는 세상을 열어 나간 것을 알 수 있다. 이렇게 자신의 주변부터 진리의 길로 나아가게 한 뒤, 마침내 세상 사람들에게 동학의 문을 활짝 열었다. 소문에 이끌려 수많은 사람들이 용담정을 찾아왔다. 얼마나 많은 사람이 찾아왔는지 알 수 있는 일화가 있다. 사람들이 올 때 예물로 곶감을 갔고 왔는데 먹고 난 뒤 버려진 곶감꽂이만 가지고도 마을 사람들이 땔감을 할 정도였다는 것이다. 이렇게 많은 사람들이 찾아와서 선생께 가르침을 받는 가운데서 질문하고 대답한 내용 가운데 수운 선생이 기록해 둔 부분이 남아서 전한다. 그중 몇 부분을 보자.

묻기를 "한울님 마음이 곧 사람의 마음이라면 어찌하여 선악이 있습니까."(『동경대전』「논학문」)

한울님 마음이 곧 사람 마음이라면 사람은 누구나 한울님처럼 거룩하고 어질어야 하는데 왜 이 세상은 악한 사람이 많으냐 하는 것은 누구나 할 수 있는 질문이다. 선생은 다음과 같이 답한다.

> "그 사람의 귀천의 다름을 명하고 그 사람의 고락의 이치를 정했으나, 그러나 군자의 덕은 기운이 바르고 마음이 정해져 있으므로 천지와 더불어 그 덕에 합하고 소인의 덕은 기운이 바르지 못하고 마음이 옮기므로 천지와 더불어 그 명에 어기나니, 이것이 성쇠의 이치가 아니겠는가."(『동경대전』「논학문」)

선생은 답하기를, 우리가 이 세상에 태어날 때 각자 부모로부터 물려받은 신분과 사회 경제적 환경은 정해져 있지만, 태어나기 전부터 정해져 있는 한울님의 기운과 마음을 찾아 그에 합하는 사람은 군자가 되고, 본래 한울님의 기운과 마음으로부터 멀어진 삶을 사는 사람은 소인이 된다는 것이다. 그 사람이 군자가 되고 소인이 되는 것은 물론 귀하게 되고 천하게 되는 것, 고통 속에 사는 것과 즐겁게 사는 것이 이 '한울님의 덕에 합하는가 어기는가' 즉 수도 생활을 얼마나 잘하는가에 달려 있다는 것이다. 행복하고 품위 있는 삶을 갈구하는 사람들에게 큰 희망을 주는 대답이 아닐 수 없다. 그래서 용담을 찾아온 사람들은 21자 주문을 받아서 정성껏 수련하는 삶으로 인생을 변화시켰던 것이다.

수운 선생의 제자들이 나날이 늘어가자, 시기하고 비방하는 무리도 늘어나기 시작했다. 특히 보수적인 경상도 일대의 유학자들과 인근 최씨 문중의 사람들이 더욱 심하게 비방하고 음해까지 했다. 그러자 11월에 이르러서는 경주부사가 직접 관인을 시켜 사람을 모아 가르치는 일을 중지하라고 명령한다. 선생은 일단은 용담을 떠나기로 결심했다. 이미 비틀려 버린 관과 보수 유생, 그리고 문중 사람들의 마음이 가라앉기를 기다리는 것과 다른 한편으로 도를 깨닫기 전에 세상을 보던 눈이 달라졌으므로, 그 눈으로 새로이 세상을 살펴보자는 뜻도 있었다. 발길이 이르는 곳을 따라 걷다 이른 곳이 전라도 남원 외곽 교령산성 안에 있는 조용한 암자, 은적암이었다. 그곳에서 선생은 이듬해 봄까지 머물면서 동학의 기본 가르침인 「논학문」 「도수사」 「권학가」 등을 지어, 포덕의 방편을 넓혀 나갔다.

이듬해 임술년(1862) 봄 선생은 은적암을 떠나 경주로 돌아와, 경주 부내에 있는 제자 백사길의 집에 머물다가, 다시 인근의 박대여의 집으로 옮겨가 머물러 있었다. 어느 날 그곳으로 해월 선생이 찾아왔다. 거처를 알리지 않았는데, 알고서 찾아온 연유를 물었다. 해월 선생은 '문득 오고자 하는 마음이 있어서 왔습니다.'라고 대답했다. 한울님과 수운 선생이 '내 마음이 곧 네 마음'인 경지로 만났듯이, 스승인 수운 가 제자인 해월의 마음이 통하고 하나로 이어져서 가능한 일이었다. 스승 수운에게 해월은 공부하는 동안 생긴 의문스런 일에 대해 질문했다. "선생님, 반 종지의 기름으로 스무하루의 밤을 밝혔는데 졸아들지 않았습니다. 그 이유는 무엇입니까." 수운 선생은 "그것은 곧 조화의 커다란 효험이다. 그대의 마음이 스스로 기뻐 자부함이니라."라고 대답했다. 곧 한울님이 해월의 정성에 감응한 것이니 너무 괴념하거나 거기에 머물러 있지 않도록 말한 것이다. 또 질문하기를 "어느 날 문득 '몸에 해로운 것은 찬물에 급히 않는 것이다'라는 말씀을 들었는데 이것은 무슨 일입니까?" 수운 선생은 "네가 들었다는 한울님 말씀은 내가 은적암에서 한 말이니, 그대의 마음과 내 마음이 비로소 하나가 된 것이니라."라고 대답하였다. 이로써 수운 선생은 해월에게 공부가 다 되었다는 것을 인정하기에 이르렀다. 그래서 해월에게 경주 이북 지역의 포덕을 일임한다. 이때부터 해월을 '북접주인'이라고 부르게 되었다.

도인들이 날로 증가하고 그들이 분포하는 지역이 넓어지자, 수운은 새로운 제도를 만든다. '접주제(接主制)'가 그것이다. 이때 '접'이라는 말은 신라 때 대학자인 최치원의 난랑비 서문에 '접화군생(接化群生)'이라는 말에서 유래한다. 즉 '만물들과 접하여 이들을 교화한다.'는 뜻을 담고 있다. 조선시대에 유학자들은 '접'을 '유생들의 모임'을 지칭하는 말로 썼다. 또 그들의 우두머리를 '접장' 혹은 '접주'라고 하였다. 선생은 여기에서 의미를 빌려와 동학의 제자들을 효율적 지도하고 관리하는 조직 체계를 마련하였다. 즉 선생을 중심으로 가르침을 받는 제자들의 일정한 무리를 '접'으로 그 접에서 책임을 맡은 이를 '접주'라고 했다. 굳이 수운을 직접 뵈어야 할 일이 아니면, 접주를 만나 묻거나 의논하여 공부를 하거나, 조직 내의 여러 지침들을 전달할 수 있었다. 선생이 실제로 포덕을 시작(1861.6)한 지 6개월 만에 만들어진 접이 경상남북도와 충청, 경기에 걸쳐 모두 16개인 데서, 당시 동학의 전파 속도를 실감할 수 있다.

한편 동학이 이렇게 빠르게 확산되는 만큼 조선 조정의 경계심도 커져 갔다. 즉 경상도 유생들이 거듭 올리는 상소문을 통해 수운의 동학이 조선왕조의 사상적 근간인 성리학을 뒤흔들고, 양반 중심으로 유지하고 있는 사회질서의 근간을 흔들 수 있는 것으로 여기는 기운도 점점 팽배해 갔다. 조선왕조의 위기는 동학이 아니라 밖으로 서세동점의 세계사적 격변과 안으로 자멸과도 같은 부패무능으로부터 비롯되는 것이었지만, 왕조와 지배계층은 그 원인을 동학에 전가하고, 혼란을 수습하는 희생양으로 삼고자 한 것이다.

수운 선생은 자신을 향해 다가오는 위기를 직감하였다. 그래서 자신을 계승하여 동학의 가르침을 전수해 나갈 후계자를 정해야 한다는 데 생각이 미쳤다. 누구를 자신의 후계자로 할 것인가? 망설일 이유가 없었다. 이미 자신과 마음이 통한 해월 최시형이 있지 않은가? 해월의 근기(根氣)는 문벌이나 지벌, 그리고 학식이 더 높은 다른 제자들과는 비교할 수 없이, 도의 맥을 잇는 데 적실한 것이었다. 그래서 선생은 1863년 중추절을 앞두고 용담으로 하례를 온 해월에게 '해월'이라는 도호를 내리고, '수심정기(守心正氣)'의 심법을 전수함으로써 명실상부한 후계자로 삼게 되었다.

6. 한울 속으로 돌아가, 순도하다

선생은 해월에게 도의 장래를 의탁하였고, 그리고 자신이 가야 할 길을 알고 있었기에 속속 다가오는 관의 지목에도 차근차근 도의 앞날을 준비할 수 있었다. 마침내 조정은 선전관 정운구를 파견하여 1863년 12월 10일 용담정에서 몇몇 제자들과 함께 수운 선생을 체포하였다. 정운구는 수운 선생과 그 제자들을 경주 진영과 대구 감영을 거쳐, 용모를 기록하는 기본 조사를 마치고, 제자들과 가족들은 대구 감영에서 수감 조사케 되었고, 수운 선생은 서울로 압송되었다. 나라에 변란을 도모한 국사범은 조정에서 직접 심문하는 것이 당시의 법이었다. 서울로 가는 노정은 영천 대구 선산 상주 화령 보은 청산을 거쳐 과천에 이르는 경로였다. 첫 번째 기착지인 영천에 이르렀을 때, 이곳에 속해 있는 포졸들의 악행이 극심했다. 이것은 모두 죄인의 인척들로부터 뇌물을 받아 내려는 행태였다. 그런데 포졸들의 악행이 심해지자 선생을 태운 말이 꼼짝하지를 않았다. 크게 놀란 포졸들이 선생에게 사죄를 하니, 그때야 말이 움직여 나아갔다. 당초 이들은 문경을 거쳐 조령을 넘어 가려고 계획을 세웠는데, 동학도들 수천 명이 이곳에 집결해 있다는 전갈을 듣고 경로를 변경하였다. 그런데 과천에서 일행이 조정의 조치를 기다리는 사이에, 조정으로부터 급한 전갈이 당도했다. 다름 아닌 국상 소식이었다. 즉 12월 8일에 당시 임금인 철종이 승하한 것이다. 조정에서는 연고지인 대구감영에서 수운 선생을 조사하여 보고하라고 조처하였다. 이때가 음력 12월 21일이다. 12월 29일에 문경 새재를 지나 유곡역에 도착하여 갑자년 신년 명절을 지내고, 1월 6일에 대구감영에 도착한다. 12월 10일에 체포되어 무려 한 달간을 혹한의 노상에서 가혹한 고생을 하다, 결국 대구감영에 수감된 것이다.

그날부터 수운 선생은 경상감사 서헌순의 주관 아래 혹독한 심문을 받는다. 특히 2월경에는 수제자인 해월의 소재지를 알기 위해서 더욱 가혹하게 심문한 것으로 생각된다. 이때 해월은 영덕 사람 유상호에게 돈을 준비하게 해서 뇌물을 써서 선생을 면회할 길을 찾는다. 해월은 여러 제자들의 도움을 얻어 어렵사리 옥리인 곽덕원을 매수하여 수운 선생을 만나게 된다. 선생의 몰골은 말이 아니었다. 그러나 수운 선생은 안부를 물을 사이도 없이 담뱃대를 하나 건네주며 얼른 떠나라고 당부하였다. 옥을 벗어나 살펴보니 담뱃대 안에 선생이 해월에게 남긴 마지막 시가 있었다. 그 내용은 다음과 같다.

> 등불이 밝아 물 위로는 아무런 혐의의 틈이 없고,
>
> 기둥이 마른 것 같으나 힘이 남아 있다.(『동경대전』「영소」)

이 시의 앞부분의 뜻은 '등불의 빛이 물 위로 밝게 빛나서 환하게 모든 것을 비추어 주듯이 나(수운)는 아무런 혐의나 잘못이 없다'는 뜻이다. 또는 한울님의 도(道)는 물 위에 비추어 조금의 틈도 없이 환하게 빛나는 등불과 같이 세상의 모든 어두운 곳을 밝혀주어 그늘진 곳이 없게 된다고 해석할 수도 있다. 이 시의 뒷부분은 '이제 나(수운)는 세상의 잘못된 제도에 의하여 죽게 되었지만, 그래서 메마른 나무기둥 같은 나의 모습처럼 지금 무극대도가 죽은 것처럼 보이지만, 그 나무는 죽은 것이 아니라 후일 잎을 틔우고 꽃을 피울 힘이 남아 있다'는 뜻이다. 또한 수운 선생은 해월에게 '고비원주(高飛遠走)' 즉 날아가듯이 빨리 먼 곳으로 떠나라는 쪽지도 함께 전하여, 해월로 하여금 도의 장래를 잘 간직하고 계승해 나가도록 했다.

수운 선생의 재판은 3월 초에 이르도록 계속되었다. 선생의 죄목은 크게 세 가지였다. 첫째, 이단사술(異端邪術)로서 세상을 속이고 백성들을 속인다, 즉 혹세무민한다는 것이다. 수운 선생이 가르치는 한울님의 도, 곧 무극대도는 사람을 속이는 사술이라는 것이다. 둘째, 동학(東學)을 표방하였지만, 실제로 그 가르침은 서학(西學)이라는 것이다. 셋째, 선생이 나무칼로 검무(劍舞)를 추는 것은 세력을 모으고 무장하여 장차 난을 일으키려는 것이라고 보았다. 수운 선생은 제기된 혐의에 대해서 흔들림 없이 자신이 입장을 피력하였다. 애초에 사태의 실상을 파악하는 것보다 동학을 향하여 밀려드는 민심을 잠재우고, 영남 지역 유생들의 반발을 무마하는 데 목적이 있었던 조정의 뜻을 반영하여, 서헌순은 수운이 인정하지도 않은 죄목들을 자의적으로 나열하여 장계를 조정에 올렸다. 그리고 조정으로부터 '좌도난정률'(그릇된 道로서 법률을 어긴 죄)로 사형에 처하라는 명을 받아 3월 10일에, 대구장대에서 교수형을 집행한다.

　기울어 가는 나라를 새로이 일으키고, 희망 없이 고통에 허덕이는 민중들을 구원하며, 나아가 이 세상이 새로운 시대로 나아가는 방향을 올바르게 가르침으로써 세상을 구하고자 일생을 바쳐 온 수운 최제우. 새로운 삶의 질서로 영위되는 세상, 후천 개벽을 꿈꾸며 살아온 선생은 끝내 이단 사교와 요언으로 백성을 현혹한다는 혐의를 쓰고 순도의 길을 걸어 한울로 돌아갔다(還元).

II.

노자의 허심과
수운의 수심 수련법 비교 *

* 이 글은 『동양문화연구』 24집에 실렸던 것을 수정하여 재수록했다.

노자는 마음을 비움으로써 도를 온전히 체득하는 경지를 지향했다. 다시 말해 현실 세계에서 직면하는 사태를 어느 한쪽으로 기울어지거나 감각기관에 구애되지 않고 균형 있게 바라봄으로써 도의 세계에 도달하게 하려고 했다. 반면에 수운은 본래의 마음, 즉 한울님의 마음을 지킴으로써 한울님의 지혜와 덕을 받고 또 이 세상 사람과 만물이 모두 한울님을 모신 존재임을 깨달아서 이 세상이 한울님 세상으로 바뀌도록 하는 것이다. 노자는 감각기관을 제어함으로써 분별의식을 최대한 낮추어서 마음의 만족을 추구하고, 수운 역시 감각기관에 주목했는데 영부와 주문을 통해서 몸과 마음이 바른 기운, 바른 마음으로 유지되도록 하면서 이 세상을 새롭게 변화시켜 나가는 삶을 살도록 했다.

1. 들어가는 말

노자는 언제 태어나고 죽었는지 확실하지 않다. 다만 공자 이전에 태어나서 공자에게 사상적으로 많은 영향을 끼친 기록이 남아 있어서 공자의 생몰연대(B.C.551-B.C.479)를 참조할 수 있다. 노자가 살던 시대는 이른바 춘추전국시대(춘추시대-B.C.770~403; 전국시대-B.C.403~221) 연간이다. 이 시기는 안정된 통일국가인 주(周)나라의 기강이 무너지면서 각지에서 크고 작은 국가들이 난립하여 전쟁을 통해서 세력을 불려나가거나 쇠망을 거듭하던 혼란기였다. 혼란한 시대일수록, 시대적 문제를 해결하고자 하는 사상가가 나오기 마련인데 그중 한 사람이 노자이다. 노자는 갈등과 전쟁을 그치고 평화를 이루는 나름의 방법을 제시했는데, 그것은 욕심을 버리고 무위자연의 상태에 도달하는 것이다. 노자가 마음을 비우는 방법으로 제시한 것은 사람이 각자의 감각기관에 의존하지 말라는 것이다. 감각기관에 좌우되면 그로부터 야기되는 욕심이 자신을 지배하는 상태에 빠진다. 그렇게 되면 서로가 가진 것을 빼앗기 위한 다툼이 그치질 않고, 국가적으로는 전쟁을 거듭하게 된다. 그러므로 노자의 사상에서 '마음을 비우는 것'은 핵심적인 요소라고 할 수 있다. 조선 왕조 말기 사람인 수운 최제우가 처한 시대적 과제 또한 노자의 경우와 크게 다르지 않았다. 나라 밖으로는 수천 년간 지역 질서의 중심을 지탱하던 중국이 서양 세력에 의해 속절없이 무너지고, 그다음 차례는 조선이라는 소문이 들려오는 시대였고, 나라 안으로는 지배계급인 양반이 도덕적으로 타락하여 더 이상 조선을 다스릴 수 있는 상황이 아니었다. 백성들이 심리적으로 의지하고 마음의 힘을 길러나갈 사상적 기반도 와해된 상태였다. 이런 상황에서 수운은 평생을 수도에 전념하여 사람이 한울님을 모시고 있는 존재라는 사실을 체득하였다. 그로부터 수운은 자신이 체득한 수련 방법을 세상 사람들에게 가르치게 된다. 그 방법의 핵심 요체는 수심정기(守心正氣)이다. 내가 모신 한울님의 본래 마음을 지키고 한울님의 본래 기운이 내 몸에서 바르게 운용되도록 하는 것이다. 노자는 욕심을 비워서 무욕함으로써 평화를 구축하는 방식을 제시했고, 수운은 본래의 마음을 지키고 기운을 바르게 해서 평화롭게 더불어 사는 삶의 방식을 제시했다. 욕심을 비우는 것과 본래 마음을 지키는 것은 상반된 방법처럼 보이지만, 그 결과는 같은 것을 지향한다. 그것은 평화롭게 사는 삶이다. 노자와 수운의 수련 방법의 차이점과 공통점을 비교하여 서술함으로써 우리가 공부할 방법을 찾아보고자 한다.

수운과 노자의 수련법을 비교하고자 한 또 다른 근거는 박소정의 선행 연구(「동학과 도가사상:불연기연의 논리를 중심으로」) 덕분이다. 박소정은 노자의 사유 방식의 특징을 '사태의 반면과 대립전화'와 '만물의 근원으로서의 도'를 중심으로 논구하였다. '사태의 반면과 대립전화'는 모든 사물과 사건에는 대립적인 면이 있다는 것이다. 화(禍)와 복(福), 정상적인 것과 기이한 것, 선과 악과 같은 대립은 끊임없이 서로를 향하여 변화한다. 이처럼 대립적인 사태는 끊임없이 돌이켜 변화하므로 어느 쪽이 올바른 것이고 어느 쪽이 시작인지 기준을 세울 수가 없다. 그런데도 사람들은 이를 깨닫지 못하고 어느 한쪽에 가치를 두어 아름답거나 좋다고 여긴다. 바로 이러한 사고방식이야말로 사태를 있는 그대로 보지 못하게 하므로 추악하고 좋지 못한 것이 된다. 사람들은 복, 정상적인 것, 선 등은 좋아하여 가치 있게 여기고, 화, 기이한 것, 악 등은 싫어하며 꺼려야 할 것으로 여긴다. 그러나 선이 없으면 악이 없듯이 모든 대립 면들은 서로를 필요로 하거나 전제한다. 그래서 이런 사태를 균형 잡힌 시선으로 보기 위해서는 대립 면을 넘어서는 만물의 근원으로서의 도(道)라는 개념을 제시한다. 도는 만물의 기준이 되므로 시각이나 청각을 통해서는 파악할 수 없고, 언어로도 표현할 수 없다. 그래서 도를 깨닫기 위해서는 언어와 개념을 떠나 도와 합치할 수 있는 수련공부가 필요하게 된다.

박소정은 동학의 사유의 특징을 불연기연(不然其然)으로 서술하고 있다. 주지하듯이 불연은 그렇게 되는 이유를 모르는 것이고, 기연은 감관과 인식능력을 동원하여 원인을 단정할 수 있는 사태이다. 예를 들면 나의 부모님은 누구인지 분명히 알 수 있으므로 기연이고, 인간을 만든 첫 조상은 누구인지 질문하면 알 수 없으므로 불연이다. 또 제비가 봄이면 꼭 돌아오는 것도 그 이유를 알 수 없으므로 불연이다. 그러나 이러한 알 수 없는 불연의 사태도 조물자에 부치면 알 수 있다고 수운은 말한다. 수운에 있어서 조물자는 천주(天主) 즉 한울님이므로 결국 불연의 사태를 온전히 파악하기 위해서는 우리가 모시고 있는 한울님을 깨달아야 한다.

지금까지의 서술을 통해서 알 수 있는 것은 도가에 있어서도 균형 잡힌 시각을 가지기 위해서는 도를 깨달아야 하고, 수운에 있어서도 이유를 알 수 없는 불연을 깨닫기 위해서는 천주를 깨달아야 한다는 사실이다. 그런데 박소정의 논문에서는 도와 한울님을 깨닫게 하는 수련방법에 대해서는 간단한 언급만 있고 방법론이 보이지 않는다. 그래서 필자는 도가는 허심의 차원에서, 수운은 수심의 차원에서 그 방법론을 비교하고자 한다.

2. 노자의 허심 수련법

1) 허심의 목적: 도의 체득

허심(虛心)은 마음을 비우는 것이다. 그 의미를 노자는 다음과 같이 설명한다.

현명함을 존중하지 않으면 사람들이 다투지 않고, 진귀한 물건을 귀하게 여기지 않으면 사람들이 훔치지 않으며, 욕망을 나타내 보이지 않으면 사람들의 마음이 어지럽지 않다. 이 때문에 성인이 다스리면 사람들은 마음을 비우고 배를 채우며 뜻을 부드럽게 가지고 몸을 튼튼케 한다. 사람들이 줄곧 앎이 없고 욕심이 없으면 영악한 자들이 어쩔 수 없으니, 무위로 정치를 하면 다스려지지 않음이 없다.(『도덕경』3장)

노자는 위 글에서 세 가지가 사람의 마음을 어지럽게 한다고 전제하고 있다. 첫째는 현명함을 존중하는 것, 둘째는 진귀한 물건을 귀하게 여기는 것, 셋째는 욕망을 나타내 보이는 것이다. 먼저 사람들은 현명할수록 높은 벼슬을 갖게 되어 부귀영화를 누리게 된다고 생각한다. 그래서 더욱더 현명함을 추구한다. 그러나 현명하여 높은 벼슬을 가진다고 모두가 가치 있게 사는 것은 아니다. 잘못하면 하루아침에 벼슬도 잃고 목숨도 잃을 수 있다. 다음으로 진귀한 물건은 값이 많이 나가기 때문에 역시 수단 방법을 가리지 않고 진귀한 물건을 소유하려고 한다. 그러나 진귀한 물건 역시 나만 가지려고 하는 것이 아니기 때문에 그것을 소유하려고 필연적으로 엄청난 에너지를 소모하게 되고, 다른 사람과 다툼을 피할 수 없게 된다. 마지막으로 욕망을 있는 그대로 나타내 보이면 즉 권력에 대한 욕구나 명예욕, 좀 더 많은 재산을 가지고자 하는 욕심 등에 휘둘리면 이러한 것을 얻기 위해 자기의 정신적 육체적 정력을 소비한다.

위와 같이 세 가지를 추구한 결과 사람들의 욕심이 마음을 흔들어서 혼란스럽게 만든다. 그 결과 사태를 있는 그대로 판단하지 못하고 욕심에 따라 굴절된 잣대로 처리하여 일이 어긋나게 하고, 사람의 관계가 뒤틀리고 거칠게 부딪치거나, 멀어지게 하거나 적대적인 것으로까지 만들어 버린다. 이런 결과를 초래하지 않기 위해서는 우선 마음이 욕심에 흔들리지 않도록 해야 한다. 또 욕심이 마음을 흔들지 못하도록 하기 위해서는 마음의 욕심을 비우는 공부, 즉 허심 공부를 해야 한다. 그래서 노자는 욕심을 비우고 대신 배를 채우라고 했다. 그렇다면 욕심을 어디까지 비워야 하는지에 대해 노자는 '앎이 없고 귀하게 여기는 바가 없으며 욕심이 없는'곳이라고 했다. 그렇게 하면, 바보 같은 사람이 되어 세상 사람들에게 휘둘릴 것 같지만, 노자는 허심이 되면 오히려 모든 것이 잘 다스려진다고 했다. 노자가 제시한 '앎이 없고 귀하게 여김이 없고 욕심이 없는 곳'을 다르게 표현하면 '무위(無爲)'의 세계이다. 무위가 바로 '도'의 영역이니, 결국 노자가 제시한 마음 수련은 도를 체득하는 것이다. 그런데 '도'는 욕심보다 더 형이상학적인 무엇이므로 우리에게 쉽게 자기 모습을 보여주지 않는다. 다음에 보이는 노자의 '도'의 정의에서 그 점을 잘 볼 수 있다.

> 보아도 보이지 않는 것, 이를 본질이라 한다. 들어도 들리지 않는 것 이를 진실체라 한다. 더듬어도 만져지지 않는 것, 이를 심오한 것이라 한다. 이 세 가지는 따질 수 없으니, 뭉뚱그려 하나로 삼는다.(『도덕경』

14장)

노자는 '도'의 모습을 세 가지로 정의한다. 첫째 보아도 보이지 않는 것, 둘째 들어도 들리지 않는 것, 셋째 더듬어도 만져지지 않는 것이라 하였다. 노자가 정의하는 도(道)는 사람의 시각, 청각, 촉각 등의 감각기관을 초월해서 존재한다는 것을 보여준다. 즉 '도'는 사람의 감각기관을 초월해야 알 수 있는 그 무엇이라는 것이다. 그러므로 우리가 '도'를 체득하게 되면 감각기관 때문에 인식의 기준이 흔들리는 경향이 상당히 줄어들 것이다. 그렇다면 어떻게 하면 도를 체득할 수 있는지 그 방법을 이야기해 보자.

2) 허심의 방법: 인식기관의 작용 중지

노자의 도를 체득하는 방법을 알려면 역시 도가 감각기관을 초월해 있다는 것에 유의하여 접근해야 한다. 도를 체득하기 위해서는 감각 이상의 인간의 잠재적 인식 기능을 어떻게 사용하느냐에 달려 있다. 이를 노자는 다음과 같이 설명한다.

진리를 아는 자는 말로 표현하지 못하고, 말을 하는 자는 진리를 알지 못하니, 그 구멍을 막고 그 문을 닫으며, 그 예봉을 꺾고 그 헝클어진 것을 풀어서 그 빛을 누그러뜨려 티끌과 하나가 되니 이것을 일러 현

동(玄同)이라 한다.(『도덕경』 56장)

위에서 노자는 진리는 말로 표현할 수 없다고 하면서 구멍을 막고 문을 닫으라고 했다. 여기서 구멍과 문은 사람의 감각기관이다. 감각기관인 눈, 코, 귀 등을 마음껏 사용하여 분별 능력이 확대되면, 입으로 말은 잘 할 수 있을지 모르지만 감각기관을 초월해 있는 '도'를 알 수 없다. 그래서 노자는 감각기관을 막고 닫아서 분별 능력이 확대되지 않도록 한 것이다. 그럼 분별 능력을 어디까지 억제하며 기다려야 하는가? 바로 다음 구절에서 노자는 "빛을 누그러뜨리고 티끌과 하나 될 때"까지 사용하지 말라고 하였다. 지혜의 상징인 '빛'을 오히려 누그러뜨리고, 가장 하찮은 존재인 티끌과 하나 되는 경지까지 감각기관의 사용을 억제하라고 한 것이다. 즉 거의 감각기관의 작동이 멈추는 상태가 되어야 '도'를 체득할 수 있다고 하였다. 노자는 다른 장에서는 다음과 같이 서술한다.

배움은 날로 더하고 도 닦음은 날로 줄이는 것, 줄이고 또 줄이어 무위의 세계에 도달하면, 하는 것이 없으나 하지 않음이 없는 세계에 이른다.(『도덕경』 48장)

무엇인가를 배우는 것은 날마다 더하는 것이지만 도를 닦는 것은 날마다 줄이는 것이다. 무엇을 줄여야 하는가? 바로 욕심을 줄이는 것이다. 어디까지 줄여야 하는가? 줄이고 또 줄이어 '무위'의 지경까지 가야 한다. 티끌과 하나 되는 데까지 이르러야 한다. 그래야 도의 실체를 체득할 수 있다. 노자는 도의 실체를 무엇이라고 언급할 수 없다고 하면서도, 그 모습을 다음과 같이 말하였다.

> 도의 실상은 황홀하기 그지없는 것, 황홀하지만 그 가운데 형상이 있고, 황홀하지만 그 가운데 물상이 있으며, 그윽하고 아득하지만 그 가운데 정밀함이 있다. 그 정밀함은 정말 참다운 모습, 그 가운데 확실함이 있다.(『도덕경』 21장)

도의 모습을 구체적으로 무엇이라고 규정할 수 없으므로, 노자는 황홀하다고 표현하였다. 황홀한 가운데 형상과 물상이 있으며, 또 그윽하고 아득한 가운데 정밀함이 있다. 확실하고 정밀한 도가 무엇을 의미하는지는 도를 체득한 성인의 모습에서 확인할 수 있다.

> 성인은 무심히 일을 처리하고 말없는 가르침을 행한다. 만물이 그에게서 새롭게 태어나는데 어느 하나 거절하지 않는다. 자기가 만들어도 자기의 것으로 생각하지 않고 남을 위해 일해도 대가를 바라지 않는다. 공이 이루어져도 자기 공으로 생각지 않으니, 자기 공으로 생각하지 않기 때문에 그 공은 사라지지 않는다.(『도덕경』 2장)

욕심을 비우고 티끌과 하나 된 성인은 무심하게 일을 처리하고, 자기가 했다는 생각도 없으며 대가도 바라지 않는다. 그래서 그 공은 자신에게서 떠나지 않고 늘 자신과 함께한다. 이것이 노자가 말하는 도를 체득한 사람이 얻을 수 있는 가치이다. 자기를 비움으로써 더욱 채울 수 있는 노자의 역설적인 모습이다.

3. 수운의 수심 수련법

1) 수심의 목적: 도성입덕

수운은 수심(守心), 즉 마음을 지키는 수련법을 제시한다. 마음을 왜 지켜야 하는지는 아래 수운의 말에서 잘 드러난다.

> 성현의 가르침이 '이불청음성(耳不聽淫聲)하며 목불시악색(目不視惡色)'이라. 어질다 제군들은 이런 말씀 본받아서 아니 잊자 맹세해서 한 마음 지켜 내면 도성입덕(道成立德) 되려니와….(『용담유사』「도덕가」)

'이불청음성(耳不聽淫聲)'은 귀로는 도리에 어긋나는 소리를 듣지 않는 것이고, '목불시악색(目不視惡色)'은 눈으로는 도리에 어긋나는 광경을 보지 않는 것이다. 귀로 도리에 어긋나는 소리를 듣고 마음에 담게 되면 마음이 흔들려 결국 몸으로 사악한 짓을 하게 되고, 눈으로 어긋나는 광경을 보고 마음에 담게 되면 역시 마음이 어지러워져서 몸으로 사악한 짓을 하게 된다. 그러므로 귀와 눈을 잘 보호하여 마음을 지켜내면 결국 몸도 도리를 벗어나는 행동을 하지 않고 바른 길로 나아가게 된다. 그 바른 길의 끝에 도달하는 경지를 수운은 '도성입덕(道成立德)'이라고 했다. 이 말의 뜻은 '도를 이루고 덕을 세운다'는 것이다. 수운이 말하는 '도'는 '무극대도'이다. 무극대도는 수운이 수도한 끝에 한울님으로부터 받은 것이다. 무극대도를 받는 과정을 수운은 『동경대전』「포덕문」에서 다음과 같이 서술하였다.

> 뜻밖에도 사월에 마음이 선뜩해지고 몸이 떨려서 무슨 병인지 집중할 수도 없고 말로 형상하기도 어려울 즈음에 어떤 신선의 말씀이 있어 문득 귀에 들리므로 놀라 캐어물은 즉 대답하시기를 "두려워하지 말고 두려워하지 말라. 세상 사람이 나를 상제라 이르거늘 너는 상제를 알지 못하느냐." 그 까닭을 물으니 대답하시기를 "내 또한 공이 없으므로 너를 세상에 내어 사람에게 이 법을 가르치게 하니 의심하지 말고 의심하지 말라." 묻기를 "그러면 서도로써 사람을 가르치리이까." 대답하시기를 "그렇지 아니하다. 나에게 영부 있으니 그 이름은 선약이요 그 형상은 태극이요 또 형상은 궁궁이니 나의 영부를 받아 사람을 질병에서 건지고 나의 주문을 받아 사람을 가르쳐서 나를 위하게 하면 너도 또한 장생하여 덕을 천하에 펴리라."(『동경대전』「포덕문」)

수운은 수련 도중에 상제(上帝), 즉 한울님으로부터 "너를 세상에 내어 사람에게 이 법을 가르치게" 한다는 말씀을 듣는다. 여기서 '이 법'이 바로 무극대도이다. 이 장면을 수운은 「교훈가」에서 "이러그러 안심해서 칠팔 삭(개월) 지내나니 꿈일런가 잠일런가 무극대도 받아내어"라고 노래하였고, 「용담가」에서는 "경신사월 초오일에 글로 어찌 기록하며 말로 어찌 성언할까 만고 없는 무극대도 여몽여각 득도로다"라고 하였다. '받았다'고도 하고 '얻었다'고도 하고, '닦아냈다'고도 하는 이 무극대도를 가르치는, 즉 도성(道成)의 이법이 21자 주문이며, 그 덕을 세우는, 즉 입덕(立德)의 효험을 가져오는 것이 영부(靈符)이다. 영부는 이름을 '선약(仙藥)'이라 하고 형상은 태극(太極)이기도 하고 궁궁(弓弓)이기도 한데, 영부의 직접적인 효험은 사람을 질병에서부터 건지는 것이다. 질병에서 건진다는 것은 곧 생명력을 회복하는 것이니, 영부란 곧 만물을 화생케 하는 한울님의 덕의 표현임을 알 수 있다. 그리고 또 하나는 '주문'이다. 주문은 '지기금지원위대강'의 강령주문과 '시천주 조화정 영세불망 만사지'의 본주문으로 이루어져 있다. 강령주문은 한울님의 기운이 나에게 이르기를 기원하는 것이고, 본주문의 뜻은 '내가 모시고 있는 한울님을 기르면 우주의 기운과 하나가 되고 이런 사실을 죽을 때까지 잊지 않고 수도하면 내가 곧 한울님으로서 이 세상 모든 이치를 통달하게 된다'는 뜻이다. 수운은 이 영부와 주문으로 수도를 지극히 하여 그 효험을 스스로 체득하고 또 그것을 세상 사람들에게 가르쳐서, 스스로가 한울님을 모신 존재임을 자각하게 하였다. 그러나 많은 사람들은 수운의 가르침에서 그 결과만을 얻으려 하고 거기에 이르는 과정, 즉 정성을 들이며 순천리(順天理) 경천명(敬天命)의 과정을 소홀히 하는 사례가 생겼다. 그런 사람들에게 수운은 다음과 같이 말한다.

> 운수가 좋다 해도 닦아야 도덕이라. 너희 팔자가 뭐가 특별히 좋다고 저절로 잘 되겠느냐? 생각 없는 사람들아, 나를 믿고 그러하냐? 나는 하나도 믿지 말고 한울님만을 믿어라, 네 몸에 모셨는데, 어디 먼 곳에서 찾을 수 있겠느냐? (『용담유사』「교훈가」)

즉, 수운이 오랜 주문과 영부로서 수련과 정성을 들어서 얻은 결과만을 보고, 대충 해도 나(수운) 같은 결과가 있으려니 하고 기대하지 말고 스스로 정성을 다하여, 각자가 모시고 있는 한울님을 위하고 또 위하는 삶을 살라는 것이다. 그렇다면 수운은 어떻게 수도하여, 자신이 모신 한울님을 기르고 체득했는지 자세히 알아보자.

2) 수심의 방법: 영부와 주문

수운이 한울님을 기르고 체득하기 위한 방법은 영부와 21자 주문, 그중에서 특히 본주문 13자 주문을 정성껏 공부하는 것("열세 자 지극하면 만권시서 무엇하며")이다. 먼저 영부를 받고 그것을 사용하는 과정을 수운은 다음과 같이 말한다.

> 한울님 하신 말씀 "백지 펴라" 분부하네. 깜짝 놀라 할 수 없어 백지 펴
> 고 붓을 드니, 처음 보는 물형부(物形符)가 종이 위에 뚜렷하네. 내 역
> 시 정신없이 처자 불러 묻는 말이 "이것이 웬일인고 저런 부를 본 적
> 있는가?" 자식이 하는 말이 "아버님 이 웬일고, 정신 좀 차리시오, '백
> 지 펴고 붓을 드니, 물형부 있다'는데 정신 좀 차리소서. 아이고, 어머
> 님! 우리 신명 이 웬일고 아버님 거동 보소, 저런 말씀 어디 있노?" 모
> 자가 마주 앉아 손 붙들고 통곡할 때, 한울님 하신 말씀, "지각없는 인
> 생들아 삼신산 불사약을 사람마다 볼까 보냐, 미련한 이 사람아, 네가
> 다시 그려내서 그릇 안에 불살라서, 냉수 한잔 떠다가서 물에 타서 마
> 셔보라." 이 말씀 들은 후에 바삐 한 장 그려내어 물에 타서 먹어보니,
> 무성무취 다시 없고 아무 맛도 없는 것이 특징이라 하겠도다. (『용담유
> 사』「안심가」,)

　수운이 한울님에게 받은 영부는 수운의 눈에만 보이고 처와 아들
에게는 보이지 않았다. 영부가 일반적인 부적과 같은 것이 아니라는
것이다. 불에 살라서 물에 타서 먹으라는 말씀대로 했는데, 그것은 냄
새도 없고 맛도 없는 것이었다. 그러나 수운은 의심하지 않고 몇 개월
동안 그 과정을 계속해 나갔다.

그럭저럭 먹은 부가 수백 장이 되었더라. 칠팔 개월을 지내보니 가는 몸이 굵어지고 검던 낯이 희어지네. 어화 세상 사람들아, 이만하면 바로 내가 신선 모습 아닐런가? 좋고도 좋을시고, 이내 신명 좋을시고, 늙지도 죽지도 않는다는 말인가. 만승천자 진시황도 여산에 묻혀 있고, 한무제의 승로반도 웃음판이 되었구나. 좋고도 좋을시고 이내 신명 좋을시고. 이제는 오래오래 영원히 산다는 말인가. 좋고도 좋을시고, 금을 준들 바꿀소냐, 은을 준들 바꿀소냐, 진시황 한무제가 무엇 없어 죽었는고? 내가 그때 있었다면 불사약을 손에 들고 마음껏 조롱할 텐데, 늦게 나니 한이로다. 좋고도 좋을시고, 이내 신명 좋을시고.(『용담유사』「안심가」)

수운이 칠팔 개월 동안 수백 장의 영부를 그려 먹었더니 어느덧 가늘던 몸이 굵어지고 검던 얼굴이 희어졌다. 이러한 변화를 수운은 늙지도 죽지도 않는 신선이 된 것이라고 했다. 그러면서 진시황이나 한무제는 영원히 살기 위해 불로초를 구하려 천하를 헤맸으나 결국 하지 못하고 죽었지만 자신은 불로초를 구했기 때문에 영원히 죽지 않을 것이라고 했다. 이처럼 영부는 병색이 있던 몸을 건강하게 하고, 장생 또는 불사와 같이 생명력을 강화하는 작용으로서, 한울님의 덕이 영부로 표상화된 것임을 알 수 있다.

다음으로 주문을 통한 공부이다. 주문 역시 영부처럼 한울님에게서 받은 것이다. 한울님은 이 주문으로 "세상 사람들을 가르쳐 나를 위하게 하라고 하였다." 이때 세상 사람들이 '가르침'을 얻고, '나를 위하게' 하는 핵심은 위에서 언급했듯이 '열세 자' 본주문이다. 수운은 열세 자 주문과 가르침(배움)의 관계를 다음가 같이 서술하였다.

> 내 또한 바라기를 오직 한울님만 믿고, 글 모르는 너희들은 서책은 아주 덮고 수도에만 힘을 써도 그도 또한 도덕이라. 문장이고 도덕이고 헛일 될까 걱정이네, 열세 자 지극하면 만권시서 무엇하며 '심학'이라 하였으니 이 뜻을 잊지 말아라. 현인군자 될 것이니 도성입덕 못하겠는가? 이같이 쉬운 도를 스스로 포기하고 버리려 한단 말인가.(『용담유사』「교훈가」)

주문을 통한 공부 방법은 한울님이 주신 주문, 그중에서 열세 자 주문을 집중적으로 공부하는 것이다. 어느 정도 주문에 집중해야 하는가? 위에서 말하는 바로는 서책을 덮고 만권시서도 필요가 없다. 원래 유학의 공부 방법은 유교 경전을 차근차근 읽는 것이다. 유교 경전에는 유교가 제시하는 이상적인 삶의 태도와 원리들이 들어 있다. 예를 들면 『논어』에는 인(仁)과 서(恕), 충(忠)과 효(孝), 예(禮)와 의(義)의 가르침이 들어있다. 이러한 가치들은 오늘날의 교과서적인 철학서처럼 체계적이고 구조적으로 배치되거나 논리적으로 설명되어 있는 것이 아니라 공자의 일상생활 속에서 또는 제자들의 문답에 응하는 과정에서 자연스럽게 표출되어 있다. 공부하는 사람은 되풀이해서 『논어』를 읽어가는 동안 인을 비롯하여 『논어』에 녹아 있는 공자의 가르침을 하나하나 터득해 나간다. 공자는 제자들이 질문할 때 그 사람의 근기에 따라 다른 답을 제시하기도 하였기 때문에, 일견 모순되어 보이는 대답을 하는 것처럼 보일 때도 있다. 이러한 대목을 오해하지 않도록 『논어』를 공부할 때는 전후 맥락과 그 당시 공자가 처한 상황 등을 두루 알아가면서 오랜 시일에 걸쳐 그 참뜻을 찾아가야 한다. 이러한 과정은 명쾌한 정답을 직접 제공하는 대신에, 공부하는 사람들이 각기 자기 상황에 맞는 다양한 사고실험을 통해서 깊은 통찰을 얻게 해 준다. 그러나 단점은 공자와 제자들의 대화의 맥락을 알기 위해서는 『논어』 이외의 다양한 책을 함께 읽어야 하고 공자 이후 역대 제자들의 주석도 두루 살펴야 하는데, 그 내용이 모두 어려운 한자어와 추상적인 용어로 되어있기 때문에 일반 백성들이 차근차근 배우기에는 어렵고 시간이 너무 오래 걸린다는 것이다. 수운과 당시의 백성들이 처한 상황을 생각해볼 때 어렵고 시간이 오래 걸리는 공부법은 새로운 시대를 살아갈 새로운 인간으로의 도성입덕을 도모하는 것은 적절하지 않은 것이었다. 그래서 수운은 기존의 공부법 대신에 누구나 할 수 있고, 시간도 오래 걸리지 않는 주문 수련의 방법을 제시한 것이다. 주문 수련은 수심정기의 핵심적인 방법이며, 일상생활에서의 기본적인 행동 규범과 병행해서 진행한다. 그 구체적인 요목은 「수덕문」에 나타난다.

인의예지(仁義禮智)는 옛 성인이 가르친 바요 수심정기(守心正氣)는 내가 다시 정한 것이니라. 한번 입도식을 지내는 것은 한울님을 길이 모시겠다는 중한 맹세요, 모든 의심을 깨쳐버리는 것은 정성을 지키는 까닭이니라. 의관을 바로 갖추는 것은 군자의 행실이요, 길에서 먹으며 뒷짐 지는 것은 천한 사람의 버릇이니라. 도가에서 먹지 아니할 것은 한 가지 네발 짐승의 나쁜 고기요, 몸에 해로운 것은 또한 찬물에 갑자기 앉는 것이니라. 유부녀를 막는 것은 나라 법으로도 금하는 것이요, 누워서 큰 소리로 주문 외우는 것은 나의 정성된 도에 태만함이니라.(『동경대전』「수덕문」)

수운이 제시한 구체적인 수도법은 첫째, 입도식을 지내는 것, 둘째, 모든 의심을 버리는 것, 셋째, 의관을 바로 갖추는 것, 넷째, 길에서 먹으며 뒷짐 지지 않기, 다섯째, 나쁜 고기 먹지 않기, 여섯째, 찬물에 갑자기 앉지 않기, 일곱째, 유부녀를 막는 것, 여덟째, 누워서 큰 소리로 주문 외우지 않기 등이다. 전체 여덟 가지이지만 크게 두 부문으로 나눌 수 있다. 하나는 입도식이라는 절차를 거침으로써 굳은 맹세를 다지고 의심을 떨쳐 버리는 마음의 영역이고, 다른 하나는 마음의 기틀이 되는 몸가짐을 바르게 하는 사회적, 물질적인 영역이다. 이렇게 두 방면으로 몸과 마음을 지킨 상태에서 주문을 외워야만 주문 수련의 결과는 바르게 작동한다. 이렇게 바르게 수련을 한 결과를 수운은 「수덕문」에서 다음과 같이 언급한다.

붓을 들어 글을 쓰니 사람들이 왕희지의 필적인가 의심하고, 입을 열어 운을 부르니 누가 나무꾼 앞에서 머리를 숙이지 않겠는가. 허물을 뉘우친 사람은 욕심이 석숭의 재물도 탐내지 아니하고, 정성이 지극한 아이는 다시 사광의 총명도 부러워하지 않더라. 용모가 크게 바뀐 것은 마치 신선의 바람이 불어온 듯하고, 오랜 병이 저절로 낮는 것은 편작의 어진 이름도 잊어버릴 만하더라.(『동경대전』「수덕문」)

위 글에서 보면 주문 수련을 제대로 하면 시문 창작력이 생겨나고, 욕심이 적어지고, 신체적으로 환골탈태의 변화가 일어나며, 건강도 좋아진다는 것이다. 이것은 앞에서 열거한 대로 마음가짐과 몸가짐을 바르게 한 데서 생겨나온 결과라고 할 수 있다. 그러나 수운은 이런 구체적인 성과에 만족하기보다는 이 마음을 믿음으로 승화시켜 나가는 이치를 제시한다.

대저 이 도는 마음으로 믿는 것이 정성이 되느니라. 믿을 신(信) 자를 풀어보면 사람(人=亻)의 말(言)이라는 뜻이니 사람의 말 가운데는 옳고 그름이 있는 것을, 그중에서 옳은 말은 취하고 그른 말은 버리어 거듭 생각하여 마음을 정하라. 한번 작정한 뒤에는 다른 말을 믿지 않는 것이 믿음이니 이와 같이 닦아야 마침내 그 정성을 이루느니라.(『동경대전』「수덕문」)

수운이 마지막으로 강조한 수련의 방법은 먼저 믿고 정성을 다하라는 것이다. 믿는다는 것은 무엇인가? 사람의 말 가운데 옳고 그른 것을 거듭 생각하여 마음을 하나로 정한 다음에는 결코 번복하지 않고 끝까지 밀고 나가는 것이다. 요약하자면 수운의 열세 자 주문 공부법을 통해 몸과 마음을 바르게 하고, 옳은 것을 끝내 지키며 정성을 다해 나감으로써 한울님을 기르고 체득하라는 것이다.

4. 허심과 수심 수련법 비교

노자의 허심은 마음을 비우는 것이다. 노자에 의하면 사람의 마음은 현명함을 존중하고, 진귀한 물건을 귀하게 여기고, 욕망을 나타내 보이면 흔들린다고 한다. 흔들리는 마음을 흔들리지 않도록 하기 위해서는 현명함을 존중하는 마음, 진귀한 물건을 귀하게 여기는 마음, 욕망을 좇는 마음을 비워야 한다. 마음을 비우는 방법은 그 마음을 작동시키는 열쇠인 사람의 감각기관을 통제하는 것이다. 쉽게 표현하면, '감각기관의 문을 닫는 것'이다. 대표적인 감각기관은 눈, 코, 입, 귀 등이다. 이 감각기관의 작용을 외부 환경에 빼앗기지 않으면 감각기관에 이어져 있는 마음이 고요함을 잃지 않아 편안함을 유지하게 된다. 편안하면 마음은 점점 깊은 곳까지 내려가고, 깊이 들어가면 본래의 밝음의 세계 즉 '도'의 세계에 이르게 된다. 노자는 다른 대목에서 도를 체득하는 다른 방법으로 '줄이고 또 줄여서 무위의 세계에 도달하라'고 했다. 무엇을 줄이는 것인가? 역시 감각기관으로 감각해서 고정된 생각들을 줄이고 또 줄이는 것이다. 그렇게 해서 무위의 세계, 즉 가장 밑바탕까지 내려가면 역시 도의 세계로 들어가는 것이다. 도의 세계에 들어가면 더 이상 욕심에 좌우되지 않는다. 그 단계에서는 이제 도가 삶을 지배한다. 그 모습을 노자는 '황홀하다'고 했다. 이 경지에서는 모든 것을 행하면서도 자신의 공을 드러내지 않으므로, 성인이라고 하였다.

지금까지 살펴본 노자 수련법의 특징은 철학적인 개념으로만 제시되고 구체적인 방법이 보이지 않았다. '감각기관의 문을 닫으라고 한 것'이 그나마 구체적인 방법인 것 같지만, 세속에서 살아가는 사람들에게 '감각기관의 문을 닫으라'는 것은 의식주 생활을 하지 못하게 하고 나아가 생존조차 위험에 빠뜨리는 것과 같다. 그래서 이 방법은 현실적인 방법이 못되는 것이다. 인간은 이 세상에서 다른 사람과 함께 사회를 이루고 살아가는 이상, 감각을 닫는다고 해서 그것을 완전히 차단하는 것은 가능하지 않다. 그러므로 현실적인 방법은 살아가면서 일상의 여러 사태에 임하였을 때, 마음의 본래 상태를 유지할 수 있는 힘을 기르는 것이다. 이렇게 함으로써 실질적으로 감각기관의 작용에 따라 마음이 휘둘리지 않도록 하는 것이 현실적이면서도 구체적인 공부 방법이다. 이런 방법이 가장 잘 드러나는 것이 수운의 수심 수련법이다. 수운의 수심은 본래의 마음, 즉 한울님의 마음을 지킨다는 것이다. 본래 마음을 지킨다는 원리 하에 수심 수련법 또한 사람의 감각기관에 주목한다. 눈으로는 도리에 어긋나는 것을 보지 않고, 귀로는 도리에 어긋나는 소리를 듣지 않고 한 마음을 지켜내면 도가 완성되고 덕이 세워진다고 했다. 수운도 사람의 감각기관에 주목했다는 것은 노자와 공통점이다. 하지만 수운은 마음이 감각기관에 휘둘리지 않도록 하는 두 가지 구체적인 방법을 제시한다는 점에서 노자와 차별화된다. 하나는 영부이고 또 하나는 주문이다. 한울님께 수백 장의 영부를 받아서 불에 태워 물에 타서 마시는 것이다. 그렇게 한 결과 가늘었던 몸이 굵어지고 검었던 얼굴이 하얗게 변했다. 몸이 건강하게 변화한 것이다. 여기서 몸이란 마음의 기틀이 된다는 점에서, 곧 마음이 건강하게 된 것을 포함한다. 다음으로 열세 자 주문으로 공부하는 것은 만권의 책을 읽는 것 이상의 공부라고 했다. 오직 주문을 외우는 것으로 한울님을 체득한다는 것이다. 주문에 모든 정신을 집중하여 외울 때 사람의 감각기관은 다른 것을 보거나 들을 수가 없게 된다. 그러는 사이 마음이 본래의 자리에 이르는 경로가 넓어지고 깊어지며, 이것을 도가 완성되고 덕이 세워진다고 하는 것이다.

이상 두 수련방법론을 비교해 보면 노자와 수운의 수련법의 공통점은 둘 다 사람의 감각기관의 작용을 최소화하며 마음을 비우게 하거나, 또는 본래 마음을 지키게 하는 것이다. 차이점은 노자의 방법은 원론적인 설명만 있고 구체적 방법론이 결여되었다는 것이고, 수운은 주문과 영부라고 하는 구체적이고 실질적인 방법을 제시하였다는 점이다. 이러한 차이가 생기는 것은 시대 상황과 또 그 가르침을 가장 먼저 전하고자 하는 대상에 대한 이해로부터 비롯된다. 노자 때만 해도 그래도 아직 물질문명이 상대적으로 덜 발달하여 유혹의 정도가 적었다. 그래서 철학적인 설명으로 극복할 수 있었지만, 수운의 시대에는 물질의 발달이 극에 달하여, 철학적인 개념만으로는 그 한계를 극복하는 것이 불가능 하였다. 그리고 그 가르침을 전하고자 하는 대상이 노자는 주로 소수의 지배계층이었지만 수운은 새로운 시대를 열어갈 사람이 일반 백성, 즉 민중이라고 보고 민중들이 쉽게 이해하고 또 실행할 수 있는 수련 방법을 제시하였다. 그것이 영부와 주문이다. 이런 구체적인 영부와 주문을 통해서 감각기관의 한계를 극복하고 한울님을 체득하고자 한 것이다.

5. 나가는 말

지금까지 서술한 것처럼 노자는 마음을 비움으로써 도를 온전히 체득하는 경지를 지향했다. 다시 말해 현실 세계에서 직면하는 사태를 어느 한쪽으로 기울어지거나 감각기관에 구애되지 않고 균형 있게 바라봄으로써 도의 세계에 도달하게 하려고 했다. 반면에 수운은 본래의 마음, 즉 한울님의 마음을 지킴으로써 한울님의 지혜와 덕을 받고 또 이 세상 사람과 만물이 모두 한울님을 모신 존재임을 깨달아서 이 세상이 한울님 세상으로 바뀌도록 하는 것이다. 노자는 감각기관을 제어함으로써 분별의식을 최대한 낮추어서 마음의 만족을 추구하고, 수운 역시 감각기관에 주목했는데 영부와 주문을 통해서 몸과 마음이 바른 기운, 바른 마음으로 유지되도록 하면서 이 세상을 새롭게 변화시켜 나가는 삶을 살도록 했다.

오늘날 지구촌 시대를 살아가는 모든 사람들이 안팎으로 점증하는 위기에 시달리며, 불안한 하루하루를 살고 있다. 밖으로는 전쟁, 테러, 경제적 양극화, 또 그로 인한 난민의 문제, 기후변화와 생물종 감소 등 헤아릴 수 없는 문제들이 끊이질 않고 있다. 안으로는 이러한 외부 세계의 위기에 대한 불안에 더하여 한편으로 더욱더 많은 물질적 풍요와 편리를 추구하는 욕심에 휘둘리며, 그로부터 야기되는 스트레스에 시달리고 있다. 이러한 문제들을 해결하여 몸과 마음이 모두 안심안도하는 삶을 살아가려면 수운이 시대에 맞게 제시한 동학의 수련법을 정성을 다해 공부하는 것이 최선의 길이라 할 수 있을 것이다.

III.

선불교의 화두선과
동학의 주문 수련법 비교 *

* 이 글은 『동양문화연구』 29집에 실렸던 것을 수정해서 재수록했다.

동학의 주문 수련법은 21자 주문을 외움으로써 바깥 경계의 유혹을 물리치고 집중해서 자신이 모시고 있는 한울님을 깨닫는 방법이다. 화두법은 화두가 너무 많아 어떤 화두를 선택해서 수련해야할지 잘 모르는 어려움이 있지만, 동학의 주문 수련은 오직 주문만 외우면 된다. 그리고 일상생활을 하면서 할 수 있는 방법이고, 주문을 외운 결과 영부를 그려내어 자신의 마음 상태를 보여줌으로써 사람들에게 더욱 믿음을 줄 수 있는 것이다.

1. 들어가는 말

이 장에서는 동학의 21자 주문 수련법이 전통 수련 방법 중 어떤 수련법을 어떻게 계승하고 발전시켰는지를 살펴보고자 한다. 동학의 21자 주문 수련법에는 21자 주문을 소리 내어 외우는 현송(現誦)과 마음속으로 외우는 묵송(黙誦) 그리고 수련에 참여하는 집단이 함께 외우는 합송(合誦) 등이 있다. 동학의 수련법인 현송과 묵송의 공통점은 21자 주문에 집중한다는 것이다. 현송 또는 묵송을 계속하다 보면 나에게 모셔진 한울님의 존재를 체험적으로 깨닫게 되는 것이 동학의 주문 수련법의 핵심이다. 이런 동학의 수련법은 전통의 수련법과 유사한 점이 매우 많다. 이 장에서는 그 계승 관계를 밝혀보고자 한다. 특히 주문에 집중하는 동학 수련법은 한국 전통불교 수련법인 간화선(看話禪)의 화두 수련법과의 비교를 통해 그 특징을 더욱 뚜렷이 이해할 수 있다. 간화선은 중국 송나라 때의 고승 대혜종고가 체계화한 것이다. 화두에 집중해서 깨달음을 얻는 방법이다. 화두는 일반적으로 1700개나 되는 것으로 알려졌는데, 주로 스승에게서 받거나, 자기 스스로 선택하기도 한다. '개에게는 불성이 없다(狗子無佛性)', '이 무엇인고?(是甚麼)', '뜰 앞의 잣나무(庭前栢樹子)', '삼 서근(麻三斤)', '마른 똥막대기(乾屎橛)' 같은 것이 대표적인 화두이다. 간화선은 언제 어디서든지 할 수 있는 장점이 있지만, 무슨 화두를 어떻게 선택해야 되는지 잘 모르거나 화두를 선택했다 하더라도 화두를 완전히 내 것으로 하는데 상당한 시간이 소요된다는 단점도 있다. 화두선 이전의 대표적인 불교 수련법은 정적인 수련법인 좌선(坐禪) 위주였다. 좌선은 오랫동안 앉아서 해야 하는 수련법이기 때문에 일상생활을 하는 보통사람들은 따라하기가 어렵다는 것이 문제이다. 그래서 좌선 위주의 수련법에 변화가 시도되었다. 여러 가지 변화 가운데 가장 획기적인 변화를 일으킨 사람이 육조 혜능대사이다. 혜능은 좌선의 의미를 새롭게 정의하면서 정적인 불교명상법을 대신해 생활하면서 할 수 있는, 일종의 동적인 수련법을 창안하였다. 혜능의 뒤를 이어 마조도일 선사가 그의 가르침을 계승했고, 그리고 이 가르침의 완성이라고 할 수 있는 대혜종고 선사의 화두법이 등장한다. 본론에서는 이 과정을 상세히 서술하고, 이어서 동학의 주문 수련법과 불교 화두 수련법을 비교하며 그 특징을 살펴보고자 한다. 동학의 21자 주문 수련법은 선택의 여지 없이 21자 주문을 현송하거나 묵송한다. 움직이면서도 할 수 있고, 한 자리에 앉아서도 할 수도 있다. 그런데 지금까지 언급한 불교의 화두, 동학의 주문 수련법의 공통점은 역시 하나의 매개 즉 간화선은 화두, 동학 수련은 21자 주문에 집중해서 잡념을 물리치고 본질을 체득하는 점에서는 공통적이다. 이 점에 특히 주목해 보고자 하는 것이 이 글의 주안점이기도 하다.

2. 육조혜능·마조도일·대혜종교의 수련법

선불교의 역사에서 간화선법이 등장하기 전에 오래된 불교 수련법을 획기적으로 먼저 변화시킨 사람은 육조혜능이다. 육조혜능은 불교의 가르침을 체계적으로 배운 적이 없다. 홀어머니를 봉양하기 위하여 산에서 나무를 하여 시장에 팔러 갔는데, 그때 시장에서 『금강경』을 독송하는 스님이 있었다. 스님이 외운 『금강경』의 구절을 듣고는 문득 발심이 되어 자신의 본성을 깨닫게 된다. 이것은 혜능이 전생에 닦은 인연 덕분이라는 불교적 설명을 제외하고는 달리 설명할 방도가 없을 것이다. 혜능이 시장에서 듣고 깨달았던 『금강경』의 구절은 '응무소주이생기심(應無所住而生其心)'이다. 해석을 하면 '응당 머무는 곳 없이 그 마음을 일으키라'는 말이다. 이 구절이 나오는 『금강경』의 원문은 다음과 같다.

> 그러므로 수보리야, 뭇 보살과 마하살은 반드시 이와 같이 맑고 깨끗한 마음을 내어야 한다. 마땅히 색에 머물러 그 마음을 내지 말 것이며, 또한 마땅히 성, 향, 미, 촉, 법에 머물러 그 마음을 내지 말 것이다. 반드시 머무는 곳이 없이 그 마음을 낼지니라.(『금강경』 10분)

『금강경』에 의하면 우리는 항상 맑고 깨끗한 마음을 일으켜야 하는데 그렇지 못한 이유는 마음이 어딘가에 집착해 있기 때문이라고 한다. 불교에서는 우리 마음이 집착해 있는 곳은 색(色), 성(聲), 향(香), 미(味), 촉(觸), 법(法)의 여섯 곳이라고 한다. 색은 눈이 세상과 마주할 때 일어나는 대상이고, 성은 귀가 소리를 들을 때 일어나는 대상이고, 향은 코가 세상을 마주할 때 일어나는 대상이고, 미는 혀가 음식을 먹을 때 일어나는 대상이고, 촉은 몸과 몸끼리 만날 때 일어나는 대상이고, 법은 생각할 때 만나는 대상이다. 한마디로 이 여섯 가지는 인간의 몸과 마음이 세상을 마주하여 일으키는 모든 것이다. 그런데 인간은 항상 마음이 여섯 가지 경계에 오염되어 맑고 깨끗한 마음을 일으키지 못한다.

『금강경』에서는 여섯 가지 경계를 극복하기 위해서는 '상' 즉 어떤 모양을 만들어서는 안 된다고 한다. 그리고 모든 모양 있는 것을 볼 때, 그것에는 본래 모양이 없다는 사실을 알면 경계에 집착하지 않을 수 있다고 한다. 어디에도 집착하지 않고 마음을 일으킬 수 있는 경계에 도달하는 것이다. 혜능도 『금강경』의 이 구절을 듣고 발심하고는 공부의 완성을 위해서 홀어머니를 두고 오조 홍인대사를 찾아간다. 혜능은 홍인대사 밑에서 공부를 완성하고 그를 이어 육조가 되었다. 혜능이 육조가 되기 전 오조홍인의 수제자였던 신수대사가 깨달은 내용과 혜능이 깨달은 내용을 비교해 보면, 왜 홍인대사가 혜능에게 법통을 주었는지 판단할 수 있다.

오조 홍인대사는 법통을 물려줄 제자를 가리기 위해, 그동안 공부한 것을 시로 지어보라고 한다. 수제자 신수는 다음과 같은 시를 지어 불렀다.

몸은 깨달음의 나무요 마음은 밝은 거울의 밑바탕과 같나니
때때로 부지런히 털고 닦아서 티끌과 먼지 끼지 않게 하라.(『육조단경』)

신수가 위와 같이 짓자 글자를 모르는 혜능은 다른 스님의 도움으로 내용을 이해하고는 다음과 같이 자신의 시를 지었다.

깨달음은 본래 나무가 없고, 밝은 거울 또한 밑바탕 없네
불성은 항상 청정하거늘, 어느 곳에 티끌 먼지 있으리오.
마음은 보리의 나무요, 몸은 밝은 거울의 밑바탕이라
밝은 거울은 본래 청정하거니, 어느 곳이 티끌과 먼지에 물들리오.(『육조단경』)

신수 스님의 게송에 따르면 우리 마음에 제거해야 할 티끌과 먼지가 남아 있다. 그래서 마음에 낀 티끌과 먼지를 제거해 나가는 점진적인 공부를 하지 않으면 안 된다. 이는 전통의 공부법을 그대로 계승하는 것이어서 새로운 역사를 만들 수는 없었다. 그러나 혜능의 공부는 전통적인 공부법과 완전히 다른 경지를 말하고 있다. 불성은 청정해

서 어디에도 티끌과 먼지가 묻을 곳이 없다는 것이다. 그래서 더 이상 앉아서 마음속 먼지를 제거하는 공부를 따로 할 필요가 없다. 다만 마음이 어떤 대상을 만나서 작용할 때 청정한 그 마음을 그대로 쓰면 된다. 항상 그 순간순간에 깨어 있으면 되는 것이다. 그러므로 혜능에게는 더 이상 앉아서 공부하는 점진적인 과정이 필요하지 않았다. 혜능은 이전까지 정적인 좌선 수련을 강조하던 불교 수련법의 역사에 획기적인 좌선의 의미를 제기한 것이다. 혜능이 제시한 좌선의 의미는 다음과 같다.

> 이 법문 가운데 어떤 것을 좌선이라 하는가? 이 법문 가운데에 일체 걸림이 없어서, 밖으로 일체 경계상에 생각 일으키지 않는 것이 좌(坐)이며, 안으로 본래 성품을 보아 어지럽지 않음이 선(禪)이니라.(『육조단경』)

위의 인용문에서 보듯이 혜능의 '좌선' 개념은 전통적인 좌선 개념과 전혀 다르다. '좌'는 앉는다는 것이 아니고 '일체 경계에 생각이 일어나지 않는다는 것'이며 '선'은 '어지럽지 않다'의 의미라고 했다. 이러한 새로운 개념을 제시할 수 있었던 것은 혜능이 그 어디에도 오염되지 않은 본성을 확실하게 깨우친 덕분이다. 그러므로 굳이 앉아서 더 해야 할 공부 과정이 없기에 가능한 방법이었다. 앉아서 계속 단련하는 것이 아니라, 마음을 쓰는 그 순간 그 자리에서 깨어 있으면 되기에, 언제 어디서나, 즉 다른 일을 하면서도 할 수 있는 아주 획기적인 공부 방법인 것이다.

육조혜능의 가르침을 계승하여 일상생활 속에서 수련할 수 있도록 좌선의 의미를 새롭게 강조한 스님으로 마조도일이 있다. 그에게도 좌선의 의미를 새롭게 하는 계기가 있었으니, 스승 남악 회양선사와의 일화가 그것이다.

당나라 개원 연간에 형악의 전법원에서 선정을 익히다가 회양화상을 만났다. 회양은 도일이 진리를 담을 만한 그릇이 됨을 알아보고는 물었다.

"대덕은 좌선하여 무엇을 꾀하시오?" 도일이 말했다. "부처되기를 꾀합니다." 회양은 이에 벽돌 한 개를 가져와 그 암자 앞에서 갈기 시작했다.

이것을 보고 도일이 물었다. "벽돌을 갈아서 어쩌려고 하십니까?" "갈아서 거울을 만들려 하오." "벽돌을 간다고 어떻게 거울이 되겠습니까?" "벽돌을 갈아 거울이 되지 못한다면, 좌선하여 어떻게 부처가 되겠는가?"

이에 도일이 물었다. "그러면 어떻게 해야 합니까?" "소 수레가 가지 않는다면 수레를 때려야 하겠는가, 소를 때려야 하겠는가?"

도일이 대답이 없자, 회양이 다시 말했다. "그대는 좌선을 배우고자 하는가, 좌불을 배우고자 하는가? 만약 좌선을 배우고자 한다면 선은 앉거나 눕는 것이 아니며, 좌불을 배우고자 한다면 부처는 정해진 모습이 아니다. 머묾 없는 법에서는 취하거나 버리지 말아야 한다. 그대가 좌불을 따른다면 곧 부처를 죽이는 것이니, 만약 앉은 모습에 집착한다면 그 이치에 통하지 못하기 때문이다."(『마조어록』)

제자 도일과 스승 회양의 문답에서, 우리는 올바른 좌선 수련은 앉는 것이 아니라 자신의 본성을 깨우치는 것이 중요하다는 것을 다시 확인할 수 있다. 이것은 육조혜능이 깨우친 좌선의 의미에서 이미 확인한 것이기도 하다. 남악 회양선사는 육조혜능의 제자이므로 이런 흐름은 더 확고하게 계승되었을 것이다. 기존의 관념을 깨뜨리는 스승 회양에게 도일이 재차 "그럼 어떻게 해야 자신의 본성을 볼 수 있습니까?"라고 질문하자, 회양선사는 "수레가 가지 않으면 수레를 때려야 하는가? 소를 때려야 하는가?"라고 반문한다. 여기서 소를 때려야 한다는 것은 누구나 알 수 있다. 회양선사는 도일이 소가 아니라 수레만 때리는 수행을 하고 있음을 깨우쳐 준 것이다. 이런 가르침을 주는 스승과의 인연으로 도일은 깨달음을 얻고, 많은 제자들을 길러낸다. 도일이 어떻게 제자들을 깨달음에 이르게 했는지, 그 과정을 살펴보자.

월주의 대주혜해가 처음 마조를 참례하였을 때, 마조가 물었다. "어디에서 오는가?" "월주의 대운사에서 옵니다." "여기 와서 무엇을 하려 하는가?" "불법을 구하러 왔습니다." "자기의 보물 창고는 돌아보지 않고, 집을 버리고 이리저리 다녀서 무엇 하려는가? 나의 이곳에는 한 물건도 없는데, 무슨 불법을 구한다는 것인가?" 대주가 이에 절하고 물었다. "무엇이 저 자신의 보물 창고입니까?" "바로 지금 나에게 묻는 것이 그대의 보물 창고이니라. 그것에는 모든 것이 갖추어져 있고 조금의 부족도 없으며 사용이 자재한데, 무엇을 밖에서 구하고 찾는가?" 대주가 말끝에 본래 마음은 앎이나 깨달음에서 말미암지 않음을 알고는, 뛸 듯이 기뻐하며 절을 하여 감사를 표했다.(『마조어록』)

마조는 스승 회양이 했던 것처럼 문답을 통해 제자들을 깨달음으로 인도한다. 이것은 마조 자신의 지혜의 문이 확실히 열려 깨달음의 경지에 있지 않으면 불가능한 방법이다.

마조는 또 '평상심'을 강조하였는데, 이것을 통해서 본성을 깨우칠 수 있게 한다. 마조는 평상심을 다음과 같이 정의한다.

즉시 도를 알고자 하는가? 평상심이 바로 도이다. 무엇을 일러 평상심이라 하는가? 조작하지 않고, 옳고 그름을 따지지 않으며, 취하거나 버리지도 않고, 끊어짐이 있다거나 끊어짐이 없다고 헤아리지 않으며, 범부도 아니고 성인도 아닌 것이 바로 평상심이다.(『마조어록』)

마조가 말하는 평상심은 조작하지 않고, 옳고 그름을 따지지 않으며, 취하거나 버리지 않는 것이다. 즉, 평상심은 조작하거나, 옳고 그름을 따지거나, 취하거나 버리면 얻을 수 없는 것이다. 끊임없이 의미를 부여하거나 시비를 따지며 취사선택하는 것이 인간의 마음작용인데, 이것은 인간의 감각기관과 항상 연결되어 있다. 눈으로 사물을 보는 순간 마음은 사물의 모습을 따라가 버리고, 코로 냄새를 맡는 순간 마음은 냄새를 따라가 버린다. 그래서 혜능도 인간의 감각기관에 머물지 말고, 그 시간과 공간에 따라 마음을 일으키라고 한 것이다. 마음이 감각기관에 머물러 헤매는 순간, 본성은 저만치 멀어지고 마는 것이다.

그렇다면 마조는 어떻게 평상심을 찾게 할 수 있었을까? 마조는 다음과 같이 말한다.

> 일체 중생은 애초부터 법성삼매를 벗어난 적이 없이 늘 법성삼매 속에서 옷 입고 밥 먹고 말하고 응대하고 있다. 그러므로 육근의 작용과 모든 행위와 동작이 전부 법성이다. 근원으로 돌아갈 줄 모르고 이름을 따르고 모습을 좇으면, 미혹한 생각이 망령되이 일어나 여러 가지 업을 짓게 되지만, 만약 한순간 돌이켜 비추어 볼 수 있다면, 모두가 성인의 마음이다.(『마조어록』)

마조는 인간의 감각기관의 작용도 모두 본성의 작용이라고 한다. 혜능이 경계했던 인간의 감각기관을 오히려 본성 그 자체로 보는 인식의 전환을 시도한다. 어떻게 이럴 수 있는가? 대상 사물을 좇아 이리저리 휘둘리는 감각기관의 입장에서 세상을 바라보지 말고, 감각기관을 열어놓되, 오고감이 없는 본성의 입장에서 보면 아무런 흔들림이 없게 된다는 것이다. 그 어디에도 오염되지 않은 본성의 힘으로 감각기관의 작용 자체를 관조하면, 감각기관 역시 한 마리의 말 잘 듣는 순한 양(기관)이 될 것이다. 이런 상태가 되었을 때, 마조처럼 감각기관의 작용도 본성의 작용이라고 말할 수 있다. 그러나 마조 역시 감각기관의 위험을 알고 있었다. 근원으로 돌아갈 줄 모르고 이름을 따르고 모습을 좇는다는 언급에서 잘 드러난다. 이것이 바로 감각기관을 믿을 수 없는 것인데, 이런 위험을 극복하는 방법으로 마조는 "한순간 돌이켜 비추어 보라"고 하였다. 눈이 사물의 모양에 집착해서 본성과 멀어지고 있을 때, 한순간 돌이켜 비추어 보면, 바로 본성의 세계로 들어가게 된다. 그 순간 눈이 보는 것은 순수한 본성의 작용이지 분별하는 감각기관의 작용은 아닌 것이다. 그러나 마조의 한순간 돌이켜 비추는 방법이란 어쩌면 마조만이 할 수 있는 방법이다. 누구나 접근할 수 있는 좀 더 구체적인 수련 방법이 필요했다. 이때 구체적인 방법을 제시한 것이 바로 대혜종고의 간화선, 즉 화두를 들고 수련하는 방법이다.

대혜종고는 혜능과 마조도일의 좌선 개념을 계승하여 앉아서 수행하는 방법을 강조하지 않는다. 다음의 글에서 확인할 수 있다.

만약 진정한 고요함을 바란다면 반드시 생사심을 타파해야 합니다. 일부러 공부를 하지 않아도 생사심만 타파하면 저절로 고요해집니다.(『서장』)

위에서 대혜종고는 진정한 고요함을 얻기 위해서는 앉아서 마음을
쉬는 수련이 아니라, 다만 생사심(生死心)을 타파하면 된다고 한다. 생
사심을 타파하는 방법은 위 글에서 제시하지 않았다. 다음의 글에 생
사심을 타파하여 고요함을 얻는 방법이 잘 드러난다.

> 고요히 앉고 싶을 때는 오직 향 한 자루만 태우면서 고요히 앉으십시
> 오. 앉아 있을 때는 혼침에 떨어지지 말아야 하고 들떠서도 안 됩니
> 다. 혼침에 떨어지는 것과 들뜨는 것은 모두 옛 성현들이 경계한 것입
> 니다. 고요히 앉았을 때 이 두 가지 병폐가 현전하면 오로지 "개에게
> 불성이 없다"는 화두를 드십시오. 그러면 이 두 가지 병폐를 애써 물리
> 치지 않아도 당장에 가라앉을 겁니다. 오래오래 지속하다 보면 힘이
> 덜 드는 것을 느끼는데, 그곳이 바로 힘을 얻는 곳입니다. 따로 고요함
> 속에서 공부를 짓지 않아도 이것이 바로 공부입니다.(『서장』)

위에서 대혜종고가 굳이 앉아서 수행하는 방법을 거부하지 않은
것은 전통적인 수행법도 계승하고자 하는 의도가 있을 것이다. 대혜
는 고요히 앉아 수행하는 공부법도 계승하면서 아울러 그 단점을 극
복하는 방법을 제시한다. 바로 혼침과 들뜨는 것을 경계하는 것이다.
혼침은 앉아서 꾸벅꾸벅 자는 것이고 들뜨는 것은 수시로 명멸하는

생각을 따라다니는 것이다. 이것을 극복하기 위해 대혜는 '개에게 불성이 없다'는 화두를 들라고 한다. 고요히 앉는 공부를 부정하지는 않지만, 고요히 앉아 있을 때 빠지기 쉬운 혼침과 들뜸을 극복하기 위해서 화두를 드는 공부 방법을 제시한 것이다. 이것은 앉아서도 할 수 있을 뿐 아니라, 일상생활 속에서 어디서나 언제나 할 수 있는 방법이다. 이것이 대혜가 가르치는 공부 방법이다. 대혜의 화두선은 혜능과 마조가 제시하지 못한, 자신을 돌이켜 비추는 구체적인 방법이다.

그러면 일상생활 속에서 어떻게 화두선을 하는가? 대혜는 우선 오래오래 지속하라고 한다. 화두를 든다고 해서 한순간에 마음의 잡념이 물러가는 것이 아니고, 오래 지속해야 그 효과가 발휘된다는 것이다. 잡념이 조금 물러간 상태를 화두를 들어도 힘이 덜 드는 상태라고 표현하였다. 화두선의 장점은 글공부를 하거나 다른 일을 하면서도 계속할 수 있다는 것이다. 화두선에서 화두는 한 가지가 아니라 '뜰 앞의 잣나무', '수미산', '방하착' 등 1700여 가지에 이른다. 그중에 자신에게 맞는 화두를 선택해서 오랫동안 잃지 않고 나아가다 보면, 어느 순간 활연히 깨달음을 가져다주는 것이 화두이다. 화두는 머리로 분석하는 것이 아니다. 화두는 그 말의 내용이 중요한 것이 아니다. 그저 화두를 가슴에 품고 밀고 나아가야 한다. '방하착'이라는 화두를 보자. 본래 이 화두는 조주와 그의 제자 엄양의 문답 과정에서 나온 것이다. 엄양이 조주에게 "단 하나의 사물도 도래하지 않을 땐 어찌합니까?" 하고 물으니, 조주는 "내려 놓아라."(放下著)라고 하였다. 엄양이 "단

하나의 사물도 도래하지 않는데, 무엇을 내려놓습니까?" 하니, 조주는 "그렇다면 짊어지고 가거라."라고 하였다. 이런 앞뒤 상황을 이해하고 '방하착' 화두를 들고 있으면, 대상 사물이 오든 오지 않든 자신 앞에 늘 한 물건이 있다. 이 한 물건이 자신의 본성인데, 우리는 이것을 모르고 대상 사물에 따라 이리저리 헤매고 있었다는 것이다. '방하착'이라는 화두를 진실로 깨달으면, 머리가 아니라 온몸으로 항상 본성과 함께하는 삶을 살아가게 될 것이다.

화두선을 할 때, 어떤 과정을 통과하여 자신의 본성을 깨닫는지 그 일반적인 과정을 보면 대체로 다음과 같다. 첫째, 화두를 간절하게 의심해 사무치게 한다. 둘째, 또렷하고 분명하면서 고요하고 고요하게 화두를 의심한다. 셋째, 앉아 있는 것만을 고집하지 말고 시끄러운 가운데서도 활발하게 살아 있는 공부를 한다. 넷째, 잠을 잘 때도 깨어 있을 때와 똑같이 화두가 들린 뒤에라야 깨달음이 가까워진다. 이 방법의 장점은 구체적인 화두를 들고 수련을 하기 때문에 앉아서 하는 좌선 수련을 통해서도 할 수 있고 일상생활을 하면서도 즉 움직이면서도 수련을 할 수 있다는 것이다. 단점은 화두와 자신이 하나가 되는 데는 상당한 시간이 걸린다는 것이다. 화두의 내용도 처음에는 몇 개되지 않았지만 그 이후로 계속 생겨 무려 1700개나 되어서 과연 어떤 것이 자신과 맞는지 잘 모르고, 또 그 내용도 어려워 보통 사람들이 공부하기 쉽지 않았다. 동학의 주문 수련은 몇 가지 측면에서 간화선과 유사하면서도, 화두선의 난점을 극복하고 있다는 점에서 비교 고

찰의 의미가 있다.

3. 동학의 21자 주문 수련법

동학의 주문 수련법은 주문을 외우는 방식에 따라 현송(現誦), 묵송(默誦), 합송(合誦) 등으로 구분된다. 주문을 외우면서 자신이 모시고 있는 한울님을 깨닫는 수련 방법이다. 불교 간화선의 화두를 들고 수련하는 방법은 후대로 내려오면서 화두 자체가 다시 걸림돌이 되는 문제에 봉착했다. 수많은 화두 중 하나를 선택했다고 하더라도 집중하기가 쉽지 않은 점도 문제였다. 이런 난점을 해결해 줄 수 있는 것이 바로 동학의 21자 주문 수련법이다. 일단 주문이 하나밖에 없기 때문에 선택의 여지가 없다. 다음으로 사람에 따라 차이는 있지만 다른 어떤 수련법보다 빠르게 체험적 각성의 경지에 도달하게 한다. 주문을 소리 내어 외우다 보면 오로지 자신의 주문소리에 집중되면서 잡념이 들어올 틈이 없다. 물론 이 방법도 출발 단계에게 고비가 없는 것은 아니지만, 그 고비만 넘기면 어느덧 주문과 하나가 되는 경지를 체험한다.

동학의 주문 수련법의 창제 과정은 동학 창도 과정 그 자체라고 할 수 있다. 수운은 10여 년간 전국을 돌아다니며 세상 형편을 살피고, 이 세상을 건질 학(學)과 교(敎)와 도(道)를 찾아다니다가, 울산에 임시로 정착하여 수도와 생활을 병행하며 다시 5년을 보냈다. 기미년

(1859) 11월에, 다시 고향 용담에 들어와서 최후의 각오를 다지고 수련 정진한 끝에 한울님을 만나는 체험을 한다. 그때 한울님으로부터 받은 가르침이 곧 21자 주문으로 나타났으며, 이것을 지극히 외우면 만권시서(萬卷詩書)도 필요없다고 했다. 21자 주문은 '지기금지 원위대강 시천주 조화정 영세불망 만사지(至氣今至 願爲大降 侍天主 造化定 永世不忘 萬事知)'이다. 이 주문의 뜻을 수운이 직접 해설했다. 그 내용은 다음과 같다.

> 지(至)라는 것은 지극한 것이요 기(氣)라는 것은 허령이 창창하여 일에 간섭하지 아니함이 없고 일에 명령하지 아니함이 없으나, 그러나 모양이 있는 것 같으나 형상하기 어렵고 들리는 듯하나 보기가 어려우니, 이것은 또한 혼원한 한 기운이요, … 시(侍)라는 것은 안에 신령이 있고 밖에 기화가 있어 온 세상 사람이 각각 알아서 옮기지 않는 것이요, 주(主)라는 것은 존칭해서 부모와 더불어 같이 섬긴다는 것이요, 조화(造化)라는 것은 무위이화요, 정(定)이라는 것은 그 덕에 합하고 그 마음을 정한다는 것이요, 영세(永世)라는 것은 사람의 평생이요, 불망(不忘)이라는 것은 생각을 보존한다는 뜻이요, 만사(萬事)라는 것은 수가 많은 것이요, 지(知)라는 것은 그 도를 알아서 그 지혜를 받는 것이니라. 그러므로 그 덕을 밝고 밝게 하여 늘 생각하며 잊지 아니하면 지극히 지기에 화하여 지극한 성인에 이르니라.(『동경대전』「논학문」)

21자 주문 수련 방법은 이 주문을 평생 동안 잊지 않고 생각하고 또 생각함으로써 자신이 모시고 있는 한울님, 즉 안으로는 신령하고 밖으로는 기화하는 혼원한 기운과 하나가 되어 지극한 성인의 경지에 도달하는 것이다. 바로 21자 주문이 한울님의 덕과 하나 되기 위한 가르침이 되는 것이다. 21자 주문을 한순간도 놓치지 않고 항상 외우고 생각하면 '기운이 바르게 되고 마음이 욕심에 따라가지 않아서 한울님의 덕과 하나가 된다. 그리고 이렇게 한울님의 기운과 하나 된 상태에서 영부(靈符)를 받는데, 이것은 가슴속에 감추어진 신선의 약(仙藥)이라고 하였다.

> 나에게 영부 있으니 그 이름은 선약이요, 그 형상은 태극이요 또 형상은 궁궁이니, 나의 영부를 받아 사람을 질병에서 건지고….(『동경대전』「포덕문」)

수운은 영부를 신선의 약이요, 모양은 태극(太極)이면서 또 궁궁(弓弓)이라 했다. 그리고 영부는 사람을 질병에서 건지는 효능이 있다고 했다. 실제로 수운은 영부를 그린 뒤에 불에 태워서 그 재를 물에 타서 마시니, 몸이 윤택해지고 병이 나았다고 증언한다. 그러나 영부의 모양이 태극과 궁궁이라 했지만, 이것만 가지고서는 무슨 모양인지 역시 알 수 없다. 그런데 그다음 내용을 보면 영부가 어떤 상태인지 짐작은 할 수 있다.

이것(영부)을 병에 써 봄에 이른즉 혹 낫기도 하고 낫지 않기도 하므로 그 까닭을 알 수 없어 그러한 이유를 살펴본즉 정성 들이고 또 정성을 들이어 지극히 한울님을 위하는 사람은 매번 들어맞고 도덕을 순종치 않는 사람은 하나도 효험이 없었으니 이것은 받는 사람의 정성과 공경이 아니겠는가.(『동경대전』「포덕문」)

　수운이 영부를 다른 사람들에게 나누어 주었지만, 효험을 보는 사람이 있고 보지 못하는 사람도 있었다고 한다. 그 이유를 살펴본 결과 정성을 들여 지극히 한울님을 위하는 사람만이 효험을 보았다고 서술하고 있다. 이로써 영부의 실상을 유추해 보면, 주문을 정성 들여 외워 자신의 마음을 한울님 마음, 즉 성인의 마음으로 변화시킨 사람만이 영부의 효험을 본 것이다. 즉 영부는 구체적인 모양은 언급할 수 없지만, 결국 성인의 마음, 즉 진실된 마음의 상태라고 말할 수는 있다. 이것이 동학의 21자 주문 수련이 특히 불교의 수련법과는 다른 점이다. 불교 화두 수련법의 장점은 언제 어디서나 화두를 들고 행할 수 있는 수련법이지만 집중하기 어렵다는 단점이 있었는데, 동학의 수련법이 이 문제를 해결하였고, 또 하나의 특장은 바로 영부를 그려내었다는 점이다. 보통 사람들은 마음을 깨달았다고 하더라도 구체적인 모양으로 보여주지 않으면 믿지 않는 데 이를 도상(圖像)화함으로써 구체성을 배가하는 효과가 있었다.

　다음으로 수운을 계승한 해월은 역시 21자 주문 수련을 강조하면서, 어느 정도 공부해야 되는지 그 근거를 다음과 같이 제시한다.

> 비록 잠잘 때라도 능히 다른 사람이 나가고 들어오는 것을 알고, 능히
> 다른 사람이 말하고 웃는 것을 들을 수 있어야 가능하다.(『해월신사법
> 설』 「수심정기」)

잠잘 때라도 사람의 출입을 알고 말하고 웃는 것을 듣는 정도라면,
하루 24시간 항상 깨어 있으라는 것이다. 이것을 해월은 '항상 깨어 있
고 혼미한 마음이 없는 상태'라고 하였다. 이것은 선불교에서 말한 잠
잘 때에도 항상 깨어 있을 때와 같이 하라(寤寐一如)고 한 경지와 상통
한다. 또한 이러한 마음 상태에 한 번 도달하고 마는 것이 아니라, 평
생 잊거나 잃어버리지 않아야 한다고 했다. 또 해월은 수도하는 사람
의 자세를 다음과 같이 비유적으로 설명했다.

> 수도는 먼 길을 가는 사람과 같으니, 먼 길을 가는 사람이 중도의 험하
> 고 어려움을 꺼리어 되돌아가면 옳겠는가. 수도는 우물을 파는 것과
> 같으니 우물을 파는 사람이 샘의 근원을 보지 못하고 포기하면 그것
> 이 옳겠는가. … 여러분은 오직 본래의 목적에 의하여 게으르지 말고
> 정력을 다하여 나아가라.(『해월신사법설』 「기타」)

수도하는 본래의 목적에 도달하기 위해서는 무엇보다 중도에 포기

하지 말고 끝까지 정진하라는 것이다. 이렇게 수도하면 다음과 같은 사실을 깨닫는다고 한다.

> 사람은 한울을 공경함으로써 자기의 영원한 생명을 알게 될 것이요, 한울을 공경함으로써 모든 사물과 만물이 다 나의 동포라는 전체의 진리를 깨달을 것이요, 한울을 공경함으로써 남을 위하여 희생하는 마음과 세상을 위하여 의무를 다할 마음이 생길 수 있나니….(『해월신사법설』「삼경」)

수도의 결과 자신은 영원히 산다는 것, 모든 만물이 나와 한 생명이라는 것을 알게 되며, 남을 위하여 희생하고 세상을 위하여 의무를 다할 마음이 생긴다는 것이다.

동학의 주문 수련법은 화두선 수련법에서 화두에 집중하기 어려운 단점을 해결할 수 있었다. 또 영부로서 구체성을 띤 결과물을 보여주어 사람들에게 신뢰를 심어주었다. 화두는 그 종류가 다양한 대신 주문은 오직 21자 주문으로 일이관지한다는 점은 각각 단점과 장점을 갖고 있다. 어느 경우든 유념할 것은 공부하는 사람의 수준에 따라 성취도가 다르다는 것이다. 그러나 중요한 것은 성취가 빠르냐 느리냐가 아니고 결국 자신의 본성을 깨달아 성인의 삶을 살아가는가 아닌가 하는 것이 가장 중요하다.

4. 화두선과 주문 수련법 비교

선불교의 역사에서 획기적인 수련법이 등장한 것은 위에서 살펴본 것처럼 육조혜능대사에 와서 가능하게 되었다. 혜능은 이전에 스승들이 주력했던 좌선의 방법을 버리고 언제 어디서나 수행할 수 있는 방법을 새롭게 제기한 탁월한 수행자였다. 그러나 이 방법도 혜능 같은 탁월한 근기(根氣)가 없으면 쉽지 않은 것이다. 그래서 좀 더 구체적이며 누구나 따라할 수 있는 방법이 요구되었는데, 그것이 화두선이다. 그 원조가 되는 스승은 대혜종고 선사이다. 물론 이 화두 수련법도 어느 날 갑자기 나온 것은 아니다. 이미 혜능이 본성을 깨닫는 방법으로 사용했던 문답의 과정에서 나온 말들이 나중에 화두가 되었다. 대표적인 예가 '이것이 무엇인가'이다. 남악회양 선사가 혜능에게 공부하러 왔을 때 혜능이 회양에게 질문한 것이 바로 '무슨 물건이 이렇게 왔는가?'이다. 그때 회양은 답을 못했다. 그래서 질문에 답을 얻기 위해 의심하는 공부를 하게 된 것이다. '도대체 나에게 어떤 물건이 있기에 나를 끌고 다니는가?' 이 질문에 집중하여 공부하면 저절로 화두가 되는 것이다. 선사들이 공부했던 화두는 절대로 머리로 분별해서 답을 얻는 것은 아니다. 다만 이것이 무엇을 의미하는지 화두 자체에 몰입하다보면 자신의 마음속에 얽혀 있는 갖가지 생각들이 문득 사라지고, 그때 본성을 만나게 되는 것이 선사들의 공부 과정이었다. 이제 이 방법은 자신이 혼자서도 할 수 있는 획기적인 것이었다. 다만 어려운 점은 가만히 앉아 있을 때는 정신이 깨어 있기가 쉽지만 움직일 때는 깨어 있기가 어렵다는 것이다. 설령 움직일 때 깨어 있는 것이 가능해도 대혜는 여기서 멈추지 않았다. 잠잘 때도 깨어 있어야 공부가 완성된다고 하였다. 그만큼 인간 번뇌의 두께가 두껍다는 것을 반증하는 대목이다. 또 어려운 점은 화두가 1700개나 되어서 자신과 일치하는 화두가 도대체 무엇인지 잘 알 수 없다는 것이다. 그만큼 시행착오를 겪을 수밖에 없는 공부법이기도 하다. 가령 자신에 맞는 화두를 찾았다고 해도 위에서 제시한 것처럼 기나긴 공부 과정이 있기 때문에 공부가 완성되기까지는 보통의 끈기로는 쉽지 않다.

이런 고민들을 해결해줄 수 있는 공부법이 바로 동학의 21자 주문 수련법이다. 일단 동학의 주문 21자는 좌고우면할 것 없이, 21자 주문을 공부하면 된다는 것이 최대의 장점이다. 그러나 그렇다고 해서 본성을 깨닫는 것이 쉬운 것은 절대 아니다. 21자 주문 수련법도 기본적으로 앉아서 수련하는 방식을 수용했다. 또 화두선과 마찬가지로 21자 주문도 언제 어디서나 주문을 잊지 않고 외우면 되니 움직이면서도 가능한 수련법이다. 화두선과 다른 점은 주문을 되풀이해서 외운다는 것이다. 화두선은 주어진 화두를 끊임없이 의심을 하는 것인데 비해서 주문은 오히려 집중하면서도, 주문 자체에 목적을 두는 것이 아니라, 그 주문이 지향하는바, 한울님 모심을 체득하고 한울님을 위하며, 한울님의 덕을 영원히 잊지 않는 데에 목적이 있다.

21자 주문 수련법의 또 하나의 특징은 '영부(靈符)' 즉 '신령스러운 부적'을 그린다는 것이다. 수련의 결과물을 눈으로 볼 수 있도록 하는 것이 특이한 점이다. 이 영부는 후대에 와서는 실제로 눈에 보이는 형태로 그리기도 했지만, 수운 당대에는 영부를 받는 당사자 외에 주위 사람들에게는 눈에 보이지 않는 특성을 띠기도 했다. 아마도 본래의 눈에 보이지 않는 영부를 형상화함으로써 사람들에게 더욱 믿음을 주기 위해서 한 것이 아닌가 한다. 주문 수련을 하면 반드시 이런 결과물이 만들어지니 의심하지 말고 수련하라는 증거를 보여준 것이다. 화두를 들고 수련을 한 선사들은 자신의 본성을 깨달아 무명의 업에 묶여있는 중생들을 자유자재로 구제해 주었고, 21자 주문 수련을 한 동학도인들은 자신이 모시고 있는 한울님을 만나서 이 세상 사람과 만물이 모두가 평등하다는 사실을 알고 난 뒤에 새로운 세상을 만들기 위한 거대한 운동을 하게 된다.

5. 나가는 말

지금까지 불교의 수련법 변화 과정과 동학의 주문 수련법과의 유사점과 차이점을 살펴보았다. 불교에서 수련법이 획기적으로 변화의 계기를 마련한 것은 혜능 대사에 이르러서다. 혜능 대사 이전에는 앉아서 수련을 하는 방법을 주로 사용했는데, 혜능에 와서 앉는다는 개념을 완전히 다르게 해석해 버린다. "밖으로 모든 경계에 생각을 일으키지 않는 것이 좌이며, 안으로 본래 성품을 보아 어지럽지 않음이 선이다." 혜능에 있어서 좌선은 수련한다는 의미가 아니라, 이미 본성을 깨달은 상태를 의미하는 것이었다. 그러므로 언제 어디서나 깨달은 그 본성을 잘 사용하는 것이 수련이었다. 이 가르침을 계승한 제자가 마조도일이었고, 그는 평상심을 제시하여 한층 더 본성과 우리의 삶을 가깝게 만들어 주었다. 그렇다고 바깥 경계의 유혹에서 우리의 삶이 자유로워진 것은 아니다. 그래서 더욱 구체적인 수련 방법이 필요하게 되었는데, 그 방법을 제시한 사람이 대혜종고이다. 그는 화두법을 제시하여 언제 어디서나 수련할 수 있도록 수련을 대중화했다고 할 수 있다.

다음으로 하나의 주제에 집중하는 방법을 계승하면서도 누구나 쉽게 집중할 수 있는 방법을 동학의 주문 수련법에서 찾아보았다. 동학의 주문 수련법은 21자 주문을 외움으로써 바깥 경계의 유혹을 물리치고 집중해서 자신이 모시고 있는 한울님을 깨닫는 방법이다. 화두법은 화두가 너무 많아 어떤 화두를 선택해서 수련해야할지 잘 모르는 어려움이 있지만, 동학의 주문 수련은 오직 주문만 외우면 된다. 그리고 일상생활을 하면서 할 수 있는 방법이고, 주문을 외운 결과 영부를 그려내어 자신의 마음 상태를 보여줌으로써 사람들에게 더욱 믿음을 줄 수 있는 것이다.

최근에는 미국인 존 카밧진이 동양의 수련법을 배워 현대 의학과 접목시켜 병원에서 환자의 고통을 줄이는데 많은 도움을 주고 있다고 한다. 그 내용은 음식 먹기, 호흡, 소리 등 하나의 대상에 집중함으로써 '지금, 여기'의 존재를 있는 그대로 발견하고 탐욕과 이기심으로부터 벗어나는 방법이다. 이 방법 역시 화두선이나 주문 수련법처럼 하나의 주제에 집중하는 것은 같은데, 다른 점은 무엇인지 다음 주제로 잡아서 비교하는 연구를 하고자 한다.

IV.

양명의 치양지와
수운의 시천주 비교 *

* 이 글은 『유학연구』 23집에 실렸던 것을 수정해서 재수록했다.

양명의 '치양지'는 외부 세계의 모든 사물과 사건에서 양지를 실현한다는 것이다. 오직 양지만을 믿고 만나는 모든 사물과 사건에서 양지를 제시해서 옳은 것은 취하고 그른 것은 버리는 수련 방법이다. 수운의 수련법은 21자 주문을 평생 동안 잊지 않고 간직하는 것이다. 21자 주문이 항상 나와 함께 있으니 이 세상 만물을 주재하는 한울님의 지혜와 힘을 함께 쓰는 셈이 된다. 동학의 한울님 즉 천주는 수운과 대화를 나누는 존재로도 그려지며, 또 21자 주문과 더불어 영부라는 '형상적 실체'를 제시하여 좀 더 구체적인 방법을 사용했다는 것이다.

1. 들어가는 말

이 장에서는 중국 명나라 학자 왕양명의 치양지(致良知)와 동학의 21자 주문 수련법을 비교한다. 양명의 치양지는 주자 격물을 새롭게 해석하면서 만들어진 수련법이다. 주자가 강조한 성리학의 수련법은 거경궁리(居敬窮理)로 대표되는데, 거경의 자세로 이 세상 만물의 이치를 터득해 나가는 것이다. 그러나 그 과정의 설명이나 실천궁행이 여간 어려운 것이 아니었다. 이에 비해 양명의 치양지는 하늘의 이치, 즉 양지(良知)가 인간의 마음속에 보편적으로 갖추어져 있다고 보고, 이것을 닦기만 하면 누구나 지선(至善)의 경지에 도달할 수 있다고 가르친다. 이는 동학의 21자 수련법이 각자가 모시고 있는 한울님을 체득하는 길로 제시된 것과 유사하다. 또한 두 분 모두 대중에게 새로운 길을 만들어준 선각자라는 점도 유사하다. 그러나 이런 수련법을 창안하기까지 두 분의 삶은 순탄하지 않았다.

왕양명은 왕에게 환관을 멀리해야 한다는 건의를 했다가 용장이라는 곳으로 유배되었다. 용장에서 양명은 목숨을 걸고 그동안 공부한 것을 정리하는 도중에 성리학의 궁리법(窮理法)인 격물(格物)에 대한 새로운 깨달음을 얻는다. 그것은 오직 내 마음이 궁극적인 진리라는 것이다. 더 이상 수만 갈래의 외부 사물에 붙잡힐 필요가 없다는 것이다. 그래서 치양지 수련법은 마음 하나에 집중하는 것으로 간단하게 된 것이다. 수운은 새로운 가르침을 얻기 위해 공부에 매진한 결과 한울님으로부터 21자 주문과 영부를 받는다. 두 분 모두 고통스런 삶에서 새로운 삶의 길을 개척한 것이었다. 세계가 급변한다는 것은 단지 사회적인 변화만이 아니라, 세계 인식의 지평의 근본적인 변화를 전제로 하는 것이다. 이러한 시대 상황 속에서 올바른 삶을 살아가기 위해서는 정신을 맑고 새롭게 함으로써 나라는 존재 자체도 변화를 거듭해야 한다. 그래야 내 앞에 다가오는 전에 없던 사건을 올바르게 인식하고 행동할 수 있기 때문이다. 그 방법으로 양명은 치양지를 제시했고 수운은 21자 주문을 제시하였다.

이 장에서는 두 수련법의 비교를 세 부분으로 나누어 서술하고자 한다. 첫째는 두 분이 어떤 과정을 통해서 새로운 수련법을 만들어냈는지 살펴본다. 둘째는 치양지와 21자 주문을 비교하여 양자 간의 차이점을 살펴본다. 셋째는 양지와 천주의 뜻을 현실의 삶에서 실현시키는 수련방법론을 비교한다.

2. 왕양명과 최제우의 삶과 새로운 수련법

왕양명의 일생에서 가장 중요한 변곡점을 이루는 출발점은 용장이란 곳으로 귀양을 가게 된 일이다. 황실의 관료로서, 국정을 농단하던 환관 유근의 잘못을 그냥 넘어갈 수 없어서 임금에게 상소한 사건 때문에, 황제의 분노를 산 왕양명은 장형 40대를 맞고 용장으로 유배를 가게 된다. 이 사건 이전에 양명의 일생에서 중요한 사건은 주자와의 만남이다. 물론 직접 만난 적은 없다. 학문적인 만남이었다. 당시 주자학은 관리가 되기 위해서는 누구나 공부해야 되는 학문이었다. 젊은 왕양명도 열심히 주자학을 공부했다. 이때 양명에게 가장 중요한 주제는 격물(格物) 문제였다. 주자가 강조한 격물은 '사물의 이치를 나의 지력을 통해서 더욱 깊게 탐구한다'는 의미이다. 양명은 사물의 이치를 탐구하기 위해서 대나무를 대상으로 일주일간 집중 탐구를 하다가 그만 병에 걸리고 말았다. 사실 주자에 있어서 사물의 이치를 탐구한다는 것은 대나무 같은 자연물이 중요한 대상은 아니다. 주자는 그보다 도덕과 인륜 질서의 문제에 천착했다. 예를 들면 어떻게 하는 것이 참된 효의 실천인가, 마음은 어떻게 구성되어 있는가 등을 탐구하는 것이 주자의 중요한 관심 주제였다. 이와 다르게 양명이 대나무를 대상으로 탐구했다는 것은 한편으론 공부의 대상이 잘못된 것이고, 또 한편으론 새로운 격물의 개념이 나올 것을 미리 알려주는 신호탄이라고 할 수 있다. 이런 양명의 호기심이 없었다면 어떻게 양명학이

나올 수 있었겠는가?

젊은 시절의 양명은 과거 공부에 필요한 주자학에만 전념한 것이 아니라 도교 및 불교도 깊이 공부했다. 이런 사실을 알 수 있는 양명의 글이 다수 남아 있다. 도교의 수련을 의미하는 글을 여러 곳에서 발견할 수 있고, 제자들에게 종종 불교의 선사들이 공부하는 방식을 가르치는 것을 보면 그가 불교 공부에도 꽤 심취했음을 알 수 있다. 이런 공부 과정을 통해서 양명은 내면을 확충해 나갔다. 즉 나름대로 상당한 경지의 학문적 수양을 쌓고, 도덕의식으로 무장했다고 할 수 있다. 그래서 결정적인 순간에, 양명은 과감하게 환관의 잘못을 임금에게 상소 할 수 있었던 것이다. 그 결과는 용장으로 유배되었지만, 이것은 새로운 사상이 탄생하는 계기가 된다.

양명은 용장에서 그동안 자신을 괴롭혔던 사상의 문제 특히 격물의 과제를 깊이 탐구한다. 그래서 외부 사물에 있는 이치를 탐구하던 격물의 개념이 자신의 마음으로 전환하는 새로운 국면을 맞이한다. 이 과정을 중국 출신의 현대 유학 연구자 뚜웨이밍(杜維明)은 『한 젊은 유학자의 초상』에서 다음과 같이 서술하고 있다.

어느 날 밤 날이 샐 무렵, 격물의 참된 의미는 외부적으로보다는 내면적으로 발견될 수 있다는 생각이 불현듯 떠올랐다. 흔히 받아들여지는 이야기에 따르면 그 사건은 아주 극적으로 일어났다고 한다. 자정 무렵 잠 못 이루고 뒤척이고 있을 때, 갑자기 그는 마치 격물의 문제에 대해 그에게 얘기하는 목소리를 들은 듯이 느꼈다. 무의식적으로 그는 큰 소리를 치며 자리에서 벌떡 일어났다. 처음으로 양명은 '나의 본성은 물론 성인이 되기에 충분하다. 그런데 나는 이제까지 외부의 사물에서 리(理)를 구하는 실수를 범하고 있었던 것이다.'라는 것을 깨닫게 되었다.(『한 젊은 유학자의 초상』)

여기서 양명이 말하는 '나의 본성은 성인이 되기에 충분하다'는 개념은 주자학에서는 공부가 완성된 상태를 설명하는 개념이다. 그런데 양명은 자신의 마음이 이미 그 자체로 성인의 마음임을 깨달았다는 것이다. 그래서 양명은 더 이상 외부 사물을 탐구하는 성리학 방식의 격물에 매달리지 않게 되었다. 대신 내 마음이 주체가 되어 사물을 논구하는 상황으로 전환되었다. 이 과정을 양명은 이렇게 설명한다.

몸을 주재하는 것이 마음이고, 마음이 발(發)한 것이 바로 의념(意念)이며, 의념의 본체가 바로 지(知)이고, 의념이 있는 곳이 바로 물(物)이다. 만약 의념이 부모를 섬기는 데 있다면 부모를 섬기는 것이 바로 하나의 물이고, 의념이 임금을 섬기는 데 있다면 임금을 섬기는 것이 바로 하나의 물이며, 의념이 백성을 어질게 대하고 사물을 사랑하는 데 있다면 백성을 어질게 대하고 사물을 사랑하는 것이 바로 하나의 물이며, 그래서 나는 "마음 밖에 이치가 없으며, 마음 밖에 물이 없다"고 말했다. 『중용』에서 말하는 성실하지 않으면 사물이 없다는 것과 『대학』의 밝은 덕을 밝힌다는 공부는 다만 뜻을 성실하게 하는 것이며, 뜻을 성실하게 하는 공부는 다만 하나의 격물이다.(『전습록상』)

양명에 있어서 사물은 마음 밖에 존재하지 않고 마음과 하나가 되어 버렸다. 이것은 양명이 자신 앞에 마주하는 사물을 놓치지 않고 사물이 존재하는 모습 그대로를 파악하려는 의도였다. 이렇게 하는 것이 가능하려면 마음이 언제 어디서나 깨어 있어야 한다. 즉 마음이 욕심에 붙잡혀 있거나, 마음으로 엉뚱한 생각을 하면 안 된다. 양명은 용장에서 이런 마음을 회복하게 된 것이다. 그래서 격물은 더 이상 사물의 이치를 학습하는 과정이 아니고 사물의 이치를 통해서 나를 바로잡는 공부의 과정이 되었다. 이런 공부를 통해 마음이 곧 진리가 되니, 대학의 성의정심(誠意正心)도 격물과 따로 떨어진 것이 아니고 하나의 공부 과정이 되었다. 그래서 양명은 최후에는 오직 치양지(致良知)만 주장하게 된다. 자신의 마음이 진리가 되어버렸으니 오직 이것만을 믿고 사물과 마주하는 것이다. 어떤 복잡한 방법론도 필요 없고 오직 진실한 마음만 가지면 자신 앞에 등장하는 어떤 복잡한 사물이라도 해명할 수 있다는 것이다.

양명과 마찬가지로, 동학을 창시한 수운 역시 당시 성리학이 주류 학문인 조선사회에서 숱한 시행착오를 겪으면서, 마침내 한울님을 만나는 결정적인 체험을 통해 학문적 완성으로 나아가게 된다. 수운의 공부 과정을 살펴보면 처음에는 정통 성리학자인 부친의 영향 하에 전통적인 공부 방법인 독서를 통해서 진리를 체득하려고 했다. 그러나 금강산에서 온 스님을 만난 이후로 기도로 공부의 방법을 바꾸었다. 내원사와 적멸굴에서 두 번의 49일간 기도를 하고 마지막에는 아버지가 남겨주신 용담으로 돌아와 용맹정진한 끝에 한울님을 만나게된다. 수운은 그 만남의 결과를 21자 주문에 집약하였다. 그러므로 수운은 21자 주문이 한울님이 주신 것이라고도 하였다. 이 과정을 「논학문」에서는 다음과 같이 서술하고 있다.

> 몸이 몹시 떨리면서 밖으로 접령하는 기운이 있고 안으로 강화의 가르침이 있으되, 보였는데 보이지 않고 들렸는데 들리지 아니하므로 마음이 오히려 이상해져서 수심정기하고 묻기를 "어찌하여 이렇습니까?" 대답하시기를 "내 마음이 곧 네 마음이니라. 사람이 어찌 이를 알리오. 천지는 알아도 귀신은 모르니 귀신이라는 것도 나니라. 너는 무궁무궁한 도에 이르렀으니 닦고 단련하여 그 글을 지어 사람을 가르치고 그 법을 바르게 하여 덕을 펴면 너로 하여금 장생하여 천하에 빛나게 하리라." 내 또한 거의 한 해를 닦고 헤아려 본즉 또한 자연한 이치가 없지 아니하므로 한편으론 주문을 짓고 한편으론 강령의 법을 짓고 한편으론 잊지 않는 글을 지으니, 절차와 도법이 오직 이십일 자로 될 따름이니라.(『동경대전』「논학문」)

여기서 '내 마음이 곧 네 마음(吾心卽汝心)'이란 수운이 한울님의 마음을 체득하고 그 지혜를 받게 된 것을 한울님이 직접 인정한 것이다. 양명처럼 수운은 내(수운) 마음이 진리(한울님의 마음)임을 확인한 것이다. 이제 남은 과제는 이 새로운 깨달음을 사람들에게 가르치는 것이다. 수운이 1년여에 걸쳐 그 가르침을 전하는 방법으로 정리한 것이 바로 21자 주문이다. 수운은 어떻게 공부하면 당신이 얻은 것을 체득할 수 있는가를 묻는 사람에게 오직 21자 주문만 공부하면 된다고 말했다고 한다. 이것은 양명이 마지막에 오직 '치양지'만 강조한 것과 마찬가지다. 두 분 모두 힘든 공부 과정을 통해서 확실히 체득한 것이 내 마음이 바로 진리라는 것이다. 이것을 양명은 '치양지'를 통해서 세상에 알렸고, 수운은 21자 주문을 통해서 알린 것이다. 다음 과제는 내 마음이 어떻게 진리인가? 즉 양지와 천주가 어떻게 존재하는가를 살펴보는 것이다.

3. 양지(良知)와 천주(天主) 비교

우선 왕양명이 양지를 어떻게 서술하고 있는지 살펴보도록 하자.

양지는 정감이나 사려가 아직 발현하지 않은 평형 상태이고 확 트여 크게 공정한 것이며, 적연하여 움직이지 않는 본체로서 사람들마다 똑같이 갖추고 있는 것이다. 다만 물욕에 어둡게 가려지지 않을 수 없으므로 반드시 학문을 통해 그 어둡게 가려진 것을 제거해야 한다.(『전습록 중』)

여기서는 양지를 평형 상태, 공정한 것, 움직이지 않는 본체 등으로 묘사하였다. 이런 양지는 모든 사물의 근거가 되며 사물과 아직 만나기 전의 원초적인 상태이다. 그러나 양지는 사물과 별개로만 존재하는 것이 아니라 사물과 만나서 작용하는 측면의 양지도 있다. 작용하는 측면의 양지를 양명은 다음과 같이 말하고 있다.

일찍이 마음에서 시험해 보니 기쁨과 성냄, 근심과 두려움이 느껴져서 발현하는데, 비록 기질을 극도로 움직일지라도 내 마음의 양지가 일단 깨달으면 곧 다 풀려서 사라져 꺾입니다. 어떤 때는 기질적인 욕구를 처음에 막고, 어떤 때는 중간에 제어하고, 어떤 때는 뒤에 후회하기도 합니다. 그렇다면 양지는 늘 여유가 있어 한가하고 아무 일도 없는 곳에 머물면서 마음의 주재가 되고, 기쁨과 성냄, 근심과 두려움에는 관여하지 않는 듯한데, 무엇 때문입니까? 이것을 안다면 마음이 아직 발현하지 않은 중과 적연하여 움직이지 않는 본체를 알게 되고, 발현하여 절도에 맞는 조화와 느껴서 마침내 통하는 오묘한 작용이 있게 된다.(『전습록 중』)

작용하는 측면의 양지는 기질적인 욕구인 기쁨과 성냄, 근심과 두려움과는 다른 차원에 존재한다. 그렇기 때문에 양지를 체득하게 되면 기질적인 욕구들은 사라져 꺾이게 할 수 있다고 한다. 이것이 언제라도 가능하다면 움직이지 않는 본체를 알게 되고, 발현하여 절도에 맞는 조화와 통하게 되는 경지에 이르게 된다고 하였다. 양명은 기질인 욕구와 양지의 관계를 구름과 해에 비유하기도 한다.

> 성인의 양지는 구름 하나 없는 파란 하늘의 해와 같고 현명한 사람의 양지는 엷은 구름이 떠 있는 하늘의 해와 같으며, 어리석은 사람의 양지는 먹구름이 뒤 덮인 하늘의 해와 같다.(『전습록 중』)

위에서 해가 양지라면 구름은 기질적인 욕구인 기쁨과 성냄, 근심과 두려움이다. 양지는 밝은 태양처럼 있는데 그 위에 구름들이 양지의 작용을 방해하는 것이다. 그래서 양지를 회복하기만 하면 기질적인 욕구는 힘 한번 사용하지 못하고 사라지는 것이다. 양명의 양지는 밝은 태양이 이 세상을 두루 비추는 것처럼 누구에게나 있으며, 또 우리 삶을 욕구에 구애되는 것으로부터 지켜준다는 것을 알 수 있다. 작용하는 측면의 양지는 옳고 그름을 판단하는 작용도 한다.

> 그대가 갖고 있는 한 점의 양지가 그대 자신의 준칙이다. 그대의 의념이 붙어 있는 곳에서 그것은 옳은 것을 옳은 것으로 알고, 그른 것을 그른 것으로 아니, 다시 조금이라도 그것을 속일 수 없다. 그대가 다만 자신의 양지를 속이려 하지 않고 착실하게 그것에 의거하여 무엇이든

행한다면 선은 곧 보존되고 악은 곧 제거될 것이다. 그러한 곳이 얼마나 온당하며 시원스럽고 즐거운가. (『전습록 하』)

위 글에서 양명은 양지는 옳고 그름을 판단하는 능력이 있다고 한다. 그 능력에 의지해서 착실하게 실천하면 선(善)은 보존되고 악(惡)은 제거된다. 그래서 확실한 판단 능력을 가지게 되어 더 이상 외부의 유혹에 흔들리지 않는 군자의 삶을 살게 된다. 밝은 태양 같은 양지를 온전히 비추는 사람이 되는 것이다. 물론 언제나 먹구름은 또 몰려온다. 그러나 두려워할 필요가 없다. 먹구름이 몰려올 때마다 양지 즉 밝은 태양으로 비추면 먹구름은 사라지기 때문이다. 이 양지는 사람에게만 존재하는 것인가? 양명은 만물에게도 양지가 존재한다고 하였다.

사람의 양지가 바로 풀, 나무, 기와, 돌의 양지이다. 천지도 사람의 양지가 없다면 역시 천지가 될 수 없다. 생각건대 천지만물은 사람과 원래 일체이며, 그것이 발하는 가장 정밀한 통로가 바로 사람 마음의 한 점 영명이다. 그러므로 오곡과 금수의 종류가 모두 사람을 기를 수 있고, 약과 침의 종류가 모두 질병을 치료할 수 있다. 단지 이 하나의 기운을 공유하기 때문에 서로 통할 수 있다.(『전습록 하』)

풀, 나무, 기와, 돌과 같은 만물에게도 사람과 같은 양지가 있기 때문에 오곡과 금수를 통해서 사람을 기를 수 있고, 그것을 먹음으로 해서 사람의 질병을 치료할 수 있다고 한다. 다만 사람의 양지와 다른 것은 주도적으로 판단하고 주재하는 측면이 없다는 것이다.

수운에게 있어서는 천주(天主)가 바로 양지의 구실을 한다. 수운은 천주에 대해서 양명처럼 구체적으로 설명을 하지 않는다. 다만 '존중해서 부모와 함께 섬겨야 할 존재'라고 말한다. 그리고 천주는 우리가 '모시고 있는 존재'라고 한다. 수운이 모실 시(侍) 자를 설명한 것을 보면, 천주의 개념을 짐작할 수 있다.

> 시라는 것은 안에 신령이 있고 밖에 기화가 있어 온 세상 사람이 각각 알아서 옮기지 않는 것이요….(『동경대전』 「논학문」)

수운에 있어 천주는 안으로는 신령으로 존재하고 밖으로는 기화로 존재한다. 각각 알아서 옮기지 않는다는 것은 세상 만물은 어느 것이든 이러하기 때문에 여기서 저기로 옮길 수 없음, 즉 여기서 벗어나거나 새롭게 끼어들 수 없는 존재라는 것이다. 이를 다르게는 '새는 것도 없고 더해지는 것도 없음(無漏無增)'이라고 하였다. 신령의 의미는 "나는 도시 믿지 말고 한울님을 믿었어라 네 몸에 모셨으니 사근취원하단 말가"(「교훈가」)에 드러난다. 한울님을 내 몸에 모시고 있으니 멀리서 찾을 필요가 없고 가장 가까이 있는 내 몸 안에서 찾으라는 것이다. 이것을 의암 손병희는 "한울이 있음으로써 물건을 보고, 한울이 있음으로써 음식을 먹고, 한울이 있음으로써 길을 간다"(「이신환성설」)라고 하였다. 이 말은 곧, 사람의 삶의 주체는 한울이라는 것이다. 실제로 보고, 먹고, 길을 가는 것은 인간의 눈, 입, 몸이지만 이것을 보게 하고, 먹게 하고, 가게 하는 주체는 한울이라는 것이다. 이것은 양명의 다음 글에서도 잘 드러난다.

> 이른바 네 마음이란 오로지 한 덩어리의 피와 살만이 아니다. 만약 그것이 한 덩어리의 피와 살이라면 이미 죽은 사람도 그 한 덩어리의 피와 살은 여전히 가지고 있는데 어찌하여 보고 듣고 말하고 행동할 수 없는가? 이른바 네 마음이 그것을 보고 듣고 말하고 행동할 수 있게 한다. 이것이 바로 본성이고 천리이다. (『전습록 상』)

위 글에서 양명은 인간의 감각기관은 객체요, 마음 즉 천리 혹은 양지가 삶의 주체라고 말한다. 그 예로 죽은 사람은 살아 있는 사람과 똑같은 육신과 감각기관을 가지고 있는데 무엇 때문에 보고 듣고 말하고 행동할 수 없는 것은 마음이 없기 때문이라는 것이다. 그러므로 실제로 보고, 듣고, 행동하는 주체가 마음임을 알 수 있다는 것이다. 이 두 가지 생각이 분명하게 분별되면 감각기관의 기질적 특성인 기쁨, 성냄, 근심과 두려움에 끌려 다니지 않게 된다.

다음으로 기화의 의미를 살펴보자. 기화(氣化)는 기(氣)가 변화해서 세상 만물 안에 존재한다는 것이다. 수운은 「논학문」에서 기의 의미를 다음과 같이 정의한다.

> 기라는 것은 허령이 창창하여 일에 간섭하지 아니함이 없고, 일에 명
> 령하지 아니함이 없으나, 그러나 모양이 있는 것 같으나 형상하기 어
> 렵고, 들리는 듯 하나 보기는 어려우니 이것은 또한 혼원한 기운이
> 요….(『동경대전』「논학문」)

수운은 기가 '모든 일에 간섭하고 명령하지'만 그 모양은 형용하기
어려운 '혼원한 기운'이라고 한다. 이 기운이 형상으로 표현된 것이 영
부이다. 수운은 「포덕문」에서 영부를 다음과 같이 설명한다.

> 나에게 영부 있으니 그 이름은 선약이요 그 형상은 태극이요 또 형상
> 은 궁궁이니, 나의 영부를 받아 사람을 질병에서 건지고 나의 주문을
> 받아 사람을 가르쳐서 나를 위하게 하면 너도 또한 장생하여 덕을 천
> 하에 펴리라.(『동경대전』「포덕문」)

수운의 영부는 사람을 질병에서 건지는 역할을 한다. 그런데 수운
이 영부를 받아서 먹어 보니 약한 몸이 윤택해졌고, 다른 사람의 질병
에 사용해 보니 낫는 경우도 있었고 낫지 않는 경우도 있었다. 그리고
영부의 실행력은 영부를 받는 사람의 정성에 달려 있다고 했다. 정성
이라는 것은 '한결 같은 마음'으로 '한결같이 실행하는 것'이므로 역시

만물의 근원자로서 한울님, 즉 천주와 관계한다는 것을 알 수 있다. 내 마음속의 한울과 소통하면 영부의 효험이 발휘되고 그것이 끊어지면, 영부도 효험도 미치지 못한다. 양명에 있어서 양지도 모든 만물에 같이 있기 때문에 오곡과 금수의 종류가 사람을 기를 수 있고, 약과 침이 질병을 치료할 수 있다고 한다. 이것을 수운의 영부와 비교해보면 크게 다르지 않음을 알 수 있다. 다만 양명은 양지를 철학적인 개념으로 접근한 반면, 수운은 한편으로는 천주를 '모셔야 하는' 주체로 상정하고 '믿어야 하는' 대상으로 자리매김하였으며, 다른 한편으로 그 기운을 밖으로 드러내어 눈으로 보이는 신령스러운 부적을 만들어 사람들로 하여금 실용케 하였다는 것이다. 수운의 가르침을 계승한 해월은 "마음이란 것은 내게 있는 본연의 한울이니 천지만물이 본래 한마음"이라 하고 수운이 말한 "궁을의 그 모양은 곧 마음 심 자이니라."(「영부주문」) 하였다. 그러므로 "마음을 화하고 기울을 화"하게 하면 '천궁천을(天弓天乙)'인 영부의 효험으로 약을 쓰지 않아도 병이 낫는다고 하였다. 수운 당대에는 아직 동학의 가르침이 퍼진 초창기여서 가시적인 영부에 치중하였다면, 해월 대에 이르러서는 이에 궁을 영부의 본질로서 '마음'을 직접적으로 말하기에 이른 것이다. 양명은 약이나 침을 통해 질병을 낫게 한다고 하였고, 해월은 마음을 화하게 하는 것만으로도 질병을 낫게 한다고 했지만 둘 다 마음을 다스리는 것을 중시한 것은 매한가지다. 이제 양명과 수운은 양지와 천주를 어떻게 자기 것으로 소화했는지 그 방법론의 측면에서 비교해보도록

하자

4. 양명과 수운의 수련방법론 비교

양명은 용장에서의 깨우침을 통해 격물(格物)의 새로운 길을 제시했다. 주자의 격물은 '사물에 나아가 사물의 이치를 탐구'하는 것이었다. 이 공부의 궁극적인 목적은 마음을 밝히는 것인데, 사물의 이치를 아는 데 매진하다 보면 정작 마음을 밝히는 공부를 소홀히 하게 된다. 실제로 주자는 이를 염려해 이치를 탐구하는 과정만 설정하지 않고 마음을 깨어 있게 하는 거경(居敬)의 과정도 중시하였다. 그러나 시간이 흐를수록 주자의 의도와 다르게 공부 과정이 변해 갔다. 모두 독서를 통한 궁리 공부만 강조했지 마음을 깨어 있게 하는 거경 공부는 소홀히 하게 된 것이다. 그 결과 아는 것은 많아도 그것을 실천하는 힘은 줄어들게 되었다. 양명은 용장에서 정좌 수행을 통해 자신의 마음을 깊이 들여다보아 자신의 마음이 곧 진리임을 깨닫게 된다. 굳이 외부 사물을 통해 자신의 마음을 밝힐 필요는 없게 된 것이다. 자신의 마음자체가 이미 아무런 문제가 없다는 것을 깨닫게 된 것이다. 이런 마음을 지극히 하여 사물을 만나는 순간 옳고 그름을 바로 판단하게 된다. 옳은 것은 받아들이고 그른 것은 버리면 된다. 이것이 양명의 새로운 격물 공부 과정이다. 양명이 이러한 격물 방법을 제시한 것은 바로 자신의 마음이 아무 문제가 없다는 것을 깨달았기 때문이다. 이러한 깨달음을 가져온 가장 직접적인 방법이 바로 정좌 수행이었다. 그만큼 양명에 있어서 정좌수행은 중요한 의미를 가진다. 다음의 글에 이 점이 잘 드러난다.

처음 배울 때는 마음이 원숭이처럼 집중되지 못하고, 뜻이 말처럼 외부로만 치달려서 차분하게 붙들어 맬 수 없으며, 생각하는 내용이 대부분 인욕에 치우쳐 있다. 그러므로 정좌를 가르쳐서 생각을 멈추게 해야 한다. 시간이 지나 그들의 마음과 뜻이 어느 정도 안정될 때까지 기다린다.(『전습록 상』)

양명이 제자들에게 정좌수행을 가르친 이유는 보통 사람의 마음은 욕심에 붙잡혀 있어서 세계를 객관적으로 인식하지 못하기 때문이다. 그래서 정좌하여 '욕심'을 가라앉히도록 하였다. 마치 흐린 흙탕물을 가만히 놓아두면 맑은 물이 되는 과정과 같다. 욕심의 마음이 정좌를 통해서 쉬어졌다 하더라도 욕심이 완전히 뿌리까지 뽑힌 것은 아니다. 욕심은 밑바닥에 가라앉아 있을 뿐이다. 욕심을 뿌리까지 제거하려면 언제 어디서나 공부하는 자세가 필요하다. 그런데 제자들에게 정좌를 가르쳐보니 정좌가 가져다주는 즐거움에 빠져 벗어날 줄 모르는 제자들이 많아졌다. 그래서 양명은 정좌의 문제점을 지적하면서 제자들에게 정좌에 얽매이지 말 것을 요구한다.

학생들이 대부분 지적인 이해에 힘쓰고 귀로 듣고 입으로 말하는 것이, 같고 다름만을 논쟁하여 아무런 보탬이 없는 것을 보고는 잠시 그들에게 정좌를 가르쳤다. 한때 그들은 광경을 얼핏 보고 자못 근접한 효험을 거두는 듯했다. 시간이 지나자 점차 고요함을 좋아하고 움직임을 싫어하여 마치 마른 나무처럼 병폐에 흘러들어 가거나, 혹은 현묘한 깨달음에 힘써서 듣는 사람을 놀라게 하였다. (『전습록 하』)

정좌의 문제점은 고요함을 좋아하게 되면 움직이는 것을 싫어한다는 것과 현묘한 깨달음을 추구해서 듣는 사람을 놀라게 한다는 것이다. 두 가지 모두 현실을 외면하는 행동양식이다. 삶은 정적으로 머물며 스스로 성찰하고 마음을 투명하게 해야 하지만, 동적인 삶의 자세를 경시해서는 안 된다. 그것이 살아 있는 모습이기 때문이다. 그래서 양명은 정적인 공부를 추구하는 정좌를 통해서는 결코 공부를 완성할 수 없다는 것을 깨달았다. 그래서 삶의 현장을 외면하지 않고 양지를 유지하고 발현할 수 있는 치양지를 제시한다.

그래서 요즘에는 다만 치양지를 말할 뿐이다. 양지만 명백하다면 그대가 고요한 곳을 따라 체득해도 좋고, 구체적인 일에서 연마해도 좋다. 양지본체는 원래 움직임도 없고 고요함도 없다. 이것이 바로 학문의 핵심이다.(『전습록 하』)

양명은 정좌 공부 대신 치양지를 제시한다. 양지만 명백하다면 고요한 곳이든 일이 벌어지는 곳이든 어디든지 공부를 해도 무방하다는 것이다. 양명은 동적인 것과 정적인 것에 구애되지 않고, 언제 어디서나 공부할 수 있는 방법으로 치양지를 제시한 것이다. 움직임도 없고 고요함도 없는 치양지만 뚜렷하다면, 지금 자신이 있는 그곳, 하는 그 일이 진리의 터전이 되는 것이다.

그러면 어떻게 하는 것이 양지를 완성하는 것일까? 양명은 이치가 사물에 있지 않고 내 마음에 있다고 한다. 그래서 내 마음이 사물과 만날 때 최선을 다해서 올바른 것은 간직하고 그른 것은 버리면 언제나 양지는 최선의 상태에 있게 된다고 한다.

> 무릇 '반드시 일삼음이 있어야 한다'는 것은 단지 '의로움을 쌓는(集義)' 공부일 뿐입니다. 의로움을 쌓는 공부는 단지 '양지를 실현하는(致良知)' 공부일 뿐입니다. … 그러므로 저는 오로지 치양지만을 말합니다. 그때그때의 구체적인 일에서 그 양지를 실현하는 것이 바로 격물입니다. 착실하게 그 양지를 실현하는 것이 바로 성의입니다. … 만약 시시각각 마음에서 의로움을 쌓았다면 양지의 본체가 환하게 밝아져서 자연히 옳은 것은 옳다고 하고 그른 것은 그르다고 하여 털끝만큼이라도 숨김이 없을 것인데…. (『전습록 중』)

양명은 치양지 수양을 위해 반드시 일삼음이 있어야 한다고 하면서, 이것은 곧 '의로움을 쌓는 공부'이며 의로움을 쌓는 공부야말로 치양지라고 말한다. 그리고 격물도 성의도 모두 의로움을 쌓는 공부요, 양지를 완성하는 공부라고 한다. 이를 위해 시시각각 마음에서 의로움을 쌓아야 하며 만나는 모든 사물과 사건에서 양지를 주인공으로 하여 옳고 그름을 판단해 나가면 양지가 환하게 밝아져서 서로 편안하게 해주고, 서로 길러주며, 사사롭고 이기적인 데 가려진 것을 제거하고, 모함하고 질투하고 다투고 성내는 습성을 일소하여 대동사회에 이를 것이라고 하였다.

수운은 오랜 기간의 주유천하를 통한 구도(求道) 생활과 두 번에 걸친 49일 기천(祈天) 수련한 다음, 다시 용담정으로 돌아와 용맹정진하는 수련을 통해서 한울님을 만나는 체험을 한다. 한울님과의 문답 과정과 그 가르침대로 수련하는 방법을 21자 주문으로 정리하여, 세상 사람들에게 전한다. 주문만 지극히 외우면 만권시서도 필요 없이 만사지(萬事知)에 이르게 된다고 했다. 수운의 수양 방법의 핵심도 이 21자 주문 속에 들어 있다.

정(定)이라는 것은 그 덕에 합하고 그 마음을 정한다는 것이요, 영세(永世)라는 것은 사람의 평생이요, 불망(不忘)이라는 것은 생각을 보존한다는 뜻이요, 만사(萬事)라는 것은 수가 많은 것이요, 지(知)라는 것은 그 도를 알아서 그 지혜를 받는 것이니라. 그러므로 그 덕을 밝고 밝게 하여 늘 생각하며 잊지 아니하면 지극히 지기에 화하여 지극한 성인에 이르느니라.(『동경대전』「논학문」)

수운이 제시한 공부 방법은 천주, 즉 한울님의 덕과 합일하고 한울님의 마음으로 살아가기 위하여 21자 주문을 지극한 정성으로 외우며 또한 주문을 평생 동안 잊지 않고 생각하고 또 생각하는 것이다. 그렇게 되면, 한울님의 덕을 밝고 밝게 하여, 지기에 화하고 지극한 성인의 경지에 도달한다는 것이다.

5. 나가는 말

지금까지 양명학과 동학의 수련법을 비교하며 알아보았다. 첫째는 두 분이 각자의 수련법을 창안하게 되는 과정을 중심으로 살펴보았다. 양명은 용장에서의 깨달음을 통해서 새로운 격물 개념을 제시하면서 사상이 더욱 원숙해지는 계기를 마련한다. 그리고 치양지의 수련법을 제시하게 된다. 수운은 용담에서의 수련을 통해 한울님을 만나면서 그 가르침으로 21자 주문을 결실하게 된다. 둘째는 수련법의 근거인 양지와 천주의 의미를 살펴보았다. 양명에 있어서 양지는 모든 만물의 근거이면서 사물을 인식하고 판단하게 하는 것이다. 수운의 천주 역시 모든 만물의 근거이며, 사물을 밝게 인식하고 옳고 그름을 판단하는 역할도 한다. 셋째는 수련 방법을 비교해보았다. 양명의 '치양지'는 외부 세계의 모든 사물과 사건에서 양지를 실현한다는 것이다. 오직 양지만을 믿고 만나는 모든 사물과 사건에서 양지를 제시해서 옳은 것은 취하고 그른 것은 버리는 수련 방법이다. 수운의 수련법은 21자 주문을 평생 동안 잊지 않고 간직하는 것이다. 21자 주문이 항상 나와 함께 있으니 이 세상 만물을 주재하는 한울님의 지혜와 힘을 함께 쓰는 셈이 된다. 두 학문의 전통 수련법의 공통점은 난해한 수련법을 쉽게 바꾸었다는 것이다. 양명과 수운이 각각 양지와 천주를 수련의 중심으로 삼기까지는 공통적으로 기나긴 고난의 과정을 거쳐야 했다. 다른 점도 없지 않다. 동학의 한울님 즉 천주는 수운과 대화를 나누는 존재로도 그려지며, 또 21자 주문과 더불어 영부라는 '형상적 실체'를 제시하여 좀 더 구체적인 방법을 사용했다는 것이다. 반면에 양명은 양지를 사람들에게 확인시켜주기 위해 많은 방법을 동원하지만 양지는 눈으로 볼 수 없는 추상적인 존재이기에 그것을 기르는 것은 여전히 쉽지 않았다는 것이다. 두 분의 시대는 300년 정도 차이가 나지만 둘 다, 자신이 제시한 수련을 통해서 누구나 성인이 될 수 있다는 가르침을 가장 확실하게 실천했던 분이라고 할 수 있다.

제2부

해월 최시형

: 땅을 더불어 그리다

Ⅰ. 해월 최시형은 어떻게 살았는가?

Ⅱ. 해월 최시형의 이심치심 수련법

Ⅲ. 주자의 거경과 해월의 수심정기 비교

삼경의 첫 번째 덕목인 경천에서 그 대상이 되는 한울은 허공에 계시는 상제가 아니고 자신이 모시고 있는 한울님을 말한다. 그러므로 경천은 두 번째 덕목 경인(敬人)에 의해서 실현될 수밖에 없다. 이 경천과 경인을 통해 시천주, 사인여천, 양천주 등 동학의 진리들이 다시 한번 철학적, 사상적, 종교적 정합성을 얻게 되고, 이 땅에 지상천국을 이룰 수 있는 터전을 마련한 것이다. 그러나 해월은 여기서 끝나서는 안 된다고 한다. 경천과 경인은 세 번째 덕목인 경물(敬物)에 이르러야 완성된다고 한 것이다. 사람만이 아니라 이 세상 만물이 모두 한울님을 모신 존재이므로, 경물이 빠지면 천지기화(天地氣化)가 이루어지지 못하여 결국은 시천주(侍天主) 자체가 성립되지 않기 때문이다.

I.

해월 최시형은
어떻게 살았는가?*

* 이 글은 『쉽게 이해하는 유학과 동학의 마음수양』에 실렸던 것을 수정해서 재수록했다.

해월의 가르침은 경천(敬天), 경인(敬人), 경물(敬物)의 삼경(三敬) 사상이다. 삼경의 첫 번째 덕목인 경천에서 그 대상이 되는 한울은 허공에 계시는 상제가 아니고 자신이 모시고 있는 한울님을 말한다. 그러므로 경천은 두 번째 덕목 경인(敬人)에 의해서 실현될 수밖에 없다. 이 경천과 경인을 통해 시천주, 사인여천, 양천주 등의 동학의 진리들이 다시 한번 철학적, 사상적, 종교적 정합성을 얻게 되고, 이 땅에 지상천국을 이룰 수 있는 터전을 마련한 것이다. 그러나 해월은 여기서 끝나서는 안 된다고 한다. 경천과 경인은 세 번째 덕목인 경물(敬物)에 이르러야 완성된다고 한 것이다. ... 이 삼경 사상은 오늘날 인류가 직면한 전 지구적 위기를 극복할 근본적인 이치를 담고 있다고 할 수 있다.

1. 청년 해월, 동학을 만나다

해월은 1827년 3월 21일에 지금의 경주시 황오리에서 태어났다. 어릴 때의 이름은 경상이고 스스로 고친 이름이 시형이다. 6세 때 어머니를 잃었고 15세 때 아버지마저 여의고 말았다. 이리하여 거의 남이나 다름없는 먼 친척 집을 전전하며, 집안일을 해 주고 겨우 입에 풀칠하는 딱한 신세가 되었다. 해월은 고단한 어린시절을 보내면서도, 고결한 심성을 간직하며 성장해 갔다. 열아홉 살 되던 해에 밀양 손씨의 집안에서 부인을 맞이하여 가정을 이루게 된다. 스물여덟 살 때는, 고향마을인 신광면 터일에서 산 하나를 넘어 있는 오늘날의 포항시 신광면 마복동으로 이사하였다. 해월은 이곳에서 여섯 해를 보내는데 이곳 사람들이 그를 집강으로 뽑았다. 집강이란 오늘날의 주민대표와 같은 것이다. 고향도 아닌 객지에서 주민대표가 된 데서 해월의 성실성을 짐작할 수 있다. 남의 일을 자신의 일처럼 대신하고 싫은 일을 마다하지 않으며 어느 정도 인품과 기품이 있어서 관과의 일처리도 하는 정도가 아니면 맡을 수 없는 일이다. 그러나 해월은 이러한 정도의 삶에 만족하며 살 수 있는 근기(根氣)의 인물은 아니었다. 일찍부터 고아로 살아가며, 천대와 멸시를 숱하게 받아온 그였기에, 그러한 고난의 출발점이 된 인간의 죽음 그리고 그 이전에 삶에 대해 깊이 고심하기에 이른 것이다. 죽으면 어디로 가는가? 나의 고난의 뿌리가 되는 내 생명은 어떻게 시작되었는가? 이런 근본적인 질문을 해결하지 않고서는 살아도 사는 것 같지 않은 삶의 길에 해월도 동참하게 된 것이다. 가진 땅이 없이 부지런히 남의 논에 농사를 지어도 언제나 굶주림을 면치 못하는 삶, 그리고 엄격한 신분적 질서와 빈부의 차이가 횡행하는 세상이 해월은 이해가 되지 않았던 것이다. 그래서 새로운 세상에 대한 남 다른 꿈을 품게 되었다. 한편 해월이 청장년의 시기를 보내는 1800년대 중엽 이후 조선은 안으로는 거의 매년 전국을 휩쓸고 가는 역병과 가뭄 또는 홍수 피해 등으로 인한 기아와, 밖으로는 해안선을 따라 출몰하는 서양의 배들, 그리고 중국을 침범하는 서양 세력들에 대한 흉흉한 소문 때문에 불안이 고조되고 있었다. 해월은 지금의 세상을 대체하는 새로운 질서가 필요하다는 생각을 깊게 하지 않을 수 없었다. 그러나 해월이 살아온 환경이 이런 문제를 체계적으로 풀어나갈 수 있는 공부를 하기는 어려웠으므로 도움이 필요하였다. 드디어 그 기회가 왔다. 바로 스승 수운과의 만남이다.

해월의 나이 35세 되던 1861년 6월경이었다. 새로운 세상을 열어줄 가르침을 갈망하고 있던 해월에게 좋은 소식이 들려왔다. 구미산 가정리 용담이라는 곳에 새로운 가르침을 펼치는 큰 선생님이 나타났다는 소문이었다. 해월은 예물을 마련하여 용담으로 갔다. 해월이 처음 스승 수운을 만날 때의 모습을 최동희는 이렇게 표현하고 있다.

> 해월이 들어가니 자기보다 두세 살 더 되어 보이는 선비가, 연화관에 정결한 도포를 갖추어 입고 직접 뜰아래까지 내려와 맞이하는데, 태도가 어찌나 정중한지 해월은 송구스럽기만 하였다. 키는 그리 큰 편이 아닌 중키요, 몸은 호양호양하고 얼굴의 윤곽이 뚜렷하고 날카로왔으며, 더구나 거울처럼 청수한 얼굴에 미소가 가득한데도 이글거리는 두 눈에는 마주 설 수 없을 위엄이 담겨져 있었다.(최동희, 『해월 최시형』)

수운과 대면하고 그 안내를 받은 해월은 그날부터 스승의 가르침을 독실하게 믿고 공부를 열심히 한다. 스승 수운이 가르쳐준 공부 방법의 핵심은 21자 주문을 외우는 것이었다. 수운이 수련을 통해 한울님으로부터 받은 가르침을 21자로 정리한 주문이었다. '지기금지원위대강 시천주조화정 영세불망만사지.' 이 주문의 뜻은 "지극한 기운이 지금 나에게 내려주기를 원합니다. 내가 한울님을 모시면 한울님의 작용과 하나가 됩니다. 한울님을 모시고 한울님과 하나 된 마음을 죽을 때까지 잊지 않으면 성인이 됩니다."이다. 해월은 정기적으로 용담으로 찾아가 수운으로부터 이치에 대한 가르침을 받는 한편으로, 주로 주문을 외우는 데 온갖 정성을 기울인다. 그러나 좀처럼 한울님의 감응은 체험되지 않았다. 함께 공부하는 다른 제자들은 한울님을 만

낳다는데 해월에게는 좀처럼 나타나지 않았던 것이다. 해월은 그럴수록 더욱더 수련에 정성을 기울였다. 그해 겨울, 밤낮으로 주문 수련에 정진하던 해월은, 자신이 사는 곳의 계곡에 언 얼음을 깨고 웅덩이에 들어가 앉았다. 그런데 바로 이때 한울님의 말씀이 들려왔다. "찬 샘물에 갑자기 앉는 것은 몸에 해롭다." 드디어 한울님의 음성을 들은 것이다. 처음으로 자신의 뿌리인 한울님을 만난 것이다. 해월은 거기에서 멈추지 않고 그해에서 이듬해 봄까지 맹렬하게 공부를 계속해 나갔다.

이듬해, 1862년 해월은 수운을 만나 자신이 수련을 하는 동안에 체험한 일들을 여쭈었다. 수운의 대답은 뜻밖에도 '한울님의 말'이 곧 자기가 남원 은적암에서 한 말이라는 것이었다. 수운이 수련 과정에서 한울님으로부터 "내(=한울님) 마음이 곧 네(=수운) 마음이다"라는 말을 들은 것처럼, 해월은 수운과의 사이에서 그러한 체험을 한 셈이었다. 이 일로 스승 수운으로부터 "이제 포덕에 힘쓰라"는 말을 들은 해월은 그 이후 스승의 가르침을 전파하는 데 노력을 기울인다. 수운은 해월의 근기를 유념해서 보고 있었다. 자신의 앞날을 예감하고 있었기 때문이다. 자신에게 유고가 생기더라도, 자신과 일심이자 동심을 이룬 제자를 길러야 자신이 깨우친 진리를 후세에 전할 수 있기 때문이었다. 누구를 후계자로 삼을 것인가? 이 길은 쉽지 않은 길이다. 결국 수운은 해월을 선택했다. 학식과 재력이 아니라 오직 도(道)의 정수를 터득했는지 여부가 기준이었을 것이다. 수운의 선택이 정확했다는 것은 수운이 순도한 후 해월이 어떻게 살았으며 동학을 성장시켜 갔는가를 보면 명확해진다. 이제 해월의 삶을 생애 주기별로 살펴보도록 하겠다. 일찍이 공자는 70세 전후해서 자신의 삶을 다음과 같이 정리했다.

> 나는 열다섯 살에 학문에 뜻을 두었고, 서른 살에 진리를 깨달았고, 마흔 살에 외부의 유혹에 흔들리지 않았고, 쉰 살에 하늘의 뜻을 알았고, 예순 살에 귀로 들리는 모든 것에 마음을 거슬리지 않았고, 일흔 살에 내 마음이 하고자 하는 것을 하더라도 법도에서 벗어나지 않았다.(『논어』「위정」)

공자와 마찬가지로 해월도 70평생(1827~1898)을 살았다. 물리적인 삶의 기간이 비슷할 뿐 아니라, 해월도 진리의 삶을 살다간 성자이다. 그렇다면, 공자의 삶과 비교해서 어떤 유사점을 찾아볼 수 있을까 하는 차원에서 서술하고자 한다. 앞에서 언급한 해월의 생애 부분도, 공자와 비교하는 측면에서 다시 살펴보기로 한다.

공자가 10대에 학문에 입문했다는 것은 많은 것을 생각하게 한다. 아마 아버지의 죽음과 관련이 깊다. 3살 즈음에 아버지를 여의고 가정 형편은 어려웠으나, 어머니가 공자를 가르치려는 열정이 매우 컸다. 이러한 환경에서, 10대 초반에 공자의 학구열은 이미 뜨겁게 달아올랐다. 해월은 어린 나이에 부모님을 모두 잃고 고아가 되었다. 공자와 달리 해월은 어려서 공부할 수 있는 기회를 계속 얻지 못하였기 때문에 학문의 길로 나아가지 못했지만, 남의 집 고공살이를 비롯해서, 종이 제조 노동자 등 숱한 노동을 통해서 당시 사회의 최하층의 삶을 체험하고, 더불어 사는 덕성의 간절함과 자연 속에서 살아가는 지혜를 익힌 것은 오히려 훗날의 그의 민중 친화적인 삶, 생명평화적인 활동의 자양분이 되었다. 훗날 해월이 보여주는 여러 가지 마음 씀씀이와 손재주를 보면 이 기간에 얼마나 자신의 내면으로 침잠해서 마음공부를 했는지 알 수 있다. 스승으로부터 지식을 습득하는 것이 아니라, 그 속에서 진리를 깨닫고, 지혜로 드러낼 수 있는 역량을 기르는 준비기간으로 보아도 좋을 것이다.

공자도 10대에 학문에 뜻을 두어 공부에 매진한 결과 드디어 30대에 깨달음을 얻게 된다. 일반적으로 립(立)을 '자립했다'로 해석하는데 너무 평범한 해석이다. 필자는 "물질에 구애되는 마음을 뛰어넘는 마음으로 세상을 바라보는 독자적인 가치관을 세웠다"로 해석하고 싶다. 그렇게 해야 다음에 전개되는 생애 주기별 특성과 통한다. 해월 역시 30대 후반에 수운을 만나 자기 존재의 근본인 한울님을 만남으로써, 새로운 주체로 거듭난다. 공자는 일정한 스승이 없이 당대의 석학들을 널리 탐방하고 또 수많은 전적(典籍)들을 두루 섭렵하며 공부한 반면에 해월은 단 한분의 스승을 만나 가르침을 받고 수행을 통해서 깨달음의 경지로 나아간 것이 다르다. 공통점은 두 분 다 근본적인 마음의 작용과 현상을 각성했다는 것이다. 그러나 아직 이런 마음을 자유자재로 사용하는 것은 세월을 기다려야 한다는 공통점이 있다.

2. 40대의 해월, 동학을 계승하고 재건하다

공자는 30세에 이미 일가를 이룬 뒤에도 학문적 연마를 계속한 결과 40대는 어떠한 외부의 유혹에도 흔들리지 않는 경지에 이르렀다. 인생에서 40대는 가장 왕성하게 활동할 시간이다. 그만큼 일도 많이 하고 사람도 많이 만나기 때문에 돈이나 권력 등의 유혹이 많을 시기이다. 이럴 때 유혹에 흔들리게 되면 40대 이후의 삶은 그 무엇으로도 보상받을 수 없게 된다. 인생의 원숙함을 빚어나가는 길이 심각하게 훼손되고 그 기운이 꺾어진다는 것이다.

해월은 40대 때 무엇을 했을까. 37세 되던 해에 스승으로부터 도통을 물려 받은 해월은 40세 이후 스승의 가르침을 더욱 깊이 단련하여 세상에 펼치기 위해, 우선 매년 4회의 49일 기도를 정성껏 실시한다. 관군들에게 항상 쫓기면서도 주문 수련과 기도를 게을리 하지 않은 결과 해월은 더욱 확실하게 한울님의 존재적 특성을 자각하게 되었다. 그래서 다양한 양상으로 작용하는 한울님을 마치 눈으로 보듯이 사람들에게 설법하게 되었다. 그중 하나가 '양천주(養天主)' 설법이다. "봄에 곡식을 심어야 가을에 수확을 하는 것처럼 사람도 자기가 모시고 있는 한울님을 기를 줄 알아야 한울님의 은덕을 얻을 수 있다"는 것이다. 해월은 "마음이 곧 한울이요 한울이 곧 마음이니, 마음 밖에 한울이 없고 한울 밖에 마음이 없느니라. 한울과 마음은 본래 둘이 아닌 것이니 마음과 한울이 서로 화합해야 바로 시 · 정 · 지라 이를 수 있"다고 하여 수운의 21자 주문의 가르침을 설명한다. 여기서 해월은 사람의 마음과 한울님의 관계를 분명히 밝혀서, 세상 사람들로 하여금 자기 마음을 편안하게 하는 것이 곧 한울님을 편안하게 하는 것이고, 그러한 마음으로 살아가는 것이 도를 통하는 길이라고 설파한 것이다. 이 시기에 해월은 한편으로 스승의 가르침을 심화하면서, 또 한편으로 억울하게 죽음을 당한 스승의 신원을 이루고자 하는 열망과 사명감을 갖고 있었다. 후자를 위해, 결과적으로 방법적인 오류와 위험성을 무릅쓰고 '이필제의 난'을 승인하게 된 것도 이 시기에 있었던 일이다. 이 일로 인하여 해월 자신은 물론이고, 스승님 순도 이후 5, 6년에 걸쳐 비교적 안정을 되찾아 가던 동학교단은 또 다시 멸문지화에 버금가는 타격을 입게 되었다.

이필제의 난으로 인한 관의 추적을 피해 해월은 소백산 속 동굴로 피신했다. 그런데 그 굴 입구에 호랑이가 나타나 해월 일행을 보호해 주었다. 덕분에 일시적으로 관군의 추적을 피할 수 있게 된 해월은 동굴에서 나와 박용걸의 집으로 가서 은신하면서 포덕을 재개할 기운을 회복하게 된다. 그 무렵 해월이 행한 대표적인 법문이 「대인접물(待人接物)」이다. "저 사람이 포악으로써 나를 대하면 나는 어질고 용서하는 마음으로써 대하고, 저 사람이 교활하고 교사하게 말을 꾸미거든 나는 정직하게 순히 받아들이면 자연히 돌아와 화하리라." 이것은 당시 민중들이 고단한 삶 가운데서 폭력적 언사가 빈번했던 일상생활상을 반영한 것이기도 하고, 이필제의 난 당시에 폭력으로써 관의 횡포에 저항하고, 스승의 신원을 이룬다는 방법적 오류에 대한 반성으로부터 나온 것이다. 한편으로는 일상생활의 일거수일투족이 결국 한울님을 양하는 수도 생활과 이어져 있음을 말해 주는 철학적이며 종교적인 법설이기도 하다. 이것은 결국 다른 사람과 만물을 한울님을 모신 존재로 보는 동학의 시천주 사상을 평상시, 평화로운 상황에서뿐 아니라, 폭력적 상황에서도 관철시켜 나가야 한다는 것을 설파한 것이다. 해월의 공부 수준이 깊고 높은 데에 이르렀음을 알 수 있는 대목이다.

영월 직동의 박용걸의 집과 인근 정선 무은담의 유인상의 집을 근거로 해월은 다시 동학 재건에 나섰다. 이때 중요한 계기가 된 것이 태백산 갈래사 적조암에서의 49일 수도이다. 특히 적조암의 승려인 철수좌와는 종교의 차이를 떠나 깊은 우정을 나누었다. 해월이 철수좌에게 말하는 데서부터 두 분의 대화를 들어보자.

"스님께서 산속에 계시면서 예불을 하시는 것이나 저와 같은 속인이 조용한 곳을 찾아 한울님께 기도하는 것이나 매양 마찬가지가 아닌가 합니다."

"그렇고 말고요. 본래는 승과 속에 구분이 없는 것입니다."

"스님, 그래서 우리는 한울님을 생각하면서 주문을 외우고자 여기에 왔습니다."

"그러신가요. 빈도가 전번에 듣기에는 도를 닦는 분이라고 하던데 그럼 그 도는 무슨 주문을 외웁니까?"

"스님, 주문을 말씀드리기 전에 한 말씀 여쭙겠습니다. 스님께서는 혹시 동학이란 말을 들은 일이 있으신지요?"

"예 소문으로 들은 적이 있습니다만…."

"우리가 바로 그 동학을 하는 사람들입니다. 관가의 지목이 심하여 여기에 이르렀는데 스님께서는 관계치 않으시겠습니까?"

"예 선생께서는 염려하지 마십시오. 도를 닦는 자는 서로 구하고 도와야 하지 않겠습니까."

"그렇게 말씀해 주시니 고맙기 이를 데 없습니다." (『해월 최시형의 삶과 사상』)

　이상이 해월이 철수좌와 나눈 대화이다. 두 분 다 도를 닦는 입장에 있는 분들이기 때문에 서로를 배려하는 마음이 각별하다는 것을 알 수 있다. 이것은 해월이 도를 닦아서 만난 한울님이나 철수좌가 깨달은 불성은 서로 이름은 다르지만 같은 작용을 하는 만물의 근본이기 때문에 그 소식을 들은 두 사람의 수준에서는 여의롭게 상통하는 바가 있는 것이다. 훗날 해월은 철수좌가 열반에 들자 시신을 수습하여 화장을 치러 주었다.

3. 50대의 해월, 동학을 널리 펴다

공자는 50세에 '하늘의 뜻을 알았다'고 했다. 하늘의 뜻은 무엇일까? 공자는 어린 시절 아버지를 잃고, 가난한 가정에서 성장했다. 그래서 훗날 자기는 해 보지 않은 일이 없다고 고백하기도 한다. 그래서 벼슬을 할 때는 그러한 성장 배경이 도움이 되기도 한다. 그러나 벼슬길에 나아가는 것에 관한 한 공자는 그 뜻한 바를 이루지 못한 인물로 평가된다. 한때 노나라에서는 정치를 잘해서 훌륭한 나라로 만들 기회가 있었지만, 주변의 시기와 모함에 의해 좌절을 맛보아야 했다. 무엇보다 공자 일생에서 위기에 처한 적이 한두 번이 아닌데, 광 땅에서 양호(陽虎)라는 인물로 오해를 받아 죽을 뻔한 사건도 그중 하나다. 이때 공자는 하늘이 내려준 문(文)이 자신에게 있으므로, 자신은 죽지 않을 것이라 말했다. 여기서 공자는 하늘의 뜻을 믿고 있었다는 것을 알 수 있다. 아직 죽을 때가 아니라는 것, 또는 죽더라도 올바름을 지키겠다는 의지가 담겨 있다.

해월 역시 50대(1870년대 후반~1880년대 후반) 때 죽음의 고비를 무릅쓰고 스승의 가르침을 정리하고 경전으로 편찬함으로써 동학의 기틀을 공고히 하였다. 그 결과 동학은 전국적으로 널리 전파되고, 그 세력은 절정으로 치달아 갔다. 이 시기 해월의 업적은 크게 세 가지 정도로 이야기할 수 있다. 첫째는 수운의 말씀을 경전으로 간행했다는 것이다. 이 시기에 경전 간행을 하게 된 이유는 우선 수운의 가르침이 여러 가지 판본(필사)으로 나뉘어 전해짐으로써 도와 법을 어지럽히는 위험이 있었기 때문이다. 또한 동학의 전파 속도가 점점 가속화되고 그 지역이 확장됨으로써, 해월이 직접 순회하며 가르치는 데는 한계가 있었기 때문이다. 비용이 많이 드는 경전 간행을 시도할 수 있을 만큼 동학교단의 재정적 역량이 강화되었고, 그만큼 경전의 수요가 많아졌다는 뜻도 된다.

둘째는 동학의 전통을 계승하고 발전시킬 만한 훌륭한 인물들이 새롭게 입도하였다는 것이다. 우선은 동학에 입도하는 사람들의 절대적인 숫자가 많아졌을 뿐 아니라, 시대의 흐름을 관망하며 새로운 세상을 열망하던 지사(志士) 장부(丈夫)들이 속속 동학에 입도하였다. 그중 한 사람이 훗날 동학의 3대 교주가 되는 의암 손병희이다. 손병희는 동학에 들어오기 전에는 울분에 찬 청년 한량이었다. 손병희는 천성이 배포도 있고 포부도 컸던 인물이지만, 그 어머니가 천인이었으며, 부친 또한 지방의 아전이었기 때문에 양반 천지인 세상에 도무지 뜻을 펼 기회를 얻을 수가 없는 입장이었다. 그러던 차에 이 세상을 새롭게 개벽한다는 동학을 알게 되자, 입도를 결행한다. 입도 후에도 해월을 찾아가는 대신 전수 받은 21자 주문 공부에 매진하여 일일 3만 독의 용맹 수련으로 스스로를 단련한 끝에야 해월을 찾아뵙고 제자로서의 예를 갖추었다. 그의 무서운 실천력은 누구도 따라올 수 없었다. 이것은 해월과 많이 닮은 모습이다. 의암을 처음 만난 자리에서 해월은 의암의 사람됨을 알아보았던 듯하다. 그날 이후로도 의암의 수도 생활은 극진함을 잃지 않고 계속되었고, 한편으로는 스승 해월을 수행하며 교단의 큰 인물로 성장해 나간다.

셋째는 상주 전성촌에서 행한 설법이다.

> "내가 청주를 지나다가 서택순의 집에서 그 며느리가 베 짜는 소리를 듣고 서군에게 묻기를 '저 누가 베를 짜는 소리인가?' 하니 서군이 대답하기를 '제 며느리가 베를 짭니다.' 하는지라 내가 또 묻기를 '그대의 며느리가 베 짜는 것이 참으로 그대의 며느리가 베 짜는 것인가?' 하니 서군이 나의 말을 분간치 못하더라. 어찌 서군뿐이랴. 도인의 집에 사람이 오거든 사람이 왔다 이르지 말고 한울님이 강림하셨다 말하라."
>
> (『해월신사법설』「대인접물」)

서택순은 베틀에서 베를 짜는 며느리를 그저 며느리로만 인지하였다. 그러나 해월은 베를 짜는 며느리는 단지 며느리가 아니라 곧 한울님이라고 말한다. 며느리는 같은 며느리인데 왜 해월에게만 한울님으로 보이는 것일까. 바로 해월의 눈높이가 한울님의 눈높이에 도달했기 때문이다. 해월은 이 점을 말하며, 제자들에게 우선 앎의 수준에서라도 도가(道家), 즉 동학을 하는 사람들은 집안 사람뿐만 아니라, 그 집을 오가는 사람까지도 모두 한울님으로 인식하고 대접하라고 가르치는 것이다. 이제 남은 것은 한울님으로 인지하고, 한울님이라고 말하는 데서 더 나아가, 실제 현실 사회 구조를 한울님 세상으로 바꾸는 것이다. 이 일이 해월의 60대 과제가 된다.

4. 60대의 해월, 동학 세상을 지향하다

60대의 공자는 '귀로 어떤 소리를 들어도 거슬리지 않았다'고 한다. 어디 귀뿐이겠는가. 눈으로 보아도 거슬리지 않았을 것이고, 입으로 음식을 먹어도 거슬리지 않았을 것이고, 몸으로 접촉을 해도 거슬리지 않았을 것이고, 무슨 생각을 해도 거슬리지 않았을 것이다. 어떤 일처리를 하거나 사람을 만나더라도 천리에 어긋나지 않게 대하고 처리할 수 있는 경지에 도달한 것이다. 30대의 공부는 존재의 근원자를 만나는 것이었고, 40대의 공부는 근원자와 한결 더욱 가까워졌기 때문에 외부의 유혹에 흔들리지 않을 수 있었고, 50대의 공부는 존재의 근원자와 일치하는 영역에 들어가게 된다. 이것을 공자는 하늘의 뜻을 알았다고 했다. 이러한 공부 과정을 거쳤기 때문에 공자에게 60세에 이르러 근원자의 힘을 삶의 모든 영역에서 행사할 수 있는 곳에 도달한 것이다. 공자는 그것을 거슬림이 없는 경지라고 했다. 어떤 사람을 만나서 무슨 일을 하더라도 거슬림 없게 처리하는 마음의 힘을 가지게 된 것이다.

해월이 60대에 한 일은 스승의 가르침이 실현되는 세상을 구현하기 위한 실천적인 노력을 기울이는 것이었다. 이미 50대에 만물이 모두 한울님이라고 선언한 해월에게 이제 남은 일은 세상을 자신이 본

그대로의 세상 즉 지상천국으로 만드는 일이었다. 그중 대표적인 몇 가지 사례를 들면, 해월은 먼저 적서의 구별과 반상의 구별을 없애는 일을 과감하게 실행했다.

> 한울은 반상의 구별 없이 그 기운과 복을 준 것이요 우리 도는 새 운수에 둘러서 새 사람으로 하여금 다시 새 제도의 반상을 정한 것이니라. 우리나라 안에 두 가지 큰 폐풍이 있으니 하나는 적서의 구별이요, 다음은 반상의 구별이라. 적서의 구별은 집안을 망치는 근본이요, 반상의 구별은 나라를 망치는 근본이니, 이것이 우리나라의 고질이니라.(『해월신사법설』「포덕」)

이것은 1890년경 호남에서 남계천에게 편의장이라는 직책을 주면서 일어난 교단의 내분을 수습하면서 한 말씀이다. 남계천은 천민 출신이었는데 해월이 그의 도력만 보고 편의장이라는, 한 도를 책임지는 직책을 주었다. 이에 대해 다른 사람이 불복할 뜻을 비치며 시비를 일으키자 해월은 새로운 세상은 반상의 구별이 없는 오직 도력과 그 실천력에 따라 운용되는 세상이 되어야 된다 하면서, 남계천을 옹호하였다. 일찍이 해월은 1865년경에 검곡에서 "사람은 이에 한울이니, 귀천의 차별을 철폐하여 스승님의 뜻을 지켜야 한다"는 설법으로서 동학 2대 교주의 역할을 시작한 바 있다. 이제 스스로 한 말을 교단 내에 제도적으로 정착시키고, 장차 이 세상의 낡은 질서를 대체할 근거를 마련코자 한 것이다.

　이 시기에 동학은 강원도와 충청도를 넘어 전라도 일대에서 들불과 같은 기세로 번져 나가며 세력을 확장하고 있었다. 그러나 한동안 잠삼했던 관의 지목(指目)도 덩달아 격심해지고, 동학도인들을 핍박하고 착취하는 사례가 빈번히 발생하였다. 해월은 교단 내적으로 새로운 기풍을 정착시키는 한편으로, 동학에 대한 관의 탄압의 근본적인 원인이 되는 스승의 억울한 죄목을 풀어줌으로써, 동학의 가르침을 마음 놓고 펼칠 수 있는 기틀을 마련코자 하였다. 그렇게만 된다면, 새로운 세상으로 가는 길이 넓게 열릴 것은 불문가지의 일이었다. 해월이 66세 되던 1892년 10월, 드디어 공주에 있는 충청감영 앞에 동학도인 수천 명이 모여 수운 선생의 죄를 해제하고 동학에 대한 관료들과 양반배들의 핍박을 금지해 달라는 청원서를 제출하면서 교조신원운동을 시작했다. 우여곡절 끝에 충청감사의 답변을 받고, 이어 전라감영이 있는 삼례에도 수천 명의 도인들이 집결하여 수운 선생의 억울한 죄목을 해제해 달라고 요구하였다. 그러나 전라감사 이경직은 동학은 '국법(國法)에서 금한 것이므로 지방관인 본인의 소관사항이 아니다'라며 즉각 해산하여 귀가할 것을 종용하였다. 다만, 동학도에 대한 탄압과 핍박을 함부로 하지 않도록 하라는 방문을 내붙였을 뿐이다.

　결국, 문제 해결을 위해서는 조정과 상대하지 않을 수 없었다. 다시 힘을 모아 이제는 임금에게 직접 자신들의 요구를 전하기로 계획했다. 이렇게 해서 1893년 2월에 광화문전 복합상소가 시행되었다. 광화문 앞에 모인 동학도인 대표들이 일제히 대궐을 향하여 엎드려 절하고 통곡하기를 사흘 밤낮을 계속하였다. 이때도 동학도인들이 호소한 것은 스승의 억울한 죄목을 풀어달라는 것과 동학은 이단사술이 아니므로 금령을 풀어달라는 것이었다. 조정에서는 국왕의 공식문서 대신 "각기 집으로 돌아가 편안한 가운데 열심히 일하라(各歸安業)"는 내용의 회답을 보내면서, 한편으로는 따르지 않으면 엄벌하겠다는 뜻을 내비쳤다. 동학도인들은 일단 해산하기로 하고 급히 한양을 빠져나왔다.

해월은 이제 차원을 달리하여 전국의 동학도인들을 일거에 결집하여 세를 과시하면서 수운의 신원(伸冤)과 동학에 대한 금령해제(禁令解除)를 도모키로 하였다. 특히 한양에서의 복합상소 과정에서 목격한 국가의 형편이 외세의 침탈 아래 풍전등화라는 사실을 기반으로 운동의 차원을 한층 고양시켜 나갔다. 보은에 모여든 3만여 명의 동학도인들은 아침부터 저녁까지 일거일동을 지도부의 명령에 따라 어김없이 시행하고 때때로 경전을 소리 내어 외고, 주문을 현송하면서 '척왜양창의(斥倭洋倡義)'의 기치를 전면에 내세웠다. 국가의 기본 정책 방향을 전환시키는 데 힘을 집중함으로써 그 속에서 동학 실행의 자유를 획득하고, 나아가 국가의 개혁을 도모하기에 이른 것이다. 이것은 실로 역사상 처음 보는 민중의 대시위요 함성이었다. 동학도인들의 기세가 하늘을 찌를 듯하자 중앙 정부에서는 관리를 파견하여 회유와 압박을 병행하고 나왔다. 그러나 이번에는 그냥 물러설 동학도인들이 아니었다. 동학도인들 대부분은 그동안의 평화적인 시위에서 결실을 거두지 못한 만큼 이제는 완력으로 요구를 관철시키자는 의견이 많았다. 그러나 해월은 힘으로 해결하는 것은 불가능하다는 것을 알고 있었다. 동학의 참 뜻이 보국안민(輔國安民)하는 데 있으며, 따라서 국권을 강화하고 외세의 불법무도한 침탈을 물리치는 데에 동학도인들이 그 누구보다 앞장설 것인데, 동학을 금압하고 창도주인 수운을 국법을 어긴 죄인으로 묶어 두는 조정의 무지와 완고함이 안타까울 뿐이었다. 보름 동안의 보은 취회에서도 겉으로는 눈에 띄는 해결이 이루어지지 못한 채 동학도인들은 해산하고 말았다. 그러나 보은 취회의 성과는 눈에 보이지 않는 곳에서부터 거대한 횃불의 불씨를 피워 올리고 있었다. 전국 각지에서 보은에 모여들었던 동학도인들은 3만여 명의 도인들이 일사불란하게 움직이고 웅장한 주문 소리로 동심 합력하는 모습을 보며, 거대한 변혁의 기운을 뜨겁게 체감한 것이다. 그것은 21자 주문 수행을 통해 한울님의 말씀을 듣는 것과 유사한 정신적 각성을 불러일으키기에 충분한 것이었다. 그 힘이 겉으로 드러나는 데는 채 1년이 걸리지 않았으니, 바로 동학농민혁명운동이 그것이다. 그동안의 집회가 평화적인 시위였다면 동학농민혁명은 무기를 들고 관군과 일본군을 상대로 싸웠기 때문에 성격을 완전히 달리하는 운동이었다.

보은 취회를 해산한 후 사태를 관망하면서 각지에서 조직을 강화해 가던 동학교단 내부에서, 혁명의 기치를 앞장서서 치켜 든 것은 전라도 지역의 동학도들이었다. 고부 군수 조병갑의 극악한 탐학이 거사를 불러일으키는 1차적인 계기였다. 조병갑은 갖가지 명목으로 농민들을 수탈하고, 백성들의 원성이 쌓여만 갔다. 고부 접주 전봉준은 관내의 동학도와 농민들을 규합하여 1894년 1월 초순 고부 관아를 점거했다. 조병갑을 직접 징치하는 데는 실패했지만, 동학이 앞장서고 농민들이 호응하여 위력으로써 관의 적폐를 해소할 수 있다는 희망을 본 것은 큰 수확이었다. 일시 군중을 해산하였던 전봉준은 평소 교분을 깊숙이 가져왔던 김개남, 손화중, 최경선, 김덕명 등 전라도 지역의 대접주들과 회합하고 동학도들을 널리 규합하여 무장에서 본격적인 혁명의 기치를 내걸게 되었다. 다시 고부를 점령하고 인근의 백산성에서 혁명군을 더욱 대규모로 확대하고, 지도부를 조직하면서 혁명군의 진용을 완전히 편성하였다. 동학농민군은 관군을 상대로 가는 곳마다 승리를 거듭하면서, 드디어 전주성까지 점령하였다. 전라도의 수부(首府)인 전주성이 함락되자, 조선의 국왕과 대신들은 혼비백산하여 청나라에게 원군을 요청하였다. 이것은 조선의 운명을 크나큰 소용돌이로 몰고 가는 실착이 되고 말았다. 청국군의 파병을 빌미로, 일본군은 재빨리 대규모 군대를 조선 땅에 파병하며 조선의 내정을 간섭하기 시작했다. 일본군은 동학군의 제압은 물론이고, 조선에 대한 청나라의 영향력을 퇴거시키고 조선 땅을 자기들의 영향권 내에 두는 기회로 삼고자 하였다. 동학농민혁명 초기 해월은 신중론을 견지했지만, 일본군이 궁궐을 침탈하고 국권을 전횡하며 총구를 동학도인들에게 돌리는 상황에 이르자, 모든 동학도인들이 일제히 봉기하여 함께 싸우자는 총기포령을 내리게 되었다. 이제는 조선의 조정이 상대가 아니고, 일본군을 상대로 싸워야 한다는 현실을 직시하게 된 것이다. 아니, 한편으로는 가려져 있는 주적(主敵)인 외세-일본이 마침내 그 전모를 드러낸 것이기도 했다. 당시 세계정세는 어느 나라를 막론하고 '제국주의적 확장'의 주체가 되거나 그 먹잇감이 되어 제국주의 세력의 표적이 되거나 둘 중 하나가 되는 운명을 피할 수가 없었다. 조선역시 마찬가지였다. 동학이 직시한 것은 바로 이러한 세계정세 속에서 조선의 현실이었다. 더 이상 물러날 곳이 없는 운명적인 싸움을 마주하게 된 것이다. 슬픈 운명이었지만 나라와 백성을 구하고 세계적인 흐름을 역행해서라도, 광제창생이 실현되는 새 세상을 열기 위해 해월을 정점으로 하고, 전봉준과 손병희의 최전방(공주-우금치) 주력군으로 하는 동학군들은 무력(무기와 정보통신 등)의 열세를 오로지 후천개벽에 대한 열망과 혁명적 희망으로 버텼지만, 결국 우금치 전투를 고비로 급전직하의 국면을 맞이하게 되었다. 거듭되는 패전과 후퇴를 거듭하는 가운데서 해월과 손병희 등은 간신히 살아남았지만, 전봉준을 비롯한 전라도 지역의 동학군 지도자들과 수십만의 동학군들은 목숨을 잃거나 신분을 감추고 깊은 산협이나 섬으로 탈출하여 겨우 연명하는 처지에 이르고 말았다.

해월은 손병희 등의 부축을 받으며 충청도를 거쳐 다시 경기도 지역으로 진출하여 관의 추적을 따돌려 나갔다. 30대 후반에 스승으로부터 가르침을 받아 새로운 삶에 자신을 전부 던진 결과 이 땅의 민중들에게 개벽 세상의 희망을 일깨우고, 한울을 모신 존재로서의 각성을 심어준 데까지 이른 것은 위대하였지만, 결과가 많은 도인들과 사람들의 죽음으로 끝난다는 것이 너무나 애통한 일이었다.

그러나 해월은 좌절하고 후회하는 데 머물러 있는 대신에 개벽의 꿈을 더욱 굳건히 다지는 일에 나섰다. 먼저 해월은 "갑오 일(동학농민혁명)은 인사(人事)로 된 것이 아니요 천명으로 된 일"이므로 그 일에 앞장섰던 사람들을 원망하고, 일을 이 지경으로 만들었다며 한울을 원망하지만, "이후부터는 한울이 귀화하는 것을 보이어 원성이 없어지고 도리어 찬성"하게 될 것이라 예견하고 "갑오년과 같은 때가 되어 갑오년과 같은 일을 하면, 우리나라 일이 이로 말미암아 빛나게 되어 세계 인민의 정신을 불러일으킬 것"이라고 하였다. 나아가 해월은 동학이 끝끝내 세계에 널리 퍼지고 새로운 세상을 열어갈 것이라고까지 단언하였다.

"우리 도의 운수는 세상과 같이 돌아가는 것이니 나라 정치가 변하는 것도 또한 우리 도의 운수로 인한 것이니라. 우리 도도 이 운수를 당하여 한 번 변한 뒤에라야 반드시 크게 번영하리라. 우리 도의 이름과 주의를 멀지 아니하여 세계에 펴 날리고, 서울 장안에 크게 교당을 세우고, 주문 외우는 소리가 한울에 사무치리니, 이때를 지나야 현도라고 이르느니라. 이 뒤에 또 갑오년과 비슷한 일이 있으리니 외국 병마가 우리 강토 안에 몰려들어 싸우고 빼앗고 하리라. 이때를 당하여 잘 처변하면 현도가 쉬우나, 만일 잘 처변치 못하면 도리어 근심을 만나리라." (『해월신사법설』「吾道之運」)

5. 70대의 해월, 도를 전하고 순도하다

공자는 "70세에 이르러 나는 내 마음이 시키는 대로 행동을 하더라도 법칙에서 어긋나지 않았다"고 하였다. 인간 공자의 마음이 세상의 법칙이 된 순간이다. 60세에 도달한 이순(耳順)의 경지에서 나아가, 이제 인간이 도달할 수 있는 최고의 경지에 이르러, 성인의 풍모를 완성한 것이다. 생애 주기마다 도달한 어떠한 성취에도 머무르지 않고 나아가고 또 나아가 인욕을 초탈한 하늘마음의 소유자가 되었다고 할 수 있다. 그러나 공자를 따라 세상의 질서가 요순과 주공(周公)의 성대를 회복한 것은 아니었다. 마지막 순간까지 공자는 제자들을 가르치기를 멈추지 않았다.

동학농민혁명이 좌절된 이후 해월의 행보도 이와 유사한 점이 있다. 이제 자기 시대는 저물어 감을 예감하고 새 시대의 도법이 될 말씀을 마지막 순간까지 남기는 데 주력한 것이다. 먼저 '향아설위'의 가르침이다. '향아설위(向我設位)'는 제사 드리는 나 자신을 향하여 '신위(神位)' 즉 조상의 위패를 설치한다는 말이다. 유사 이래 제사 지내는 방법은 하늘이든 조상의 신위든 모두 나와 먼 '저쪽' 또는 벽 쪽에 설치하고 절을 하는 것이었다. 그러나 일찍이 수운이 시천주(侍天主)의 이치를 말하고 해월 또한 '사람이 곧 한울이고 한울이 곧 사람(人是天天是人)'이라고 하였다. 또한 한울님 섬기기를 부모님 섬기듯이 하라고 하였다. 이러한 이치를 토대로 해월은 "제사를 지낼 때 나를 향하여 위(位)를 베푸는 것이 옳다"고 선언하였다. 조상의 심령은 대대로 그 후손의 심령 속에 한울님과 더불어 모셔져 있다는 이치를 근거로, 조선 사회에서 가장 뿌리 깊은 제도적 장치인 제사의 개벽을 단행한 것이다. 사람의 마음은 곧 한울님의 마음이므로, 마음으로 조상을 생각하고 모시는 것은 곧 한울님에 의지하여 생각하고 모시는 것이다. 그러므로 자기 안에서 조상을 생각하는 한울님을 향하여 절을 하는 것이 진정한 제사가 된다. 향아설위는 동학의 모든 이치를 제도적으로 표현한 일대 혁명이요 개벽이었다.

다음으로 주목할 해월의 가르침은 경천(敬天), 경인(敬人), 경물(敬物)의 삼경(三敬) 사상이다. 삼경의 첫 번째 덕목인 경천에서 그 대상이 되는 한울은 허공에 계시는 상제가 아니고 자신이 모시고 있는 한울님을 말한다. 그러므로 경천은 두 번째 덕목 경인(敬人)에 의해서 실현될 수밖에 없다. 이 경천과 경인을 통해 시천주, 사인여천, 양천주 등 동학의 진리들이 다시 한번 철학적, 사상적, 종교적 정합성을 얻게 되고, 이 땅에 지상천국을 이룰 수 있는 터전을 마련한 것이다. 그러나 해월은 여기서 끝나서는 안 된다고 한다. 경천과 경인은 세 번째 덕목인 경물(敬物)에 이르러야 완성된다고 한 것이다. 사람만이 아니라 이 세상 만물이 모두 한울님을 모신 존재이므로, 경물이 빠지면 천지기화(天地氣化)가 이루어지지 못하여 결국은 시천주(侍天主) 자체가 성립되지 않기 때문이다. 앞에서 살펴보았듯이 시(侍)란 내유신령하고 외유기화하는 것을 온 세상 사람들이 한결같이 실행하는 각지불이를 통해서 이루어지는 이치가 바로 여기에 와 닿는 것이다. 이 삼경 사상은 오늘날 인류가 직면한 전 지구적 위기를 극복할 근본적인 이치를 담고 있다고 할 수 있다.

해월은 72세 되던 1898년 4월 5일, 스승인 수운이 동학을 창도한 그날에 관군에 체포되어 서울로 압송되었다. 한성감옥에 수감 중에는 옥바라지를 하던 제자들에게 돈 50냥을 차입하게 하여 떡을 사서 감옥에 있는 다른 제수들에게 나누어 먹이기도 했다. 백 마디 말, 천 마디 글보다 눈앞에 있는 타자를 한울님으로 받들고 밥(떡)으로 봉양하는 실천궁행으로 최후의 가르침을 대신한 것이다.

해월(海月), 바다를 빈 틈 없이 비추는 달처럼, 온 세상에 동학의 빛을 비추어 한울님을 기르고 한울 세상을 위해 큰 덕을 유감없이 펼쳤던 인류의 스승이 이렇게 돌아가셨다.

II.

해월 최시형의
이심치심 수련법 *

* 이 글은 『동양문화연구』 9집에 실렸던 것을 수정해서 재수록했다.

해월은 사람의 마음은 한울님 마음과 사람의 마음
의 두 측면이 있다고 했다. 한울님 마음은 너무나
크고 넓어서 무엇이라고 개념 정의를 할 수 없는
그 무엇이라고 했다. 그러나 한울마음에 따라 일
을 하면 현명하게 처리하고, 사물을 대할 때는 공
손하게 대할 줄도 안다고 했다. 반대로 인심은 잘
난 체하는 마음, 사치하는 마음, 탐욕하는 마음, 나
는 옳고 너는 틀렸다고 하는 마음 등으로 드러난
다고 했다. 해월은 본래 마음은 한울님 마음과 사
람의 마음이 둘이 아닌 하나라고 했다. 그러므로
한울님 마음을 가지고 사람의 마음을 잘 다스려야
사람은 한울사람으로서 살 수 있다고 했다.

1. 들어가는 말

　해월 최시형은 1827년 경주 황오리에서 태어났으며, 영일군 신광면 터일에서 성장하다가 결혼 후에는 그 인근의 마북리로 이사하였다. 가난한 농부의 집에서 태어난 해월은 6세 때 어머니가, 15세 때 아버지가 돌아가셨다. 해월은 당시의 지배적 학문이었던 유학이나 여타 학문을 체계적으로 접하고, 전념할 수는 없었다. 그러나 35세 때 경주에 명인이 나서 새로운 진리를 가르친다는 소식을 듣고 집에서 120리나 되는 경주 용담까지 가서 수운 최제우의 가르침을 받게 된다. 수운의 가르침을 받아 수련할 때는 한겨울에도 얼음을 깨고 목욕을 하면서 수련하였으며, 등잔불을 21일 간이나 밝혔는데도 기름이 졸지 않았다는 일화들은 해월의 용맹정진 과정을 잘 말해 준다. 이런 해월의 성실함 때문에 수운이 가장 신임하는 제자가 되었다. 결국 해월은 동학의 도통을 이어받게 되는데 그때가 1863년 8월 14일이다. 이때 수운은 해월에게 수심정기(守心正氣) 네 글자를 주면서 "오늘부터는 도운이 그대에게 돌아가고 도법이 그대에게 전해졌으니 그대 힘써 도중 모든 일을 발전시켜 나가 나의 뜻한 바를 어기지 말라"고 하였다. 그 날 이후 해월은 38년간 스승 수운의 가르침을 이 땅의 백성들에게 전하기 위해 49일 수련을 여러 차례 하고, 수운이 전한 글들을 경전으로 편찬 간행하기도 했다. 해월의 이러한 노력 때문에 수운의 가르침이 끊이지 않고 세상에 전해질 수 있었다. 동학의 가르침을 받은 사람들은 스스로 한울님을 모신 존재라는 사실과 백성이 주체가 되어 보국안민하고, 이 땅에 지상천국을 건설할 수 있다는 사실에 눈뜨게 되었다. 동학의 가르침, 동학교단의 만인평등의 전통에 감화된 민중들은 동학의 진리가 자신의 생명을 버리는 한이 있더라도 반드시 성취해야 할 고귀한 가치라는 데 대한 의지의 자각도 뒤따랐다. 이것이 현실로 나타난 것이 동학농민혁명이다.

지금까지 수운과 동학농민혁명에 대한 연구는 많이 나왔지만, 반면 38년 동안 동학사상을 현실 생활에 뿌리내리고, 농민들을 조직화하고, 백성의 집회로 정치화한 해월의 사상에 대한 연구는 많지 않았다. 해월에 대한 대표적인 연구는 오문환의『해월 최시형의 정치사상』(모시는사람들)과 다수의 필자들이 집필한『해월 최시형과 동학사상』(부산예대동학연구소)이다. 이 두 책에서는 해월의 사상이 수운의 사상을 어떻게 계승 발전시켰고, 해월이 어떻게 백성들을 교화하고 조직해서 동학농민혁명을 가능케 했는지를 상세하게 분석하고 있다. 그런데 위 두 책에서 언급은 되고 있지만 부족한 부분이 있었다. 그것은 해월은 구체적으로 어떠한 방법으로 공부를 했는가 하는 점이다.『해월최시형의 정치사상』에서 오문환은 '수심정기'와 '성·경'을 동학 공부의 구체적 방법으로 설명하고 있다. 일반적으로 동학의 수련법으로 이 두 가지를 제시한다. 이 장에서도 두 개념을 중심으로 접근하되, 실질적인 공부 방법을 좀 더 세밀하게 분석하고자 한다. 물론 필자도 연구논문 「동학의 수양론」(『유학연구』 20집)에서 최시형의 수련법을 구체적으로 제시한 적이 있다. 다만 그 논문에서는 수련의 주체인 마음에 대해서는 세밀하게 분석하지 못했다. 이 글에서는 수련의 주체인 마음에 대한 해월의 대표적인 법설인 이심치심(以心治心)을 핵심 텍스트로 해서 마음과 수련과의 관계를 체계적으로 분석하고자 한다. 먼저 마음에 대해 분석하고 다음에 구체적인 수련법에 대해서 서술하도록 하겠다.

2. 이심(以心)

1) 천심

해월이 본 인간은 몸과 마음으로 이루어진 존재이다. 해월은 몸은 마음이 거처하는 집이요, 마음은 몸의 주인이라고 설명한다. 그런데 마음은 그 근본은 하나이지만 그것을 쓰는 데 따라서 두 갈래로 나뉘는데 하나는 이심(以心)이고, 다른 하나는 치심(治心)이다. 이심은 이치에 합하고 기운에 화하여 한울님 마음을 거느린 것이고, 치심은 마음이 감정에 흘러 너그럽지 못하고 좁고 군색한 것이다. 다시 말하면 이심은 한울님 본래의 마음이라면 치심은 인욕(人慾)에 가려져 혼탁한 사람의 마음이다. 해월은 처음에는 한울마음이 욕심에 가려진 인심이 갈등하는 삶을 살았지만 수운을 만나고 공부를 한 후로는 한울마음을 잃지 않는 성인의 삶을 살았다. 해월이 어떻게 공부를 해서 성인의 삶을 살았는지 그 과정을 서술하기 전에 먼저 성인과 중생의 삶을 좌우하는 마음에 대해 알아보자. 우선 두 마음 중에서 주인 격인 한울마음을 살펴본다. 해월은 한울마음의 특징을 다음과 같이 언급하였다.

> 심령은 오직 한울이니 높아서 위가 없고 커서 끝이 없으며, 신령하고 호탕하며 일에 임하여 밝게 알고 물건을 대함에 공손하니라.(『해월신사법설』「수심정기」)

해월은 한울마음(=心靈)의 특징을 우선 높이와 크기로 설명한다. 한울마음보다 높은 것도 없고 큰 것도 없다는 것이다. 한울마음은 더 이상 높은 것이 없이 높고, 더 이상 큰 것이 없이 큰 것이기에 이 세상만물을 모두 담고, 살피지 않는 것이 없다. 이를 다르게는 '간섭하지 않음이 없고 명령하지 않음이 없다'고 하는데, 간섭과 명령은 곧 한울님이 만물을 생성하는 작용을 일컫는 말이기도 하다. 한울님이 만물을 모두 낳았기 때문에 한울님을 만물의 부모, 즉 천지부모(天地父母)라고 한다. 천지부모 한울님은 우리를 낳았을 뿐만 아니라 우리 안에 살아 계시면서 우리의 일동일정, 일호일흡까지 낱낱이 가능하게 하는 근본

원인이 되는 존재이다. 한울님의 모습은 보려 하나 보이지 아니하고, 들으려 하나 들리지 않는다. 그도 그럴 것이 그것을 볼 수 있을 만큼 큰 눈이 없으며, 그 소리를 들을 수 있을 만큼 큰 귀가 없기 때문이다. 사람은 보이는 것만을 볼 수 있고 들리는 것만을 들을 수 있기 때문에 한울님의 존재를 일상적으로는 실감할 수 없다. 실감하지 못하는 시간이 길어지면, 그 실존을 의심하게 된다. 한울님을 믿지 않게 되면 자연스레 내가 한울님을 모신 거룩한 존재라는 것도 의미 없게 된다. 결국 한울님을 잊고, 잃어버린 사람은 평범하다 못해 천지부모에게 불효하는 존재로 전락한다. 반대로 내가 한울님을 모신 존재임을 믿고, 공부를 통해 이를 알고, 느끼고, 마음으로 크고 기쁘게 체험하게 되면 성인이 되는 삶을 살아갈 수 있다. 해월은 스승의 가르침을 믿고 공부하여 자신이 모시고 있는 한울님을 깨달았기에 욕심에 흔들리지 않는 성인의 삶을 살 수 있었다. 그리고 세상 사람들에게도 이 진실을 알리고 이 세상에 그 말씀이 실현되도록 하기 위하여 정성을 다해 스승의 가르침을 펼치는 데 평생을 바친다.

또 해월에게 있어서 한울님은 마치 육신의 어머니가 어린 아기에게 젖을 주어 길러내듯이, 천지의 조화로서 오곡(五穀)이 생장하게 하여 사람과 만물을 길러내는 천지만물의 부모이다. 그러므로 사람은 한울님의 젖과 같은 오곡으로 지어낸 밥을 먹을 때 한울님께 고마운 마음을 아뢰는 '식고(食告)'의 예를 실천한다. 한울님께 식고하는 것이 한울님을 위하는 하나의 길이라면, 그중에 신령하여 자기 뜻을 표현하는 사람을 대하기를 한울님처럼 대하고 모시는 것은 또 다른 하나의 길이다. 그래서 해월은 서택순이라는 도인의 집에 들렀을 때 골방에서 '베를 짜고 있는 며느리'가 곧 한울님이요, 그 며느리가 베를 짜는 것은 한울님이 일하시는 것이라고 하였다. 이는 남녀 차별의 문화전통에 찌든 조선에서 여성의 지위를 고양시키는 여성해방, 고부 갈등이 만연한 당대 풍토에서 며느리를 재발견하는 존재 해방, 노동의 신성화를 선포하는 노동해방의 3중적 해방 선언이었다.

해월이 한울마음을 잊지 않고 또 잃어버리지 않으며, 나아가 그 마음을 기르는 방법 중 하나는 한순간도 쉬지 않는 한울님처럼, 언제 어디서든 무료하게 소일하지 않고, 일하고 또 일하는 몸가짐을 지켜나간 것이다. 짚신을 삼거나 노끈을 꼬거나 나무를 심거나…. 제자들이 쉬라고 하면 해월은 "한울님도 쉬지 않는데 사람이 한울님의 녹을 먹으면서 부지런하지 않는 것은 한울님의 뜻을 어기는 것"이라고 말하였다. 이것은 곧 해월이 육신이 가리키는 길을 따라가는 인욕(人慾)의 길 대신, 한울마음을 지키고 키워 나가는 이심치심의 수행을 일상생활 속에서 계속해 나가는 모습이다. 사람들이 하루하루 살아가는 생활 속에서 수련을 쌓는 모습이야 말로 해월이 스승(수운)의 도법을 창의적으로 계승한 대표적인 사례라 할 수 있다. 즉 스승 수운이 한울의 도를 열었다면 해월은 인간의 도를 열었고, 수운이 우주의 진리를 열어 보였다면 해월은 그 진리를 구체적 생활에 어떻게 구현할 것인가에 집중했다고 할 수 있다. 이런 일들이 가능했던 것은 당시에 관의 지목을 피해 다니면서도 49일 기도를 거듭하고, 또 일상생활에서도 언제나 한울마음을 실감하면서 그것을 지켜나간 덕택이었다. 다음 절에서는 해월이 생각하는 욕심, 즉 인욕에 가려진 인심을 살펴봄으로써, 어떻게 한울마음, 이심을 작동시켜 인심, 즉 치심을 다스려나갈지를 가늠해 보기로 한다.

2) 인심

앞에서 살펴보았듯이 해월은 한울마음을 체득해서 한울마음이 이끄는 대로 거룩한 삶을 살아가며, 그것을 세상 사람들에게 가르쳤다. 그러나 대부분의 보통 사람들이 한울마음을 기르는 수련을 익숙하게 하기란 쉬운 일은 아니다. 즉 보통 사람들은 한울마음이 삶의 주도권을 갖지 못하고 인욕에 가려진 인심으로 살아가게 마련이다. 동학이 지향하는바, 한울마음이 주도권을 행사하는 삶을 살기 위해서는 한울마음을 흔들리게 하는 욕심의 정체를 살펴볼 필요가 있다. 즉 한울마음으로 다스려 나가야 하는 인심의 정체를 알아야 올바른 수련을 하게 되고 동학의 이상적 인간상인 군자, 나아가 성인의 경지에 다다를 수 있게 된다. 해월이 예시하는 인욕에 구애된 인간의 유형 중 하나는 다음과 같다.

사람이 바로 한울이니 사람 섬기기를 한울같이 하라. 내 제군들을 보니 스스로 잘난 체 하는 자가 많으니 한심한 일이요, 도에서 이탈되는 사람도 이래서 생기니 슬픈 일이로다. (『해월신사법설』「대인접물」)

위에서 욕심은 스스로 잘난 체하는 마음으로 드러난다. 잘난체 하는 마음이 앞서기 때문에 다른 사람을 한울님처럼 섬길 수 없고, 그 결과 자신이 모시고 있는 한울마음도 체득하거나 발휘할 수 없게 되어 진리에서 멀어지는 것이다. 그러나 수련을 하여 한울마음을 길러 나가면 한울을 모실 수 있게 된다. 이렇게 모실 시(侍)의 근본을 찾아 가면 정할 정(定)의 근본과 알 지(知)의 근본도 알게 된다고 하였다. 결국 시정지(侍定知)에 능하게 되어 무위이화(無爲而化), 즉 억지로 하지 않아도 모든 일이 뜻과 같이 되는 경지에 도달한다. 동학에 입문하여 수련을 하면 초기에는 공부가 잘되어, 보통 사람들은 급작스럽게 스스로 높은 체, 아는 체, 강한 체 하는 이상에 사로잡히게 된다. 이것은 내 마음에 깊숙이 뿌리내리고 있던 인욕이 마지막 힘을 쥐어 짜내어 발현되는 과정이다. 그러나 사람이 이를 깨닫지 못하고, '체'하는 마음이 곧 한울마음이라고 착각하게 되면 공부하고 정진한 것의 몇 곱절로 후퇴하고 만다. 그러므로 수련이 잘 될수록 더욱 자신을 낮추어 정말 모든 잘난 체하는 마음이 스스로 없어질 때까지 더욱 조심하고 일용행사에 만전을 기하는 것이 이심치심의 중요한 과정이 된다. 해월 선생도 자신에게 이런 마음이 아예 없는 것이 아니라, 오직 '한울님을 내 마음에 기르지 못할까' 두려워하고 또 삼가 그것을 제거해 나간다고 하였다.

　다음으로 해월이 강조하는 마음은 '교만하고 사치하는 마음'이다. 이런 마음으로는 결코 도에 가까워질 수 없다고 한다.

　　다만 교만하고 사치한 마음을 길러 끝내 무엇을 하리오. 내가 본 사람
　　이 많으나 학을 좋아하는 사람을 아직 보지 못했노라. 겉으로 꾸며대
　　는 사람은 도에 멀고 진실한 사람이 도에 가까우니, 사람을 대하여 거
　　리낌이 없는 자라야 가히 도에 가깝다 이르리라.(『해월신사법설』「대인
　　접물」)

　여기서 '교만하고 사치하는 마음'이란 '학을 좋아하'기보다는 아는 체하고, 있는 체하고, 강한 체하는 마음과 태도이다. 그 사람은 겉으로 꾸며대어 진실하지 못한 사람이다. 일찍이 수운은 "안으로 불량하고 겉으로 꾸며내"는 사람을 '기천자(欺天者)' 즉 한울님을 속이는 사람이라고 하였다. 이럴 경우 사람들과의 관계는 좋아지기는커녕 점점 알 수 없는 큰 벽이 만들어진다. 자기의 실상을 과장하여 드러내는 것, 즉 과시(誇示)하는 만큼 속으로는 허무함이 커져 간다. 이런 사람일수록 문제의 원인이 안에 있음을 자각하지 못하고, 교만과 사치로 스스로를 꾸며내는 데로 질주한다. 그러나 돌아오는 것은 역시 사람들의 외면이거나 영혼 없는 대꾸일 뿐이다. 교만하고 사치한 마음으로는 다가갈수록 멀어질 뿐이다. 그러므로 해월이 "사람을 대할 때 거

리낌이 없어야 진실로 도에 가까운 사람"이라고 한 것이다.

인욕에 구애된 인심의 또 다른 유형은 시비지심(是非之心)과 탐욕지심(貪慾之心)이다. 해월은 「대인접물」에서 다음과 같이 말한다.

> 내 핏덩어리만이 아니니 어찌 시비하는 마음이 없으리오마는 만일 혈기를 내면 도를 상하므로 내 이것을 하지 아니하노라. 나도 오장이 있거니 어찌 탐욕하는 마음이 없으리오마는 내 이것을 하지 않는 것은 한울님을 봉양하는 까닭이니라.(『해월신사법설』「대인접물」)

사람은 육신을 가지고, 타인과 더불어 공동체를 이루며 살아가는 이상 옳고 그름을 가리는 상황에 언제나 노출되기 마련이다. 그러나 불가피하다고 해서, 그것을 길들이지 않아서는 안 되며, 길들이지 못할 일도 아니다. 이 또한 인욕을 제거하고 한울마음을 회복하는 데서 가능한 일이다. 다른 사람과 시비하는 마음은 나와 남을 갈라놓고 생각하는 마음을 앞세우는 데서 발생하는 것이다. 인간 세상에서는 옳고 그름이 존재하는 것이 현실이지만, 한울마음으로 돌아가 보면 시비(是非)이전에 모든 것은 대동소이(大同小異)로서 어울려 있다. 즉 옳고 그름이 '맞고 틀림'을 구분하는 데 급급한 반면, 한울마음에서는 '다름'을 보고, 그 다양성을 존중하는 데서 출발한다. 그러므로 일찍이 수운은 "만물은 각각 이룸이 있고 또 각각 형상이 있도다"(「불연기연」)라고 하였다. 그리고 그 각각이 모두 한울님 조화의 자취 아님이 없다.

그러므로 한울님을 내 마음에 기르고자 하는 사람은 한 번 움직이고 한 번 고요하며, 한 번 말하고 한 번 침묵하는 찰나에도 늘 삼가는 마음을 지키고자 하는 것이다.

탐욕 또한 사람인 이상 없을 수가 없다. '더 좋은, 더 많은, 더 큰, 더 높은 것'을 향하는 마음은 육신이 가리키는 방향을 따라가는 것이다. 재산이든 음식이든 사회적 지위든, 심지어 지식-지혜나 깨달음이 아니라-을 갈구하는 마음까지 인간인 이상 온전히 무(無)로 돌릴 수는 없다. 이러한 '탐욕'은 인간이 '생존'하는 데에 필수적인 요소이기도 하다. 그러나 문제는 탐욕은 생존의 출발점이자 멸망의 출발점이기도 하다는 것이다. 탐욕이 정도(正道)를 벗어나는 순간 그 독성은 스스로를 죽음의 길로 인도하게 마련이다. 해월은 내가 한울님을 모시고 봉양하는 존재임을 떠올림으로써 이러한 마음을 삼가라고 한다. 수운은 일찍이 "허물을 뉘우친 사람은 욕심이 석숭의 재물도 탐하지 아니"(「수덕문」)한다고 하였다. 허물을 뉘우친다는 것은 인욕에 가려져 한울마음을 잃고서 살아온 시간들을 참회하고, 한울마음을 회복하는 것을 말하는 것이다.

스스로 잘난 체하는 마음, 교만하고 사치하는 마음, 시비하는 마음, 탐욕의 마음 등은 모두 한울마음을 가리는 인욕에 구애된 인심이다. 인심과 천심은 본래 그 뿌리가 다른 것은 아니다. 다만 인심은 육신에서 비롯되는 인욕에 치우쳐 발휘되는 것이니, 우리가 수련하여 한울마음을 기르게 되면 사라지는 마음이다. 반대로 수련하지 않으면 욕심으로 가득 차는 것이 또한 우리의 마음이다. 이와 같이 겉으로 보기에 양면으로 존재하는 사람의 마음을 한울마음으로 변화시키는 것이 바로 수련이다.

3. 치심(治心)

1) 수심정기

이심(以心)에 대하여 치심(治心)은 인심에 끼어든 욕심을 제거하고 본래의 마음을 회복하는 과정이다. 이심치심은 일찍이 해월이 수운 선생으로부터 도통을 전해 받을 때 그 징표로서 받은 수심정기(守心正氣)의 연장선상에 있다. 여기서 '수심(守心)'의 의미는 욕심의 유혹과 침범을 물리치고 본래 모시고 있는 한울마음을 굳건하게 지키는 것이다. '정기(正氣)'는 한울마음을 지킴으로써 한울기운을 거스르지 않으면, 본래의 한울기운이 온전히 발현되는 것이다. 이는 수심에서 정기로 나아가는 방법이라면, 반대로 정기를 통해 수심으로 나아가는 방법도 있다. 몸가짐을 바르게 하는 것, 언행을 삼가는 것, 육신을 단련하여 나아가는 것으로부터 마음의 평정을 얻고 한울마음을 잘 지켜나갈 수 있게 되는 것이다. '수심정기'가 되면 어떤 상태가 되는지 다음과 같이 예를 들어 설명한다.

등불은 기름을 부은 뒤에라야 불빛이 환히 밝고, 거울은 수은을 칠한 뒤에라야 물건이 분명히 비치고, 그릇은 불에 녹아 단련된 뒤에라야 체질이 굳고 좋으며, 사람은 마음에 한울님의 가르침을 얻은 뒤에라야 뜻과 생각이 신령한 것이니라. (『해월신사법설』「수심정기」)

기름-등불, 수은-거울, 불+단련-그릇의 관계처럼, 한울님의 가르침은 사람의 뜻과 생각이 신령할 수 있는 근거라고 하였다. 네 가지 사례 모두 전자는 후자의 필수조건으로 제시된다. 그런데 차이점도 있다. 앞선 세 가지 사례는 양자가 분리되어도 각각 존재하지만 '한울님의 가르침'과 '사람의 뜻과 생각'의 관계는 필수조건을 넘어 동전의 양면 같은 것이다. 양자는 분리될 수 없는 것이다. 이 우주에 시간이 없으면 공간이 있을 수 없고, 공간이 없으면 시간 또한 존재하지 않는 것과 같다. 우주의 시공과의 차이점은 한울님의 가르침과 사람의 뜻과 생각 사이에는 인욕이 개재할 수 있다는 것이다. 물론 인욕 또한 한울마음과 본래 둘이 아니니 실질적으로는 끼어든 것이 아니지만, 인간의 의식 세계에서는 구분이 존재한다. 이때 둘 사이에 끼어든 인욕을 닦아 없애는 과정이 바로 수련이다. 사람은 어떻게 수련하면 한울님의 가르침을 얻어 뜻과 생각이 신령스럽게 될 수 있을까? 해월은 먼저 사람의 존재구조에 대해 밝히고 있다.

몸은 심령의 집이요 심령은 몸의 주인이니, 심령의 있음은 일신의 안

정이 되는 것이요, 욕념의 있음은 일신의 요란이 되는 것이니라. (『해
월신사법설』「수심정기」)

　해월은 사람을 몸과 심령의 두 영역이 결합된 존재로서, 몸은 심령
의 거주지요 심령은 몸에 거주하는 주인이라고 한다. 그런데 몸에는
'몸'을 안정시키는 심령 이외에 욕념도 있어서 '몸'이 어지러워지는 근
원이 된다고 하였다. 그런데 욕념은 어떻게 생길까? 해월은 인간의 감
각기관에서 생겨난다고 하였다. 인간의 몸에는 눈·코·귀·입·피
부 등의 감각기관을 통해 타자를 인식하고 또는 스스로를 표현하기도
한다. 그런데 이 감각기관 자체는 생각할 수 없기 때문에 대상에 접하
면 그 대상에 빠져 버린다. 한계를 모르는 그러한 성향 때문에 감각기
관은 인욕이 생성되는 기본 경로가 된다. 이러한 인욕을 이기고 일신
의 안정을 찾으려면 생각을 하는 주체인 심령으로 감각을 제어하는
수련을 해야 된다고 한다.

　생각을 하면 한울 이치를 얻을 것이요, 생각을 하지 않으면 많은 이치
를 얻지 못할 것이니, 심령이 생각하는 것이요, 육관으로 생각하는 것
이 아니니라. 심령으로 그 심령을 밝히면 현묘한 이치와 무궁한 조화
를 얻어 쓸 수 있으니, 쓰면 우주 사이에 차고 쓰지 않으면 한 쌀알 가
운데도 감추어지느니라. (『해월신사법설』「수심정기」)

해월은 심령으로 심령을 밝힘으로써 현묘한 이치와 무궁한 조화를 얻어 쓰게 되면 인욕을 떨칠 수 있다고 하였다. 이것이 바로 이심치심의 근본적인 뜻이다. 여기서 심령이 곧 한울이다.

심령은 오직 한울이니 높아서 위가 없고 커서 끝이 없으며, 신령하고 호탕하며 일에 임하여 밝게 알고 물건을 대함에 공손하니라. (『해월신사법설』「수심정기」)

한울인 심령은 비할 데 없이 높고 커서 그 형상을 묘사할 수 없다. 다만 그 작용은 나타나는데, 밝게 알고 공손히 응대하는 것이 곧 한울인 심령이 드러난 것이다. 이러한 심령이 인욕에 가려지지 않고 온전히 드러나게 하는 것이 바로 수심정기법이다.

그대들은 수심정기를 아는가. 능히 수심정기하는 법을 알면 성인 되기가 무엇이 어려울 것인가. 수심정기는 모든 어려운 가운데 제일 어려운 것이니라. 비록 잠잘 때라도 능히 다른 사람이 나가고 들어오는 것을 알고, 능히 다른 사람이 말하고 웃는 것을 들을 수 있어야 가히 수심정기라고 말할 수 있는 것이니라. (『해월신사법설』「수심정기」)

여기서 핵심은 항상 깨어 있는 것이다. 동학의 21자 수련의 핵심 요체는 결국 이 '깨어 있음'에 도달하고 유지하고, 자유자재하는 것이다.

수련 도중에 갖가지 체험과 이적은 모두 이 자유자재하는 마음의 경지에 도달하는 과정상의 경험들일 뿐이다. 수운이 동학을 창도할 때도 이 수련을 하였고, 동학 창도 이후에도 수련을 계속하고, 또 제자들에게도 21자 수문 수련을 핵심의 가르침으로 베풀었다. 해월 역시 수운으로부터 이 수련에 대한 가르침을 깊이 받았고, 동학의 최고 지도자가 된 이후에도, 여러 차례 수련회를 거행하거나 주최한다. 특히 49일 수련은 수운 선생 당시부터 도(道)의 기운을 바르게 하고 또 교도들을 정신적으로, 종교적으로 단련하기 위하여 행해 온 동학의 핵심적인 수행 제도이다. 49일 수련의 요체는 수운이 한울님으로부터 받은—혹은 한울님의 가르침에 따라 창제한—21자 주문을 외우는 것인데, 독공을 할 때는 하루에 2~3만 독씩을 읽었다고 한다. 이것은 하루 중에 잠자는 시간을 제외하고는 쉼 없이 주문에만 전념하였다는 것이 된다. 이러한 노력의 결과 심령이 밝아져서 더 이상 욕심에 의해 한울님 마음이 흔들리지 않게 되었다는 것이다. 욕심이 생기게 만드는 사람의 감각기관 자체가 심령의 명령에 따르는 수준에 이르게 된 것이다. 그 결과를 표현한 것이 잠을 잘 때에도 심령은 깨어 있는 경지가 된다는 것이다.

> 수심정기 하는 법은 효제온공(孝悌溫恭)이니 이 마음 보호하기를 갓난 아이 보호하는 것같이 하며, 늘 조용하여 성내는 마음이 일어나지 않게 하고, 늘 깨어 있어 혼미한 마음이 없게 함이 옳으니라.(『해월신사법

효도하는 마음, 어른을 공경하는 마음, 따듯한 마음, 공손히 하는 마음 등은 모두 공통적으로 나로부터 미루어 나와 관계하는 사람들로 나아가며, 그 모두가 나를 생존하고 생활하게 하는 존재의 연쇄임을 알고 정성을 다해 모시는 그 마음이다. 이것이 바로 한울마음이다. 해월은 이것을 두고 "21자 주문을 외워 심령, 즉 한울마음이 밝아지면 자신이 영원히 산다는 것을 알고, 또 남을 위하여 자신을 희생하는 마음이 생기는 경지에 이른다."(「삼경」)고 하였다. 영원히 산다는 것을 알면 죽음에 대한 두려움을 극복하고, 남을 위해 목숨을 버릴 수도 있게 된다. 현실 세계에서도 구구한 이해관계에 얽매이지 않아, 성내는 마음도 일어나지 않고, 혼미한 마음 역시 사라지게 된다. '이심치심'은 이 모든 과정을 한마디로 표현한 술어이다.

2) 이심치심

'이심치심'을 글자 그대로 풀이하면 '마음으로 마음을 다스리는 것'이다. 앞의 마음을 해월은 천심(天心)이라 했고, 뒤의 마음을 인심(人心)이라 했다. 즉 인심을 천심으로 다스리는 것이다. 인심은 인욕에 의해 천심이 가리어진 것으로 스스로 잘난 체하는 마음, 사치하는 마음, 시비지심, 탐욕지심 등으로 표현된다. 이런 마음은 모두 천심을 흔들리게 하는 마음이다. 해월은 "나도 이런 마음을 표현할 수 있지만, 한울님 마음을 기르는데 방해되기 때문에 이런 마음을 내지 않(으려고 수련을 하는)는 것이다."라고 했다. 반면 천심은 "비교할 수 없이 크고 비교할 수 없이 높아서, 인간적 수준에서 무엇이라고 모양을 규정할 수는 없지만, 일을 처리할 때는 밝게 알고, 사물을 대할 때는 공손할 줄 아는 마음"으로 드러난다고 하였다. 이렇게 말하면 마음이 천심과 인심의 두 종류인 것 같지만 사실은 하나의 뿌리에서 나온 것이다. 마음을 어떻게 쓰느냐에 따라 천심으로 순연히 드러나기도 하고, 인욕에 가려지고 더럽혀진 인심으로 발현되기도 하는 것이다. 이 관계는 다음과 같이 비유할 수도 있다.

> 같은 불이로되 그 사용에 의하여 선과 악이 생기고, 같은 물이로되 그 사용에 의하여 이로움과 해로움이 다름과 같이, 같은 마음이로되 마음이 이치에 합하여 마음이 화하고 기운이 화하게 되면 한울님 마음을 거느리게 되고, 마음이 감정에 흐르면 마음이 너그럽지 못하고 좁아 몹시 군색하여 모든 악한 행위가 여기서 생기는 것이니라. (『해월신사법설』「이심치심」)

해월이 천심 즉 한울마음과 인심 즉 욕심의 관계를 설명하는 방식은 수운에 비하여, 구체적이고 현실적이다. 해월이 이렇게 표현할 수 있었던 것은 그 자신이 오랫동안 평범한 민중으로서 살아왔기에 스스로 익숙하였기 때문이다. 나아가 일상의, 평범한 비유로 설명함으로써 일반 민중들이 이해하기 쉽도록 하기 위해서이다. 무엇보다 해월 자신이 자유자재로 표현할 수 있을 만큼 한울마음을 충분히 체득하고 있음을 보여주는 장면이기도 하다.

주문을 외워 마음이 편안하게 되면 한울님 마음이 자기 자신을 움직이는 주인이 된다. 그러면 사람의 욕심으로 점철된 인심은 겉으로 드러나지 않고 퇴화되어 간다. 수련하기 전에는 두 마음이 있는 것 같았는데 한울마음을 내 마음속의 주인으로 삼게 되면 인심은 물러나고 인심에서 나오는 악행 또한 멈추게 되고 화(禍)가 될 일도 복(福)으로 돌아오고, 재앙(災殃)이 변하여 경사(慶事)가 된다.

> 도 닦는 사람은 이심으로써 항상 치심을 억제하여 마차 부리는 사람이 용감한 말을 잘 거느림과 같이 그 사용함이 옳으면 화가 바뀌어 복이 되고, 재앙이 변하여 경사롭고 길하게 될 수 있느니라. (『해월신사법설』「이심치심」)

마차를 모는 사람이 용감한 말을 잘 조절하여 몰고 가면 원하는 목적지까지 아무런 사고 없이 갈 수 있다. 한울마음(以心)을 주인으로 삼아 인욕에 구애된 마음을 다스리는(治心) 것은 바로 이와 같은 일이다. 해월의 삶이 그 전범을 보여준다. 만약 스승을 만나지 못해 수련을 하지 않았더라면 해월은 이름 없는 범부의 삶을 살고 말았을 것이다. 다행히 스승을 만나서, 그 기회를 허송하지 않고 성심으로 수련을 하여 한울마음을 자신의 주인으로 모시고 살아감으로써 이 땅의 많은 사람에게 스승의 진리를 전하고 그 또한 인류의 스승으로 자리매김할 수 있었다. 이것은 해월의 복이고 경사이다. 수운이나 해월이나 고난의 일생을 살고 또 순도의 길을 걸었던 것을 생각하면, 복이라거나 경사라거나 길하다는 것은 세속적 기준만이 아니라 때로는 도(道)의 세계를 포괄하는 것임을 알 수 있다. 무엇보다 인류의 스승이 누리는 복이나 경사나 길함은 당신들 자신보다도 더 온 인류에게 복을 전하는 말씀이요 새 세상이 온다는 소식이라는 점이 중요하다. 해월이 수행한 수련법은 스승이 전해준 21자 주문을 성실하게 외우는 것이었다. 성실함의 기준이 모호하기 때문에 해월은 이를 쉽게 예를 들어 설명한다. 즉 '먼 길을 갈 때 중간에 길이 험하고 힘들더라도 포기하지 않고 나아가며' '우물을 팔 때 이제나저제나 초조해하다가 중간에 다른 데로 옮기지 않는 것처럼, 묵묵히 정진하는 것'(『해월신사법설』「기타」)이라고 하였다.

해월 역시 수도 과정에서 많은 어려움을 경험했다. 특히 수운 선생이 좌도난정률의 죄목으로 순도한 것을 시작으로 '이필제의 난'으로 수많은 인명이 살상되고 해월은 강원도 깊은 산중을 헤매는 신세가 되기도 했다. 이런 어려움 속에서도 더욱 자신을 단련하여 "사람만 한울님으로 섬기지 말고, 만물도 한울님으로 섬기라"고 말하는 인류의 스승으로 거듭난 것이다. 해월에 따르면 이 모든 것은 오직 내가 모시고 있는 한울님을 체득하고 체현하는 데서만이 가능하다.

근본을 알지 못하고 한갓 글 외우기만 하니 한심한 일이로다. 이 근본을 투철하게 안 뒤에라야 바로 한울을 안다고 이르리라. 무엇으로써 음양이 되었으며, 무엇으로써 귀신이 되었으며, 무엇으로써 조화가 되었으며, 무엇으로써 명이 되었으며, 무엇으로써 기운이 되었는가. 보였는데 보이지 아니하고 들렸는데 들리지 않는 데 이르러야 가히 도를 이루었다 할 것이요, 밖으로 접령하는 기운이 있음과 안으로 강화의 가르침이 있음을 확실히 투득해야 가히 덕을 세웠다 말할 것이니, 그렇지 못하면 탁명이나 하였다는 것을 면치 못할 것이니라. (『해월신사법설』「심령지령」)

해월은 수련을 통해 귀신·조화·명·기운의 주인인 한울님을 만나야 한다고 강조한다. 한울님을 만나는 것은 보였는데 보이지 아니하고, 들렸는데 들리지 아니한 경지에 이르는 것이다. 한마디로 감각의 한계를 초월하는 것이다. 이때를 일러 해월은 '도'를 이루었다고 말했다. 그리고 한 걸음 더 나아가 일찍이 수운이 '지기(至氣)'를 표현했듯이 '안으로 접령하는 기운과 밖으로 강화의 가르침을 받'는 경지에 도달해야 한다. 그렇게 되면 인심의 영역 즉 화내고 남과 비교하는 차원에서 초탈하여 자신의 실제가 한울님의 마음 즉 크고 밝아서 사물을 만나면 모르는 것이 없고, 사람을 대하면 공손하게 할 줄 아는 것임을 알게 되는 것이다. 이러한 경지를 일러 해월은 '덕을 세웠다(立德)'고 표현하였다. 접령이란 수운이 경험한 몸이 떨리며 한울님의 기운을 체득하는 것이요, 강화의 가르침은 한울님과 대화하는 것이자, 내 마음이 곧 네 마음인 경지에 도달하는 것이다. 이것은 수운이 시(侍) 자를 해설할 때 '안으로 신령(神靈)이 있고 밖으로 기화(氣化)가 있다'는 말과 통한다. 해월은 당시의 수련하는 사람들에게 이러한 모든 과정을 거쳐야 도를 이루고 덕을 실천할 수 있는 경지에 갈 수 있다고 말하고 있는 것이다. 그렇지 않고 수련하는 흉내만 내고 그럴듯하게 꾸미기만 하는 사람은 우연히 한울님을 만날 수는 있을지 모르지만 결코 한울님을 자신의 삶의 주인으로 모시지는 못한다. 해월은 한울님을 자신의 삶의 주인으로 모신 사람은 어떤 삶을 살아야 하는지도 구체적으로 제시한다.

> 경에 말씀하시기를 '안으로 강화(降話)의 가르침이 있다' 하였으니 강화는 즉 심령의 가르침이니라. 사람이 누가 강화의 가르침이 없으리오마는 오관(눈·귀·코·혀·몸)의 욕심이 슬기구멍을 가리웠는지라, 마음이 하루아침에 도를 환히 깨달으면 심령의 가르침을 분명하게 듣느니라. 그러나 강화도 아직 도에 이르지 못한 초보니라. 사람의 일어일묵(一語一黙)과 일동일정(一動一靜)이 다 그 법을 범하지 아니하여 강화의 가르침과 같아진 연후에야 가히 이르렀다 할 것이니라. (『해월신사법설』「기타」)

해월은 한울님을 자신의 삶의 주인으로 모신 사람의 경지를 '강화'를 받는 것으로 표현했다. 그것은 오관(五官), 즉 인간의 감각기관이 야기하는 욕심을 이겨낼 때 들을 수 있다. 그러나 '강화'도 '도'의 완성은 아니고 정말로 모든 말과 행동이 강화의 내용, 즉 한울님의 마음과 같아진 뒤에야 '도'를 완성하는 것이라고 한다. 실제로 한번 '강화'를 들었다고 해서, 즉 한울님을 한때 자신의 삶의 주인으로 모셨다고 해서 죽을 때까지 그렇게 살 수 있는 것은 아니다. 왜냐하면 사람에게는 언제나 '인심'이 함께 있는 법이므로, 그것은 항상 한울마음을 흔들리게 하기 때문이다. 그래서 일상생활의 일거수일투족(一擧手一投足) 일동정일어묵(一動靜一語默)에 늘 심고(心告; 한울님께 고함=한울님 마음을 회복함)로써 한울님 마음이 자신의 삶에 주인이 되게 하여, 법도에 맞는 말과 행동을 할 수 있을 때 진정으로 도가 완성되었다고 할 수 있다. 실제로 해월은 많은 사람의 생명이 걸려 있는 중요한 판단을 해야 할 경우에 바로 판단을 하여 말하지 않고, 수심정기(守心正氣)하는 수련과 명상을 통해 한울님의 강화의 가르침을 받아서 결단하고 행동했다. 이렇게 보면 해월은 언제 어디서나 항상 한울님과 함께하고 있다는 것을 알 수 있다.

4. 나가는 말

지금까지 해월의 마음과 수련법에 대해서 살펴보았다. 해월은 가난한 집에 태어나 불우한 처지에서 성장하였지만, 끊임없는 노력으로 한울님 마음을 회복하고 그 마음에 따라 살아가는 '한울사람'이 되고 민중들을 감화시키는 위대한 스승이 되었다. 이 글에서 해월 선생이 공부한 과정을 최대한 현실에 맞추어 살펴보았다. 해월은 사람의 마음은 한울님 마음과 사람의 마음 두 측면이 있다고 했다. 한울님 마음은 너무나 크고 넓어서 무엇이라고 개념 정의를 할 수 없는 그 무엇이라고 했다. 그러나 한울마음에 따라 일을 하면 현명하게 처리하고, 사물을 대할 때는 공손하게 대할 줄도 안다고 했다. 반대로 인심은 잘난 체하는 마음, 사치하는 마음, 탐욕하는 마음, 나는 옳고 너는 틀렸다고 하는 마음 등으로 드러난다고 했다. 해월은 본래 마음은 한울님 마음과 사람의 마음이 둘이 아닌 하나라고 했다. 그러므로 한울님 마음을 가지고 사람의 마음을 잘 다스려야 사람은 한울사람으로서 살 수 있다고 했다. 실제로 해월 자신은 관에 쫓겨서 동가식서가숙하며 도망을 다니면서도 제자들과 49일 수련을 여러 번 실행하는 등, 한울님 마음을 회복하고, 그 마음으로 살아가는 일에, 어떠한 고난에도 게으르지 않고 정성을 다했다.

해월의 마음공부도 역시 스승 수운이 전해준 21자 주문을 외는 것이다. 그것의 구체적인 경과는 '수심정기(守心正氣)'와 '이심치심(以心治心)'이다. '수심정기'는 사람의 욕심으로부터 한울님 마음을 지켜서 사람의 기운을 한울님 기운으로 변화시키는 것이고, '이심치심'은 한울님 마음으로 사람의 욕심(인심)을 다스리는 것이다. 이렇게 수련하면 해월은 '항상 깨어 있게' 된다고 했다.

해월은 역경을 이겨내고 이런 과정들을 이루어냈다. 삶의 매순간 다가오는 위기 상황에서 오히려 새로운 길을 찾아냈다. 이런 새로운 길은 다시 동학의 3대 스승 손병희에게 전해졌다.

III.

주자의 거경과
해월의 수심정기 비교*

---

* 이 글은 『유학연구』 25집에 실렸던 것을 수정하여 재수록했다.

유가에서는 사람과 기타 생물계의 차등 의식을 기본
으로 하며, 사람을 대함에 있어서도 나와의 혈족 관계
에서의 친소(親疎)의 정도에 따라 차이를 두어야 한
다는 생각에서부터 대인과 접물의 윤리를 구축한다.
그러나 해월을 포함한 동학의 대인접물은 경천과 경
인과 경물을 각각 말하되 궁극적으로는 그 셋이 하나
로 귀일된다는 점에서 근본적으로 다르다고 할 수 있
다. 또 하나 유가와 동학의 차이는 유가의 수양법은
궁리(窮理)가 거경(居敬) 못지않게 중요하게 여겨진
다는 것이다. … 유가의 수련법과 그 방법론들이 백성
일반을 대상으로 하기보다는 당시 지배층, 지식인 계
층에 국한되었던 것도 그 배경이 된다. 그러나 동학의
공부 방법은 당대의 민중들을 주 대상으로 하는 것이
기 때문에 오로지 21자 주문만으로도 만권시서에 값
하는 방법론을 제시했다는 점에서 유가의 수련 방법
과 차이점이 생기게 된다.

1. 들어가는 말

주자는 평생 관리로 지내면서 공부하는 것에 정성을 다하기를 쉬지 않아 동아시아 최고의 지성에 도달하였다. 그래서 그의 학문 성취는 후에 주자학이라 불리면서 동아시아 사상사의 거대한 근간으로 자리매김하게 되었다. 그러나 그가 평생 공부하여 후학들에게 강조한 내용을 한마디로 요약하면 '거경궁리(居敬窮理)'라고 할 수 있다. "마음을 경건하게 하며 이치를 궁구한다"는 뜻이다. 마음을 경건하게 한다는 것은 마음을 항상 깨어 있게 한다는 것이고, 이치를 궁구한다는 것은 만물의 이치를 연구한다는 것이다.

주자는 이러한 학문적 결론에 도달하는 과정에서 크게 두 개의 사건을 경유한다. 하나는 14세 때에 경험한 아버지의 죽음이다. 가장 민감한 시기에 주자는 아버지의 죽음을 경험하고 이를 극복하기 위해 불교 공부에 몰입하였다. 주자 당시에 유행하던 불교공부는 선불교의 간화선이었다. 대혜종고가 창시한 간화선은 특히 당시의 선비들에게 많은 영향력을 끼쳤다. 주자도 과거를 보러갈 때 가지고 간 책 중에 대혜종고가 당시 사대부들에게 가르침을 주기 위해 쓴 『서장』이라는 책이 있었다 한다. 대혜종고의 주된 가르침은 일을 하거나 하지 않거나 언제나 화두를 들라는 것이다. 화두에 집중해서 마음을 하나로 하여 정진하다 보면, 지혜를 얻게 된다는 것이다. 몇 개의 과정을 거치게 되지만, 근본적으로 주자의 거경 공부 철학은 이러한 불교의 간화선으로부터 유래하는 것이라고 볼 수 있다. 주자의 철학에 큰 영향을 끼친 또 하나의 사건은 주자를 불교로부터 벗어나게 한 스승 이동(李侗)과의 만남이었다. 주자는 이동을 24세 때에 처음 만났다. 주자가 불교 공부에 심취해 있을 때 스승은 불교 공부의 단점을 지적하여 주자가 다시 유학 공부로 돌아오는 계기를 제공했다. 이동은 불교 공부가 사람을 끄는 매력은 있지만 현실에 대한 방안은 너무도 허망하다고 비판했다. 이 세상 만물은 모두 자신만의 고유한 이치를 가지고 있는데 불교는 그 이치를 부정한다는 것이다. 주자는 그때 불교 공부에 몰입하여 스승의 이 말씀을 제대로 이해하지 못했다. 스승이 돌아가시고 난 다음에야 그 가르침을 이해하게 되면서, 주자는 일상생활에서 이치 공부를 병행하는 것의 중요성을 강조하게 된다. 이것이 바로 궁리(窮理)이다. 이렇게 해서 주자 철학의 두 축이 완성된 것이다. 주자는 이 두 가지 방법론을 가지고 평생 벗들과 혹은 제자들과 공부하고 토론하면서 방대한 학문적 결과물을 만들어 내었다. 대표적인 것이 『사서집주』(四書集註)이다. 특히 『대학』의 「성의」 장은 돌아가시기 전까지 수정을 거듭하여, 이후로 이에 버금갈 만한 것이 없으리라 자

부했다. 주자가 사서집주에 이토록 몰입한 이유는 무엇이었을까? 바로 유학의 하학이상달(下學而上達)의 공부법을 가르치려고 한 것이다. 선불교의 파격적인 깨달음보다는 일상적인 배움을 통해서도 얼마든지 최고의 깨달음을 얻을 수 있다고, 주자는 사서집주를 통해서 말하고 싶었던 것이다. 그래서 누구든지 이 책을 공부하면 형이상학의 깨달음을 얻어 성인의 삶을 살 수 있다는 것이다.

해월의 삶은 주자의 삶과 상당 부분이 차이가 난다. 글공부도 체계적으로 한 적이 없고, 스승 최제우를 만나기 전까지는 평범한 삶을 살았다. 그러나 스승 최제우를 만나면서 그의 삶은 획기전인 전환을 경험한다. 35세에 수운을 만난 해월은 수운의 가르침에 따라 진리를 얻기 위해 맹렬히 주문 공부에 몰입한다. 그 결과 여러 가지 이적도 경험하고, 스승의 인정도 받게 된다. 오로지 공부에 대한 그의 열정이 가져온 결과였다. 마침내 해월은 스승으로부터 동학의 법통을 이어받아, 스승의 뜻을 더 널리, 더 높이 펼치는 역할을 수행하게 된다. 동학에 입도한 후 38년 동안 끊임없이 관으로부터 쫓기면서도 49일 기도를 여러 번 실시하고, 스승의 가르침을 경전으로 펴냈으며, 동학농민혁명을 이끌어, 민중들에게 각성과 새 세계에 대한 비전을 제공한 것은 그의 업적의 중요한 부분이다.

주자의 공부 방법이 마음을 집중하는 일과 경전을 연구하는 일의 두 부분으로 나누어졌다면, 해월의 공부방법도 크게 보면 주문을 외우는 것과 스승이 남겨 놓은 글을 연구하는 두 부분으로 구성된다고 할 수 있다. 이런 유사점에도 불구하고, 가장 결정적인 차이는 해월의 공부 방법은 주문 공부가 모든 공부의 출발점이자 핵심이라는 점이다. 주문은 곧 '한울님을 위하는 글'로서 그의 스승인 수운이 한울님으로부터 받은 것, 혹은 한울님의 가르침을 집약하여 만들어낸 것이므로, 주문공부를 한다는 것은 곧 한울님을 공부의 정점에 두고 있다는 것이다. 동학의 한울님은 주자학의 리(理=性)와 같은 듯하지만, 그 영성(靈性=虛靈=神性)을 전제로 한다는 점이 결정적인 차이이다. 이러한 차이로부터 해월의 공부법은 주문공부를 통해 내가 모시고 있는 한울님의 뜻을 깨닫고 그 뜻대로 살아가면 그만이다. '만권시서'와 같은 유교 경전을 공부하는 것은 필수적이지도 않고 충분조건도 아니라는 것이다. 다만 주자의 공부 방법이나 해월의 공부 방법은 어느 것이나 사람들이 자기의 본성을 깨닫고 발현하여 스스로 지극한 경지에 도달하게 한다는 점에서, 궁극의 목표로 나아가는 방향성은 동일하다고 할 수 있다. 그러므로 이 두 공부 방법을 비교하는 것은 각각의 공부방법의 의의를 더욱 깊이 이해하고, 풍부하게 하는 데 도움이 될 것으로 생각한다.

2. 주자의 거경

1) 거경의 역할

주자학에서 거경(居敬)은 궁리(窮理)와 함께하는 개념으로 수양론에서 중요하게 취급되는 것이다. 거경의 기본적인 의미는 "경에 머무른다" 즉 "경의 상태를 유지한다"는 것이다. 관건이 되는 것은 '경'의 의미이다. '경'의 핵심은 '하나에 집중해서 다른 곳으로 흘러가지 않는다', 즉 주일무적(主一無適)이다. 이때, '무엇'을 하나에 집중하는 것이냐와, '하나'는 무엇이냐 하는 것이 관건이다. 우선 '하나에 집중하는 무엇'은 바로 '마음'이다. 마음이 이리저리 옮겨 다니지 않도록 하는 것이다. 눈에 보이지도 않는 마음은 어떻게 구성되어 있기에 도망가기도 하고 도망가지 않기도 하는가.

마음의 허령지각은 하나일 뿐인데 인심(人心)과 도심(道心)의 다름이 있다고 하는 것은, 혹은 형기의 사사로움에서 생겨나고 혹은 성명(性命)의 바름에서 근원하여 지각하는 것이 똑같지 않기 때문이다. 그러므로 혹은 위태로워 편안하지 못하고 혹은 미묘하여 보기 어려운 것이다. 그러나 사람은 이 형체를 가지고 있지 않은 사람이 없으므로 비록 상지(上智)라도 인심(人心)이 없을 수 없고, 또한 이 성품을 가지고 있지 않은 사람이 없으므로 비록 하우(下愚)라도 도심(道心)이 없을 수 없다. 인심과 도심 두 가지가 방촌(方寸)의 사이에 섞여 있어서 다스릴 방도를 알지 못하면 위태로운 것은 더욱 위태로워지고 미묘한 것은 더욱 미묘해져서 천리(天理)의 공(公)이 마침내 인욕(人欲)의 사사로움을 이기지 못할 것이다. (『중용장구서』)

주자에 따르면 사람은 성인(上智)이든 보통사람(下愚)이든 누구나 같은 마음을 가지고 있는데, 인심을 사용하느냐 아니면 도심을 사용하느냐에 따라 성인도 되고 보통사람도 된다는 것이다. 그럼 두 마음은 어떻게 만들어진 것이냐 하면, 인심은 형기(形氣)의 사사로움에서 만들어진 것이고, 도심은 본성(性命)의 바름에서 만들어진 것이라 한다. 형기의 사사로움은 인간의 감각기관이 만들어내는 것이다. 감각기관인 눈, 코, 입, 등은 생각할 수 없기 때문에 외부 사물을 보거나 냄새 맡거나 먹는 순간에 외부 사물에 끌려가 버린다. 이런 경우에 가만두면 조금 뒤에 자신이 행한 행동에 대해서 후회하게 된다. 이때 본성의 바름에서 비롯되는 도심이 주체적인 판단을 하여 감각기관을 제어할 수 있게 되면 바른 행동에서 벗어나지 않게 된다. 이 도심이 늘 내 마음에서 떠나지 않게 갖추고 있는 것이 '경에 머무름, 경을 유지함', 즉 거경이라 할 수 있다.

마음이 이와 같이 준비되었으면 다음에 할 일은 사물의 이치를 연구하는 '궁리(窮理)' 공부다. 궁리공부를 해야 하는 이유는 도심이 이끌어서 항상 외부 사물의 유혹에 넘어가지 않는 상태가 되었다 하더라도 세상 만물의 이치를 모르면 때에 알맞거나 혹은 대상(사람과 사물)에 따라 순하게, 즉 거스르지 않고 결에 따라 처변할 수는 없기 때문이다. 주자는 궁리공부법으로 '격물치지'를 제시했다.

근간에 시험 삼아 가만히 정자의 뜻을 취하여 보충하기를 다음과 같이 하였다. 이른바 지혜를 이룸이 사물을 접하는 데 있다고 한 것은 나의 지혜를 이루고자 하는 것은 사물에 접하여 그 이치를 궁구함에 있음을 말하는 것이다. 대개 사람의 마음의 신령함은 지혜를 소유하지 아니함이 없고 천하의 사물은 이치를 소유하지 아니함이 없으나 오직 이치에 있어서 아직 다 궁구하지 아니함이 있기 때문에 그 지혜가 다 이루어지지 아니함이 있는 것이다. 이 때문에 『대학』이 가르침을 시작함에 있어서 반드시 배우는 자로 하여금 모든 천하의 사물에 나아가서 그 이미 아는 이치로 인하여 더욱 궁구하여 그 극진한 데 이르는 것을 구하지 아니함이 없게 하는 것이다. 힘쓰는 것을 오래하여 하루아침에 활연히 관통하는 데 이르면 모든 사물의 바깥과 속, 정밀한 것과 거친 것이 이르지 아니함이 없고, 내 마음의 전체의 큰 씀이 밝지 아니한 것이 없을 것이니, 이것이 사물이 연구된다고 하는 것이며, 이것이 지혜의 이루어짐이라 하는 것이다. (『대학장구』「격물보전」)

주자 격물치지는 "사물에 나아가서(格物) 자신이 본래 가지고 있는 지혜를 완성하는 것(致知)"이다. 지혜를 완성하는 과정은 이미 아는 이치를 근거로 더욱 연구해서 사물의 핵심처에까지 이르는 것이다. 그렇게 되면 "사물의 바깥과 속, 정밀한 것과 거친" 부분까지 모두 알게 되어 자신의 마음이 커지고 밝아진다는 것이다. 주자가 주로 연구의 대상으로 삼은 사물은 광범위하지만 결국은 유교 경전으로 귀착되었다. 그중에서도 『사서』는 이전 학자들의 주(註)를 모아 집주(集註)를 만들어 사물을 연구하는 표본으로 제시했다. 주자는 사서 중에서도 『맹자』의 왕도정치(王道政治)를 정밀하게 연구하여 당시 어려움에 처해 있던 송나라 사람들에게 모두 함께 잘 살 수 있는 새로운 유형의 제도를 만들어낸다. 그 제도가 사창제도이다. 주자가 이 제도를 고안하게 된 과정은 이러하다.

1168년에 주자가 살았던 건녕 지방에 대기근이 닥쳤다. 그 지방의 지사는 고위 관료를 지내다가 은퇴한 유여우와 주자에게 지방의 유력 가문들을 설득하여 그들이 비축해 놓은 잉여 곡물을 기근으로 고통받는 사람들을 구제하기 위하여 싼 값에 팔게 해 보라고 권고했다. 주자와 유여우는 유력 가문들을 설득하여 많은 양의 곡물을 받게 되었다. 그래서 이 곡물들을 창고에 저장하여 기근에 빠진 사람들이 필요할 때마다 제공될 수 있도록 했다. 주자와 유여우는 지사에게 매년 농부들에게 곡물을 싼값에 팔거나 기근 때에는 무상으로 제공해야 한다고 제안하게 되었다. 나중에 두 사람은 곡물을 개인 창고에 저장함으로써 발생할 수 있는 문제점을 깨닫고, 지사에게 숭안현 오부리에 공용 곡물 창고(社倉)를 지을 것을 요청했다. 지사의 승인과 재정적인 도움으로 주자는 마을 사람 네 명을 시켜서 창고를 짓도록 했다. 1171년에 4개월의 공사를 거쳐 창고가 완성되었다. (『진영첩의 주자강의』)

주자가 공용 곡물창고인 사창을 짓게 된 계기는 그 지역에 닥친 대기근 때문이다. 주자는 백성들의 고통을 자신의 것으로 느끼는 사람이었기에, 유지들과 지사를 설득해서 마침내 백성들을 기근에서 구제할 수 있는 제도적 장치로서 사창을 짓게 된 것이다. 주자가 이런 일들을 하게 되는 근본적인 동력은 항상 경건한 마음으로 궁리함으로써 당시의 현실에 맞는 제도를 만들어 낼 수 있었던 덕분이었다.

2) 거경의 내용

하나로 하여 집중하는 것이 '마음'이라면, 다음으로 하나란 무엇이냐 하는 것이 문제가 된다. 다시, 주자의 언급을 살펴보자.

옛날에 귀머거리 악사가 시경을 암송했던 것은 바로잡고 경계한다는 뜻으로 언제나 그렇게 하였다. 곧 그가 커다란 소리로 암송하여 저절로 사람들이 그만두지 못하게 만들었다. 무릇 공부할 때는 반드시 긴장하며 반성해야 한다. 예컨대 서암화상은 날마다 '주인께서는 깨어 있습니까?'라고 묻고, 다시 스스로 '깨어 있습니다'라고 대답하였다.

오늘날 배우는 사람은 도리어 그렇지 않다. (『주자어류』「권12」)

주자가 예로 든 하나에 집중하는 방법은 두 가지가 있다. 하나는 유학적인 방법으로 시경의 구절을 암송하는 것이고, 둘은 불교적인 방법으로 서암화상의 '주인공을 부르는 방법'이다. 예를 들어 자기 자동차 보다 더 멋진 자동차를 보는 순간 시각에 현혹된 마음이 발생하고, 이것을 따라가다 보면 결국 비교하는 마음, 갖고자 하는 욕망, 부족함에 대한 갈급함에 시달리게 된다. 이럴 경우에 주자는 시경 구절을 외어서 그 마음을 털어버리거나, 주인이 심부름꾼을 불러 세우듯이 자동차를 따라가는 자기 마음을 불러 세워서 본래의 자리로 다시 돌아오게 한다. 이렇게 하면 마음은 오감에 휘둘려 휘청이지 않고 제자리에 있게 되는 것이다.

두 번째 방법으로 '상성성(常惺惺)'을 제시하였다. '상성성'이란 항상 마음을 또렷이 깨어 있게 하는 것이다. 주자의 설명이다.

사람의 본래 마음이 밝지 않으면 마치 잠자는 사람의 의식이 완전히 어두워져서 이 몸이 있는지 알지 못하는 것과 같다. 반드시 흔들어 깨워야 비로소 알게 된다. 마치 졸음이 밀려올 때 줄기차게 스스로 흔들어 깨우는 것과 같으니, 멈추지 않고 흔들어야만 마침내 깨울 수 있다. 내가 살펴보니 중요한 공부는 단지 흔들어 깨우는 데 있을 뿐이다. 그러나 이와 같은 공부는 반드시 몸소 경험하여 스스로 분명하게 이해

해야 한다. (『주자어류』「권12」)

주자가 사창제도를 만들어 많은 사람들을 구제할 수 있었던 것도 마음이 항상 깨어 있었던 덕분이다. 마음을 항상 깨어 있게 하기 위해서 주자가 제시한 방법 중의 하나가 흔들어 깨우는 것이다.

세 번째로 주자가 제시한 방법은 '기심수렴불용일물(其心收斂 不容 一物)'이다. 이 낱말의 뜻은 '(밖으로 치달으려고 하는) 마음을 거두어들여 (경 사이에) 한 물건도 수용하지 않는다'는 것이다. 여기서 중요한 것은 마음을 거두어들이는 공부이다. 다시 말하면 마음을 경에 머물게 하고, 흔들리지 않는 것이다. 마음이 경에 머물면 사특한 마음들이 비집고 들어올 여지가 없어지는 것이다. 주자는 마음을 거두어들이는 방법들을 다음과 같이 제시하고 있다.

윤씨가 "그 마음을 거두어들여 한 물건도 수용하지 않는다"는 말에 대해 질문하자 주자가 답하기를 "마음이 한 가지 일을 주로 하여 다른 일에 의해 어지러워지지 않는 것이 곧 한 물건도 수용하지 않는 것이다"라고 했다. 마음을 쓸 때 한 가지 일에 집중하게 되면 그 순간에는 다른 일이 내 마음을 어지럽게 할 수 없다. 바로 일이 있는 그 순간에 집중해야 한다. 걷고 있을 때는 마음이 곧 걷는 데 있을 뿐이며, 앉아 있을 때는 마음이 곧 앉는 데 있을 뿐이다. (『주자어류』「권17」)

주자가 제시한 마음을 거두어들이는 방법은 마음이 지금 내가 하고 있는 한 가지 일을 주로 하여 다른 일에 흔들리지 않는 것이었다. 다시 말해 지금 나에게 일어나는 일, 내가 일하는 그 순간에 집중하는 것이다. 이렇게 되면 다른 여러 가지 요소들이 외부에서 유혹을 하더라도 흔들리지 않게 되는 것이다.

주자는 거경의 방법으로 위의 세 가지 방법 외에 정좌(靜坐)를 제시했다. 하나에 집중하는 방법이 일이 있거나 없거나 모두 사용할 수 있는 방법이라면 정좌는 일이 없을 때에 주로 하는 거경공부법이다.

> 처음 공부할 때는 반드시 고요하게 앉아 있어야 한다. 고요하게 앉아 있으면 근본이 안정되니 비록 외물을 좇는 것을 피할 수는 없더라도 다시 내면으로 거두어들이면 여전히 편안히 머무를 수 있다. 비유컨대 집에 머무르는데 익숙해지면 외출했다가 집에 돌아왔을 때 곧 편안하다. 정처 없이 밖에 머물면서 전혀 공부하지 않으면 내면으로 거두어들이려고 하더라도 효과를 얻을 수 없다. (『주자어류』「권12」)

주자는 정좌(고요히 앉아 인심이 발하기 전의 상태를 체험함)는 처음 공부할 때 하는 것이라고 했다. 공부의 초보단계에 적합한 방법이고, 나중에는 버려야 하는 방법이라는 것이다. 주자는 천리를 체득해서 모든 일마다 알맞게 적용하기 위해서 공부를 한다고 했다. 천리를 체득하기 위해서는 인욕 즉 사람의 욕심을 이겨내는 것이 가장 급한 공부이다. 사람의 욕심을 이겨내기 위해서는 자신의 본성이 강력하게 드러나야 한다. 그것을 가장 빠르게 실현할 수 있는 것이 바로 정좌 공부이다. 그러나 정좌 공부에만 머물면 세상으로부터 멀어지는 폐단이 있기 때문에 본성을 체인하고 나면, 앉아 있는 상태를 고집해서는 안 된다고 보았다. 그러므로 위에서 언급한 하나에 집중해서 마음을 지키는 방법으로 나아가야 한다고 했다.

3. 해월의 수심정기

1) 수심정기의 역할

수심정기는 "마음의 근원(心源)을 맑게 하고 그 기운바다(氣海)를 깨끗이 하면 모든 먼지가 더럽히지 않고, 욕념이 생기지 않으면 천지의 정신이 전부 한 몸 안에 돌아오는 것이니라"(「守心正氣」)라고 하는 해월의 말씀에 그 의의가 잘 드러나 있다. 즉 마음을 맑게 하고 기운을 깨끗이 하면 천지의 정신을 내 몸 안에 두고 운용하는 경지에 이를 수 있다는 말씀이다.

등불은 기름을 부은 뒤에라야 불빛이 환히 밝고, 거울은 수은을 칠한 뒤에라야 물건이 분명히 비치고, 그릇은 불에 녹아 단련된 뒤에라야 체질이 굳고 좋으며, 사람은 마음에 한울님의 가르침을 얻은 뒤에라야 뜻과 생각이 신령한 것이니라. (『해월신사법설』「수심정기」)

등불, 거울, 그릇은 각기 그것이 온전히 기능하는 데 필요한 요소를 투입하거나, 단련(鍛鍊)을 거쳐야만, 그 본래의 쓰임새를 잘 구현할 수 있다. 마찬가지로 사람의 마음은 '한울님의 가르침'을 얻어야만 그 신령(神靈)함을 온전히 드러낼 수 있다. 마음에 한울님의 가르침을 얻는 방법이 바로 수심정기 수련이다. 어떻게 해서 그렇게 되는가. "몸은 심령의 집이요 심령은 몸의 주인"이므로 수심정기하여 심령이 온전히 몸의 주인 노릇을 하게 되면 일신이 안정하게 되고, 반대로 욕념에 끄들리며 살아가면, 몸이 고달프고 덩달아 마음마저 괴로움에 처하게 되는 것이다.

사람을 고달프게 하는 욕념은 어떻게 생길까? 해월은 인간의 오관이 그 원인이라고 말한다. 즉 사람이 가진 눈, 코, 귀, 입, 몸의 오감과 의지(意) 작용을 포함한 육관(六官)은 스스로 생각하는 것이 아니라, 사물을 보는 순간 본래 마음을 끌고 사물을 따라가 버린다. 그것이 욕념이다. 이런 욕념을 이기고 마음의 평화를 찾으려면 생각을 하는 주체인 심령으로 육관을 조절할 수 있어야 한다. 그것이 바로 수심정기 수련법이다.

생각을 하면 한울 이치를 얻을 것이요, 생각을 하지 않으면 많은 이치를 얻지 못할 것이니, 심령이 생각하는 것이요, 육관으로 생각하는 것이 아니니라. 심령으로 그 심령을 밝히면 현묘한 이치와 무궁한 조화를 얻어 쓸 수 있으니, 쓰면 우주 사이에 차고 쓰지 않으면 한 쌀알 가운데도 감추어지느니라. (『해월신사법설』「수심정기」)

해월은 수심정기하여 심령을 밝히면, 심령이 생각하는 그 힘이 육관의 욕념을 이기게 된다고 하였다. 그 심령은 곧 한울이어서 신령하고 호탕하며 이치에 밝고 대인접물에 공손하다.

심령은 오직 한울이니 높아서 위가 없고 커서 끝이 없으며, 신령하고 호탕하며 일에 임하여 밝게 알고 물건을 대함에 공손하니라. (『해월신사법설』「수심정기」)

이런 심령을 누구나 가지고 있지만 현실에서는 누구나 심령을 밝히며 살아가지 못하고 육관의 끄들림에 따라 욕념을 좇으며 살아간다. 이런 현실을 극복하는 방법이 바로 수심정기이다. 그러면 수심정기는 어떻게 하는가. 효제온공(孝悌溫恭)이 그 첩경이다.

수심정기 하는 법은 효(孝) 제(悌) 온(溫) 공(恭)이니 이 마음 보호하기를 갓난아이 보호하는 것같이 하며, 늘 조용하여 성내는 마음이 일어나지 않게 하고, 늘 깨어있어 혼미한 마음이 없게 함이 옳으니라. (『해월신사법설』「수심정기」)

해월이 「수심정기」편에서 이러한 설명을 하기까지 앞에서의 가르침을 참고로 할 때, 여기서 효(孝)는 부모님을 공경하고 한울님처럼 모시는 마음이라는 기본적인 뜻에서 나아가 천지부모인 한울님을 모시는 마음이자, 내 마음이 곧 한울이므로 내 마음을 편안하게 하는 것까지를 아우른다. 또한 제(悌) 아랫사람을 공경하고 자애롭게 대하는 따뜻한 마음으로 온 세상 사람을 한울님처럼 섬기는 마음이다. 또 온(溫)은 온 세상 사람과 생명공동체, 살림공동체로서 상부상조, 유무상자(有無相資)하며 살아가는 공동체 윤리라고 할 수 있다. 온은 '성내지 않는 마음'이기도 하므로 공동체 생활을 하는 데 있어서 역지사지하여 서로 이해하고 양보하는 태도가 기본이 됨을 알 수 있다. 공(恭)은 특히 사람과 사물을 대할 때 조심하고 또 공경하는 태도를 말한다. 이것을 해월은 다르게는 「삼경」으로 표현하고 있다. 경천(敬天), 경인(敬人), 경물(敬物)에서 경(敬)의 자세는 곧 공(恭)의 태도와 통하는 것이다. 공경하는 대상이 피상적으로 보면 세 가지이지만 모두가 '한울님' 하나로 꿰어져 있다는 점도 분명해진다. 한울과 사람과 사물을 연결하는 하나는 바로 한울님이다. 이것이 바로 수운 선생이 말씀하신 시천주(侍天主)의 본뜻이다. 이처럼 수심정기는 곧 시천주와 이어진다. 그러므로 수심정기의 수련법은 곧 21자 주문 수행을 통해 이루어짐을 알 수 있다.

해월이 이 시천주 사상을 자신의 것으로 체득하기 위해 평생 공부한 내용이 바로 스승이 전해준 21자 주문이다. 해월은 21자 주문공부를 통해서 자신은 물론 모든 만물이 한울님을 모시고 있다는 사실을 체득하게 되었다. 그래서 만물을 공경할 수밖에 없는 그 경지에 도달하게 된 것이다. 이런 점에서 삼경은 곧 수심정기하는 법이라고도 할 수 있다.

이러한 수심정기법은 사실 해월이 창안한 것은 아니다. 수심정기(守心正氣)는 일찍이 수운이 "인의예지는 옛 성인이 가르친 바요, 수심정기는 오직 내가 정한 것"이라고 하여, 동학의 핵심 심법(心法)으로 선언한 도법이다. 그런데 수운은 해월에게 도통을 전수할 때(1863.8.14) 바로 이 수심정기(守心正氣)를 전수하면서 "이제부터 도운이 그대(해월)에게 있다"고 하였다. 그러므로 수심정기 수련법을 해월의 수양론으로 제시하는 것도 틀린 것은 아니다. 무엇보다 해월은 이 수심정기의 요체와 요령을 당대의 민중들에게 생활 속에서 실천할 수 있는 사례들로 비유하여 설명하였음을 위에서 살펴보았다. 그리고 또한 해월에게서 심화되고 확장된 수심정기 수련법은 해월의 고유한 법설인 삼경설(三敬說) 속에서 더욱 확연하게 드러난다. 그러므로 이를 살펴보는 것은 매우 큰 의의가 있을 것이다.

2) 수심정기하는 법, 삼경

삼경의 첫 번째는 경천(敬天)이다. 해월은 경천(敬天)이 "선사(先師, 수운 선생)께서 처음 밝히신 도법"이며, 경천은 "진리를 사랑"하는 방법이라고 하였다. 그러나 이때 한울은 '빈 공중의 상제'가 아니라 곧 내 마음을 공경하는 것이다. 이것이 바로 수심(守心)의 의미이다. '마음을 지킨다'고 하는 것은 '마음(한울)을 공경한다'는 의미라는 것이다. 그럼 '마음으로서의 한울'의 작용은 무엇인가. 한울은 '영원한 생명'의 원천이요 주체다. 그러므로 경천함은 곧 물오동포(物吾同胞), 인오동포(人吾同胞)의 진리를 터득하고, 남을 위하고 세상을 위하는 마음이 생기게 되는 것이 바로 수심(守心)의 적극적이고 능동적인 의미이다. 이것은 나에게 있어서는 안심(安心)으로 돌아오고, 세상을 향해서는 안민(安民)으로 나아간다. 한울이 생명의 주체라는 점은 『해월신사법설』 「도결」 편에도 잘 나타난다.

> 한울님이 간섭하지 않으면 고요한 한 물건 덩어리니 이것을 죽었다고 하는 것이요, 한울님이 항상 간섭하면 지혜로운 한 영물이니 이것을 살았다고 말하는 것이라 사람의 일동일정이 어찌 한울님의 시키는 바가 아니겠는가. 부지런하고 부지런하여 힘써 행하면 한울님이 감동하고 땅이 응하여 감히 통하게 되는 것은 한울님이 아니고 무엇이리오.(『해월신사법설』「도결」)

해월은 위 글에서 한울님이 우리를 간섭하면 살아 있는 신령한 사람이 되고, 반대로 간섭하지 않으면 죽은 사람이 된다고 한다. 그래서 사람이 항상 한울님의 뜻대로 신령한 사람이 되기 위해서는 부지런히 힘써야 한다고 했다. 그것이 바로 수심(守心)이다.

삼경의 두 번째는 경인(敬人)이다. 이미 경천(敬天)의 의미에서도 드러났듯이, 한울은 사람의 마음이며, 그러므로 한울을 공경한다는 것은 곧 나와 더불어 살아가는 사람을 한울님처럼 모시는 것을 의미한다. 이것이 바로 경인(敬人)이며, 이런 의미에서 경인은 바로 정기(正氣)와 통하는 것이다. 왜 그러냐 하면 일찍이 수운 선생이 "모신다는 것은 안으로 신령함이 있고 밖으로 기화(氣化) 있어 온 세상 사람들이 각각 알아서 옮기지 못하는 것"이라고 했는데, 이때 기화의 대표적인 작용이 바로 세상 사람들과 더불어 살아가면서 일어나는 기운작용이라고 할 수 있다. 해월은 경천과 경인의 관계를 다음과 같이 분명히 제시하였다.

경천은 경인의 행위에 의지하여 사실로 그 효과가 나타나는 것이다. 경천만 있고 경인이 없으면 이는 농사의 이치는 알되 실지로 종자를 땅에 뿌리지 않는 행위와 같으니, 도 닦는 자 사람을 섬기되 한울과 같이 한 후에야 처음으로 바르게 도를 실행하는 사람이니라. (『해월신사법설』「삼경」)

경천에서 경인으로 나아가는 것은 내유신령이 외유기화와 상통하는 과정이다. 이것은 수심(守心)에서 정기(正氣)로 나아가는 것과 같은 경로를 걷는다. 그래서 해월은 내게 모셔진 한울만 찾아서 자기만 존귀한 존재인 줄 알고 다른 사람을 공경할 줄 모르는 사람을 농사의 이치는 알되 실지로 땅에 종자를 뿌리지 않는 사람과 같다고 했다. 한울을 공경하는 마음을 생활 속에서 실천하는 삶으로 연결해야 바른 삶이 되는 것이다. 내게서 나간 공경은 다시 공경으로 돌아온다. 그것이 가고 돌아오지 아니함이 없는 이치요, 기화(氣化)란 바로 그 오고감의 과정이다. 경천이 곧 수심이요 안심이라는 것도 여기서 다시 그 의미가 드러난다. 우리가 본래 마음을 지키지 못하고, 내 마음의 안정을 빼앗기는 것은 거의 모두가 다른 사람을 만나는 과정에서 일어난다. 다른 사람과 나를 비교하면서, 다른 사람과 뜻을 견주면서, 다른 사람과 경쟁하면서 심기(心氣)를 상하는 것이다. 그러므로 경인(敬人)에 철저한 것은 곧 수심과 정기를 아울러 수행하여 나아가는 것이다. 사인여천(事人如天)이라는 해월의 또 다른 가르침도 바로 경인과 경천을 아울러 표현한 말이라 할 수 있다.

> 도가에 사람이 오거든 사람이 왔다고 이르지 말고 한울님이 강림하였다 이르라 하였으니, 사람을 공경하지 아니하고 귀신을 공경하여 무슨 실효가 있겠는가. (『해월신사법설』「대인접물」)

일상적인 관계에서의 대인접물만이 아니라, 군자사람이 되고 성인의 경지로 나아가는 과정 전체가 대인접물에서 경천과 경인의 자세를 온전히 구현하는 것에 지나지 않음을, 해월은 다음과 같이 간절히 가르쳐 주었다.

> 성인은 세상 사람에게 항상 온화한 기운으로 덕성을 베풀어 훈육하나
> 니, 거듭 일러 친절히 가르치고 돌보고 돌보아 알아듣게 타이르고, 가
> 혹하게 꾸짖는 말씀을 입 밖에 내지 아니하느니라. (『해월신사법설』「성
> 인지덕화」)

　해월이 말한 성인의 삶의 자세가 바로 사람을 공경하는 구체적인
지침서가 될 수 있다. 온화한 기운으로 덕을 베풀어 사람을 기르고 상
대방의 이해가 늦더라도 화내지 말고 친절히 가르치고 알아듣게 타
이르라고 했다. 이것은 사람이 모두 한울님을 모시고 있으며, 사람 섬
기기를 한울님같이 한다는 마음과 기운이 갖추어지지 않으면 가능하
지 않다. 한울님 모심을 깨달아, 한울님 마음 그대로, 한울의 덕을 베
푸는 사람을 우리는 성인이라 한다. 해월이 말하는 성인의 삶이란 다
름 아닌, 경천과 경인을 온전히 실천하는 사람이라는 것을 알 수 있
다. 또한 수심정기하는 사람이 어떻게 살아가는지도 이 대목에서 알
수 있다. 수심정기란 정좌하여 수련하는 것만이 아니라 이처럼 살아
가는 가운데서 이루어지는 것임을 '삼경설'을 통해서 분명히 확인하게
된다. 해월이 이런 삶을 살았기에 가는 곳마다 사람들이 해월을 가까
이하고, 마침내 목숨을 바쳐서라도 이룩해야 할 가치가 있음을 깨달
아 한울사람이 되었던 것이다.

삼경의 세 번째이자 완성은 경물(敬物)이다. 경천이 수심의 일이요, 경인이 수심과 정기의 일이라면, 경물은 다시 정기함으로써 수심에 도달하는 도법이라 할 수 있다. 이렇게 수심-정기-수심으로 되먹임, 가고 다시 돌아옴의 순환지리의 마디에서 경물은 극치, 즉 하나의 정점을 이룬다고 하였다.

> 사람은 사람을 공경함으로써 도덕의 극치가 되지 못하고, 나아가 물을 공경함에까지 이르러야 천지기화의 덕에 합일될 수 있느니라. (『해월신사법설』「삼경」)

해월은 경물을 하여야 도덕의 극치가 되고 천지기화의 덕에 합일된다고 하였다. 여기서 도덕이란 'morality'가 아니라 '천도(天道)와 천덕(天德)'이다 한울님의 도와 한울님의 덕이라는 뜻이다. 또한 물(物)이란 경천과 경인의 덕목에서 언급된 부분을 제외한 '나를 둘러싸고 있는 모든 것'을 의미한다. 그리고 '천지기화의 덕에 합일'된다는 것이야말로 바로 정기(正氣)의 핵심이자 극치이기도 하다.

경물은 다음과 같은 대목에서 실감할 수 있다.

> 한 어린아이가 나막신을 신고 빠르게 앞을 지나니, 그 소리 땅을 울리어 놀라서 일어나 가슴을 어루만지며, 그 어린이의 나막신 소리에 내 가슴이 아프더라고 말했었노라. 땅을 소중히 여기기를 어머님의 살같이 하

라. 어머님의 살이 중한가 버선이 중한가. (『해월신사법설』「성경신」)

만물이 시천주 아님이 없으니 능히 이 이치를 알면 살생은 금치 아니
해도 자연히 금해지리라. 제비의 알을 깨치지 아니한 뒤에라야 봉황
이 와서 거동하고, 초목의 싹을 꺾지 아니한 뒤에라야 산림이 무성하
리라. (『해월신사법설』「대인접물」)

　이처럼 경물(敬物)은 외계(外界=世界)와 더불어 살아가는 데에서 지
켜야 하는 윤리(도와 덕)를 말해준다. 그러나 중요한 것은 수심과 정기
가 서로 오가고 서로 넘나드는 것처럼, 경물 속에는 경천과 경인이,
경천 속에는 경인과 경물이, 그리고 경인 속에는 경천과 경물이 서로
상즉상입(相卽相入)해 있음을 간과해서는 안 된다는 점이다. 그러므로
해월은 경천은 경인함으로써 성취되고, 경인은 경물에 이르러야 천지
기화에 합일된다고 말한 것이다.
　위 글처럼 해월이 땅을 어머님의 살처럼 소중히 여기고 제비의 알
과 초목을 살생하지 않을 수 있었던 것은 만물은 한울님을 모시고 있
는 소중한 존재라는 것을 체득했기 때문이다. 한울과 사람과 동식물
을 공경하라고 한 해월의 말씀은 결국은 하나의 뿌리에서 비롯되었다
는 것을 알 수 있다.
　그 하나는 바로 수운 선생이 물려준 '모든 만물은 한울님을 모시고
있다'는 21자 주문이다. 이 가르침을 해월은 잠시라도 놓지않고 주문

을 생각하고 또 생각해서 자신의 삶을 한울의 삶으로 변화시키고 동시에 민중들과 만물을 한울로 대접할줄 알았기에 동학혁명이라는 거대한 물줄기를 만들 수 있었던 것이다.

4. 거경궁리와 수심정기의 비교

주자의 거경궁리는 주자학의 수양법의 핵심이다. 그중 거경의 구체적인 방법 가운데 필자는 구체적으로 '주일무적(主一無適)'과 '상성성(常惺惺)' '기심수렴불용일물(其心收斂 不容一物)' 등이 중요하다고 보았고, 그에 이르는 기본적인 수련법으로 '정좌(靜坐)'도 살펴보았다. 해월의 수양론의 핵심은 수심정기(守心正氣) 법이라 할 수 있다. 이것은 해월 자신이 창안한 것이라기보다 스승인 수운으로부터 심법(心法)으로 전수받은 것이다. 해월은 이것을 구체화하고 일상생활 속의 사례들로 비유하여 당대의 민중들에게 제시한 것이다. 또한 경천 - 경인 - 경물의 삼경사상으로 이것을 더욱 확장하고 심화하여 가르쳐 주었다.

주자와 해월은 모두 하나에 집중하는 공부법을 통해서 자신의 마음을 항상 깨어있게 했다는 점에서 공통점을 찾아볼 수 있다. 물론 하나의 내용은 다르다. 물론 그 구체적인 접근 방법에 있어서는 합일될 수 없는 차이도 존재한다. 주자는 경전과 정좌에 머물렀다면, 해월은 경천-경인-경물이라고 하는 종교, 혹은 초(超)종교적인 경지로 나아갔다는 점에서 근본적인 차이가 있다고도 말할 수 있다. 필자는 그러한 차이점을 염두에 두면서도, 두 분 모두 사람과 만물이 모두 자기 안에 내재된 우주의 궁극적 진리를 구현함으로써, 한편으로는 편안함에 거하며, 한편으로는 진리를 구현하고, 마침내 성인에 이르고자 한 점에서는 같았다는 점을 강조하고 싶다.

그러나 범위를 동학 전체와 유가 전체로 확장해 보면 차이점이 더욱 뚜렷해진다. 주자학을 포함하는 유가의 대인-접물의 덕목은 이른바 '친친(親親)'의 이치에 따라 이루어진다.

> 군자가 만물에 대해서는 아끼기는 하지만 인의 덕으로 대하지는 않으며, 모든 사람에 대해서는 어진 마음으로 대하지만 내 핏줄처럼 친애하지는 않는다. 내 핏줄을 친애하면서 많은 사람을 어진 마음으로 대하고, 많은 사람을 어진 마음으로 대하면서 만물을 아끼게 된다. (『맹자』「진심 상」)

여기서 만물은 인간을 제외한 모든 생태환경을 가리킨다고 할 수 있다. 위에서 볼 수 있듯이 유가에서는 사람과 기타 생물계의 차등 의식을 기본으로 하며, 사람을 대함에 있어서도 나와의 혈족 관계에서 친소(親疏)의 정도에 따라 차이를 두어야 한다는 생각에서부터 대인과 접물의 윤리를 구축한다. 그러나 해월을 포함한 동학의 대인접물은 경천과 경인과 경물을 각각 말하되 궁극적으로는 그 셋이 하나로 귀일된다는 점에서 근본적으로 다르다고 할 수 있다.

또 하나 유가와 동학의 차이는 유가의 수양법은 궁리(窮理)가 거경 (居敬) 못지않게 중요하게 여겨진다는 것이다. 유가가 발생하던 당시의 조건도 그러하고, 주자에 의해 새롭게 집대성되어 주류적인 사상 체계가 되는 과정에서도 그러했듯이 유가는 당시 사회제도 체계에서 계급 관계를 유지하고 고착하는 데에 결정적인 기여를 하게 된다. 그 것이 이유가 경전 공부를 중심으로 하는 이 궁리(窮理)의 수련론을 강조하는 특성과 관련된다. 유가의 수련법과 그 방법론들이 백성 일반을 대상으로 하기보다는 당시 지배층, 지식인 계층에 국한되었던 것도 그 배경이 된다. 그러나 동학의 공부 방법은 당대의 민중들을 주 대상으로 하는 것이기 때문에 오로지 21자 주문만으로도 만권시서에 값하는 방법론을 제시했다는 점에서 유가의 수련 방법과 차이점이 생기게 된다.

이러한 시대적 특성을 이해할 때 우리는 오늘날 다시 주자학의 수련 방법과 동학의 수련 방법을 현재적으로 계승할 수 있는 길을 찾게 된다. 오늘날은 '독서'가 보편화되고, 또 어려운 한자로 된 원문이 아니더라도 유가의 경전을 접할 수 있게 되었다. 그러므로 유가의 거경은 물론 궁리 방법도 기본적인 의지만 있으면 어렵지 않게 접근할 수 있는 시대가 되었다. 반면에 오늘날은 읽을거리가 넘쳐나고 또 너무나 많은 정보들이 오히려 수심정기나 거경궁리를 방해하는 시대가 되고 말았다. 이러한 때에 동학의 수심, 주자학의 거경이나 정좌의 방법은 절실하고 절묘한 대안이 될 수 있을 것이다. 실제로 현대 사회에 들어 명상과 수련에 대한 관심과 참여가 서서히 높아지는 것을 볼 때, 주자학과 해월의 거경궁리, 수심정기의 수련법에 대해 폭넓은 이해와 실천적인 접근은 긴요한 과제가 될 수 있을 것이다. 그중에서도 해월이 제시한 수심정기의 구체적인 양상으로서 경천 - 경인 - 경물은 오늘날 하늘과 땅과 사람과 동식물 모두가 크나큰 위기에 직면한 상황에서, 이 세계의 위태로움을 극복하고 안심안도의 새 세계로 나아가는 중요한 공부 방법이라고 생각된다.

제3부

의암 손병희

: 세상을 더불어 살리다

Ⅰ. 의암 손병희는 어떻게 살았는가?

Ⅱ. 의암 손병희의 심성 수련법 연구

Ⅲ. 의암 손병희의 이신환성설 연구

하루는 춘암(박인호) 대도주를 불러 "나를 좀 일으
켜 주오."라고 하였다. 춘암과 간병자들이 어렵사
리 의암을 일으켜 자리에 앉히자, 이번에는 웃옷
을 걷어 내려 보라 하였다. 어깨가 드러나도록 웃
옷을 걷자 의암은 춘암을 돌아보며 말했다. "춘암!
내 어깨를 좀 보시오! 어떻소? 보통 사람의 어깨와
다르지요? … 춘암도 잘 알지만 내가 20년 가까이
해월 선생님을 모시면서 가마 앞채를 혼자 메었
소. 나도 사람인지라 힘인들 왜 들지 않았겠소? 아
직 굳은살이 풀리지 않았을 것이오." 그 굳은살은
의암의 해월에 대한 마음이기도 하고, 동학-천도
교가 걸어온 지난 역사의 상징이기도 했다.

I.

의암 손병희는
어떻게 살았는가?*

* 이 글은 「의암 손병희의 사상과 마음수양」에 실렸던 것을 수정해서 재수록했다.

"지금 같이 혼란한 인심을 어떤 방법으로 어느 시기에나 안정시킬 수 있을까요?" 답하시기를 "우리 도는 후천 개벽의 도인지라 후천개벽은 인심개벽으로부터 시작되는 것이요, 인심개벽은 정신개벽으로부터 시작되는 것이니, 정신개벽은 우리가 지금 하고 있는 천도 그것을 잘 실천하는 데 있는 것입니다."라고 대답했다. 의암의 천도에 대한 확실한 믿음은 새로운 세상으로 나아가는 근본적인 힘이었다.

1. 의기 남아로 자라나다

의암 손병희는 1861년 4월 8일 충청도 청주군 북이면 대주리에서 탄생하였다. 아버지는 손의조(孫懿祖 · 斗興)로 청주 세대 서리 집안이요, 어머니는 경주 최씨로 손의조의 둘째 부인이었다. 선생은 자라면서부터 적자-서자의 차별 대우에 불만이 컸고 자연 양반-상놈의 신분 차별에도 의구심을 가졌다. 아홉 살 때 '사람은 다 같은 사람인데 왜 양반 상놈과 적자 서자의 차별이 있나? 더구나 서자도 같은 아버지의 아들이 아닌가?' 하는 의문이 생기자 이 문제를 해결할 때까지 아버지를 아버지로 부르지 않기로 결심한 이래, 결국 부친이 돌아가실 때까지 '아버지'라 부르지 않았다. 15세에 혼인을 하게 되었는데, 신부의 부친이 선생은 마음에 들었지만 출신이 서자라서 거절하고 말았다. 선생은 그 소리를 듣고 지름길로 달려가 그 앞길을 가로막고 "선을 보아 놓고 왜 그냥 가느냐. 선 본 값이라도 내놓으시라."고 으름장을 놓았다. 결국 선생은 그 댁 규수와 결혼하니 신부는 곽 씨이고 선생보다 세 살 연상이었다. 어느 해 문중시향에서 선생은 큰일을 일으키고 만다. 서자이기 때문에 시향에 참여할 수 없다는 문중 어른들의 말에 의암은 집에 가 삽을 들고 와서 불문곡직 묘를 파기 시작했다. 제를 지내던 사람들이 몰려와 제지하자, "내게도 손씨 피가 흐르는 건 분명하니, 조상의 뼈를 내 몫만큼 가져가 묘를 만들어 제사를 지내겠다"고 했다. 문중 어른들은 할 수 없이 제사 참례를 허락했다.

20세 때는 충청도 음성 땅을 지나가는데 전염병이 돌아서 마을에 피해 입지 않은 집이 없었고, 한 집은 식구가 모두 죽어 시신이 널브러져 있었다. 선생은 "산 사람이 죽은 사람을 무서워해서야 되겠습니까?" 하며 시신을 거두어 장사 지내 주었다. 21세 때, 고향에서 사십 리 정도 떨어져 있는 초정약수 터에 갔을 때 일이다. 약수를 마시려고 줄을 서는데 앞에서 사람들이 수군거리고 있었다. 사연인즉, 양반 두 사람이 약수터를 차지하고서 놀고 있어서, 줄 선 사람들이 약수를 마실 수가 없는 것이었다. 선생은 대뜸 앞으로 나아가서 "약수 마시는 데에 양반 상놈 구별이 무에 필요 있는가?"라며 큰소리쳤다. 당사자가 의암 선생(당시 이름 손응구)인 줄 알고는 화들짝 놀라 도망가고 말았다. 이렇게 된 것은 이미 선생의 기개가 그 일대에 널리 알려져 있었기 때문이다.

2. 새 시대의 동학 청년이 되다

1882년, 선생이 22세 되는 해 어느 날 연상인 조카 손천민이 선생을 찾아왔다. 손천민은 훗날 손병희와 더불어 동학 교단의 중추적 역할을 하는 인물 중의 한 사람이다. 손천민은 의암에게 '동학'에 입도할 것을 권유하였다. 선생은 "동학을 하면 좋은 것이 무엇입니까?"라고 물었다. 손천민은 "동학을 하면 삼재팔난을 면할 수 있습니다."라고 했다. 그런데 선생은 뜻밖의 반응을 보였다. "흥! 삼재팔난을 면하고 살아서는 무엇하오! 나는 어서 삼재팔난이 오기를 기다리는 사람이오! 이놈의 세상이 한번 뒤집혀서 잘난 놈, 못난 놈, 할 것 없이 모두 뒤집혀 죽는 꼴을 봤으면 내 속이 시원하겠오!"라고 했다. 뜻밖의 대답에 놀란 손천민은 물러났다가, 그 며칠 후 다시 손병희를 찾아, 이번에는 동학의 가르침의 본령을 직접적으로 설명하였다. "동학은 무엇보다 사람 섬기기를 하늘 같이 하고, 하늘 모시기를 아버지 같이 하는 것입니다. 사람을 하늘같이 섬기는데, 사람 사람끼리야 무슨 차별을 두겠습니까?" 선생이 생각을 하면서 침묵을 지키자 손천민이 말을 이어갔다. "사람이 사람 대하기를 평등으로서 한 뒤에라야 태평세월이 됩니다! 우선 사람부터 평등으로 대하면 앞날 살기 좋은 세상을 만들자는 것입니다! 반상이나 적서의 차별은 물론이고, 빈부 · 귀천 · 남녀 · 노소 할 것 없이 일체 사람은 남을 업신여기거나 또는 멸시를 당하지 않는 세상을 새롭게 만들자는 것입니다. 동학의 목적이 곧 보국안민 · 포덕천하 · 광제창생입니다. 숙부는 그런 세상이 그립지 아니합니까?" 선생은 이 말을 듣고 "조카님! 왜 진작 그렇게 이야기를 하지 않았소? 오늘 이야기 듣고 보니 정말 사내대장부로서 한번 해 볼 만하오. 나도 입도하겠소."라고 했다. 그날로 동학에 입도한 후 선생은 언제나 함께하던 술과 담배는 물론 투전잡기와 난류배의 교제를 일체 끊고, 방에 들어앉아 매일 같이 주문 삼만 독을 외우는 수련을 했다.

동학 주문은 모두 21자인데, 삼만 독을 외우려면 거의 잠자는 시간을 빼놓고는 오로지 주문에 집중해야 외울 수 있는 것이다. 의암이 하도 열심히 수련을 하니, 주위에서 빨리 동학 선생(해월)을 만나보라고 권했다. 그러나 의암은 "도에 들어온 지 오래되지 않아 옛 습성을 벗지 못하였기 때문에 아직 선생을 만날 수 없다고 했다." 의암 선생이 2대 스승 해월 선생을 처음 만난 때는 입교 후 2년이 지난 1884년 봄이었다. 해월 선생은 의암을 만난 후 다음과 같이 말했다. "도에 드는 이가 많으나 도를 통할 만한 사람이 적은 것을 한탄하였네. 그대는 열심히 공부하여 대도의 일꾼 되기를 스스로 결심하게." 그러자 의암이 '도통하는 법'을 묻자 해월 선생은 "그대는 이제부터 3년을 작정하고, 주문을 정성으로 외우라."고 했다. 의암 선생은 이 말씀을 듣고 집에 와서는 매일같이 짚신 두 켤레를 삼고 주문 삼만 독을 외우는 것을 일과로 삼았다.

그해 10월 의암은 해월 선생을 따라 공주 가섭사 사자암에서 49일 기도를 했다. 수련 중에 있었던 일이다. 하루는 해월 선생이 의암을 부르더니 "아궁이 솥을 뜯어 다시 걸라."고 했다. 밥을 해 먹기 위해 흙을 반죽하여 임시 부엌을 만들어 솥을 걸어 놓았는데 이것을 뜯어서 다시 만들라는 것이다. 의암은 선생이 시키는 대로 아궁이를 고치고 솥을 다시 걸었다. 해월 선생은 "솥이 이렇게 깊이 묻히면 쓰겠나? 다시 걸어!" 하였다. 의암 선생은 아무 소리 않고 솥을 다시 걸었다. 그런데 이번에는 "솥을 방정하게 걸어야지, 한쪽으로 기울어져서 쓰겠나." 하며 다시 걸라고 했다. 이렇게 해서 다시 걸기를 일곱 번 더 하고 난 뒤에야 비로소 해월 선생은 빙그레 웃었다. 그날 이후로도 의암은 해월 선생의 말을 어김없이 이행했고, 해월은 의암이 어떤 일을 하건 두 번 고쳐 말하지 않았다.

의암의 공부가 날이 갈수록 깊어지면서 동학 교단 내에서도 주목받는 지도자가 되어갔다. 1887년에는 해월 선생이 부인을 잃고 홀로되자 선생은 26세의 과부인 누이동생으로 하여금 해월 선생을 시봉하도록 했다. 1892년에는 동학의 세력이 커지자 해월 선생은 제자들과 의논해서 공주와 삼례에서 잇달아 대규모의 집회를 열었다. 요구사항은 억울하게 돌아가신 스승의 원한을 풀어달라는 것과 신앙의 자유를 달라는 것, 동학도인들을 괴롭히지 말라는 것이었다. 이에 대해 관찰사들은 "지방관이어서 국금(國禁)인 동학에 관해 처결할 수 없다"고 하므로, 1893년 초에는 한양으로 경복궁 정문(광화문) 앞에서 상소문을 받쳐 들고 3일 밤낮을 엎드려 그 뜻을 받아 줄 것을 청하였다. 고종의 비답이 있었지만, 동학도들이 원하는 내용과는 거리가 멀었다. 그러자 이번에는 훨씬 더 많은 동학도들을 충청도 보은에 모아 들였다. 근 3만여 명의 동학도들은 "척왜양창의"라고 하는 좀 더 큰 요구사항을 내걸고 국가의 위기 극복에 나서는 쪽으로 운동 노선을 전개하였다. 이런 모든 운동 과정에 의암은 다른 제자들과 함께 해월 선생을 보필하며 적극 참여하였다. 1892년부터 1년여에 걸친 대규모 시위 운동에서 동학도인들은 일관되게 비폭력 노선을 견지했다. 이것은 또 다른 의미에서 그 이후 3.1운동으로 계승되는 근원적인 운동 방식이기도 했다. 그러나 한편, 세계적인 요동 속에서 전개되는 전 지구적 차원의 역사는 동학 교단에게 새로운 대응을 요구하고 있었다. 그 물결이 해월 선생과 의암 앞에 다가온 것이 바로 1894년에 일어난 동학농민혁명이다.

1894년, 그해 의암의 나이는 서른넷! 당당한 청년 동학 지도자가 등장하는 역사의 현장이었다.

3. 백천간두에 선 동학을 짊어지다

동학농민혁명이 일어난 이유는 여러 가지로 설명할 수 있지만, 직접적인(가장 중요하고 근본적인 원인은 아닌) 계기는 고부 군수 조병갑의 학정 때문이다. 조병갑은 백성들에게 황무지를 개간하여 농사지어 먹으라 하고는 추수기가 되면 세금을 걷고(당시 법적으로 개간지에는 일정 햇수 동안 세금 면제), 백성들을 잡아다가 음행, 잡기 등의 무고한 죄목을 붙여 속전(贖錢-죄를 면해주는 대가로 내는 돈)을 받아 착복하고, 일찍이 태인 군수 부친의 공덕비를 세운다고 강제로 돈을 모았으며, 대동미를 상급미로 거두어 들여 하급미를 조정에 올려 보내서 그 차액을 착복하고, 본래 있는 민보 아래 만석보를 쌓고는 수세를 늑징(勒徵;

억지로 거두어 들임)하는 등 온갖 구실로 백성들의 고혈을 착취했다. 이 같은 탐학에 견디다 못한 고부 군민들은 동학접주 전봉준의 부친(전창혁) 등을 소두로 하여 처음에는 온건하게 대응하였다. 그러나 조병갑은 오불관언에, 오히려 전창혁에게 물고(物故; 죄를 물어 매질을 하던 중에 죽게 만듦)를 내고 말았다. 참아오던 울분을 터뜨렸다. 처음에는 온건하게 저항했다. 갑오년, 1894년 1월 10일 닭 우는 첫 새벽을 기하여 말목장터에 동학도와 농민 천여 명이 죽창을 들고 모여 고부 군수 조병갑을 잡기 위해 관아로 진격하였다. 이날 이후 우여곡절을 거치지만, 결국 3월 25일경, 동학접주들이 주축이 되어 동학도들을 규합하고 농민들도 대거 가세하여 무장에서 포고문을 반포하고, 백산으로 이동하여 혁명군의 체제를 편성하였다. 동학군은 황토현과 장성(황룡천) 전투 등에서 연전연승하고 전주의 수부(首部)인 전주성까지 점령하고는 추격해온 관군 정예병과 일진일퇴를 거듭하고 있었다. 이때 한양의 조정은 청나라에 구원의 손길을 내밀었다. 그러나 이것이 일본군이 조선땅에 진주하는 빌미가 되었다. 동학군은 전략을 수정하여 관군과 평화협정(전주화약)을 맺고 일시 해산하여, 일본군과 청군이 철군해야 하는 환경을 조성하였다. 그러는 한편으로 전라도 일대에 민정기관인 집강소를 설치하여 적폐 청산과 개혁 정책을 실시해 나갔다. 이것은 우리나라 역사에서 백성들이 스스로 주인이 되어 정치를 시행한 최초의 사건이었다. 그러나 동학군이 해산했음에도 불구하고, 일본은 본격적으로 한반도를 자기의 세력권 하에 복속시키고자 청일전쟁을 도발하고, 청국군을 한반도 밖으로 몰아내는 한편, 동학농민군에 대한 대대적인 토벌작전에 돌입했다. 그동안 폭력 혁명에 소극적이었던 법헌(法軒-동학교단의 최고지도자) 해월 선생은 더 이상 물러설 곳이 없다는 것을 알고 손병희를 중심으로 충청 지역 동학교도와 경상도 등 삼남 일대는 물론 전국의 동학도들이 호남의 동학농민군과 합세, 일제히 궐기하여 왜적을 물리칠 것을 명령하였다. 손병희가 인솔하는 충청도와 경기도 지역 동학도는 논산에서 전봉준이 이끌고 온 호남 지역의 동학군들과 합세하여 공주를 점령하고 한양으로 올라가 일본군을 몰아내고, 국정을 쇄신할 계획을 세웠다. 그러나 일본군은 우세한 무기와 근대화된 통신 기술, 능숙한 전술 역량을 내세워 동학군의 공세를 물리치고 오히려 동학군을 압도하며 삼남지방으로 몰아부쳤다. 동학군은 애초에 전쟁(전투)에서 적을 살상하여 승리하는 것보다는 세력을 과시하여 적을 쫓아 버리고, 나라의 안위를 보호하는 데 목적이 있었기 때문에 무기와 전술 면에서는 일본군에 부족할 수밖에 없었다. 그러나 새로운 세상을 만들기 위해서는 일본군을 이 땅에서 몰아내야 한다는 믿음이 있었기 때문에 죽음을 두려워하지 않았다. 우금치 등 공주를 둘러싸고 치열한 공방전을 벌인 전봉준 군(軍)과 손병희군(軍)은 수십 차례의 공방전을 일본군-관군과 펼쳤으나, 결국 시산혈해를 이룬 채 후퇴하지 않을 수 없었다. 북접통령 손병희도 전라도 남부지역까지 후퇴하여 임실에 머물고 있던 해월 선생을 모시고 재북상을 도모하였다. 의암이 이끄는 동학군의 근거지는 충청도와 경기도

일대였기 때문이다. 이때 의암은 탄환이 스친 자국이 선명한 두루마기를 보여주며, 다행히 상처를 입지 않았다고 말했다. 그러자 해월 선생은 "아직 그대의 도력이 부족하여 탄환이 주위에 범한 것이니 더욱 정성을 다하여 한울님의 감응을 받으라! 총알이 어찌 한울님을 지극하게 믿는 도인의 몸에 범할 수 있겠는가?"라고 대답했다고 한다. 해월의 그 말은 이적을 과신하는 것보다는, 새로운 세상도 위력으로써 오는 것이 아니고 바로 한울님을 지극히 믿는 그 힘에서 온다는 것을 가르쳐준 것이다. 의암은 해월 선생을 모시고 북상을 거듭하며 크고 작은 전투를 치르다가 결국 후일을 도모하며 휘하의 동학군을 해산시켰다. 의암은 몇몇 제자들과 함께 해월 선생을 수호하며 강원도 깊숙이 몸을 숨겼다.

해월 스승을 모시고 피란을 다니다 보니 자금이 절실히 필요했다. 충청도 해안 쪽의 제자들 중 일부가 어렵사리 비용을 염출하기는 했지만, 다른 방도가 필요했다. 의암은 자신의 안경을 팔아서 돈을 마련하여 다시 담뱃대를 구입하여, 일행 두 사람과 함께 강원도를 북상하여 원산을 거쳐 동북 지방을 돌며 장사를 했다. 이때 상당한 수익이 생겼다. 이 사실을 스승에게 보고하니 스승은 다음과 같은 말씀을 했다. "그만하면 우리가 먹을 일 년 생계비는 걱정 없겠다. 그러나 그 돈을 버는 사이에 너희들의 도심이 얼마나 상한 줄 아느냐? 다시는 장삿길에 나서지 말라."고 신칙했다. 또 손병희에게는 엄숙하게 다음과 같이 말했다. "그대는 이제부터 아무 데도 가지 말고 내 곁에서 수도에 전력하라. 시기가 급하고 책임이 무겁다."

일본과의 전쟁은 비록 패배했지만 그것으로 끝이 난 것이 아니다. 거대한 해일처럼 다가오는 새 세상을 준비하기 위해서는 오로지 도심이 필요하다는 것이다. 이 도심을 더욱 견고히 길러나가야 하는데, 머지않아 자기에게 죽음이 닥칠 것을 알고, 자신을 이어 도를 수호하고 재건하며, 새 세상을 맞이할 새 주인을 정해야 한다는 것도 해월은 알고 있었다. 그래서 그동안의 경험을 통해 누가 다음 주인이 되어야 한다는 것을 알 수 있다. 바로 손병희 선생이다. 그러나 처음부터 바로 손병희에게 도통이 전해진 것은 아니다. 처음에는 김연국, 손천민, 손병희 세 사람이 함께 협력하여 교단의 일을 처리하게 했다. 이때가 1896년 1월이다. 한동안 교도들에게 내보내는 통유문 등에는 세 사람이 함께 이름을 올렸다. 해월 최시형은 어느 날 문득 손병희에게 "그대는 포덕천하를 어떻게 할 것인가?"라고 물었다. 손병희는 바로 답하지 않고 깊이 생각하다가 "사흘만 여유를 주신다면 생각해 보겠습니다"라고 했다. 사흘이 지난 뒤 손병희는 답하기를 "먼저 개인 수도를 잘하고, 다음에 가정 교화가 잘 된 뒤에 보국안민이 되면 포덕천하는 자연히 될 것입니다."라고 했다. 해월은 이 말을 듣고 고개를 가로 저으며 천천히 말하였다. "비슷한 말 같기도 하지만 아직 하나밖에 알지 못하니 두고 잘 생각해 보라."

손병희의 답에 왜 해월 선생은 하나밖에 모른다고 했을까? 필자가 보기로는 아마도, 개인수도 다르고 보국안민 다르고 포덕천하가 다른 길은 아닐 것인데, 손병희는 이를 별개로 보고 순차적으로 해결하려고 한 것을 해월 선생이 좀 답답하게 여긴 것이 아닌가 한다. 얼마 후 해월은 다시 세 사람을 불러 세 사람이 함께하되 주축이 없지 못할 것이라며, 의암을 주장으로 삼았다. 이것이 1897년 12월 24일의 일로서, 곧 해월에게서 의암으로 동학의 도통이 전수된 날이다. 그 이듬해 4월 5일, 해월은 마치 예감이라도 한 듯이 관군에 체포되어, 한양에서 재판을 거쳐 도인들에게 마지막 편지를 전하면서 죽음을 맞이했다. 마지막 편지는 다음과 같다. "여러 도인들은 내가 이렇게 된 것을 조금도 근심 말고 더욱 수도에 힘쓰라. 앞으로 우리 도의 일은 더 잘 될 것이다." 죽음에 임박해서도 도인들에게 오직 수도를 열심히 하라는 해월의 말씀은 당대의 도인들뿐만 아니라, 후세 만년에 이르도록 소중한 가르침이 될 것이다.

의암 손병희는 동학 교단의 운명을 두 어깨에 걸머지고 깊은 고민에 빠졌다. 수운 대선생과 해월 선생 두 분의 가르침 속에 들어 있는 후천개벽의 대운을 제대로 파악하기 위해서는 세상의 흐름을 더 크고 더 넓은 범위에서 직접 보고 듣고 겪는 것이 필요하다고 생각했다. 의암은 미국으로 갈 결심을 하고 먼저 일본으로 가서 미국 갈 배편을 알아보았지만 형편이 좋지 않아 일본에 머물면서 세계의 정세를 파악해 나가기로 했다.

4. 더 넓은 세상으로 나아가다

1901년 일본에서 의암은 자신의 이름을 이상헌으로 바꾸었다. 그리고 일부러 좋은 옷을 입고 비싼 마차를 구입하여 동경 시내를 돌아다녔다. 과연 얼마 뒤 이토오 히로부미가 선생을 시험하기 위해 초빙하였다. 당대 일본의 영웅으로 자타가 공인하던 이토오 앞에서도 선생은 조금도 동요하지 않고 당당히 술을 대작하였다. 이때 히로부미는 다음과 같은 말을 했다고 한다; "동양에서는 내가 영웅인 줄 알았더니 나보다 나은 사람이 조선에 있구나."

의암 선생이 일본에 온 지 몇 년이 지나자 세계사의 거대한 변화를 읽을 수 있었다. 그중에 하나가 일본과 러시아가 필연적으로 전쟁을 일으키게 된다는 것이었다. 의암은 이때를 이용하여 조선이 확실하게 일본의 압박으로부터 벗어날 수 있다고 보았다. 즉 두 나라가 싸우면 반드시 일본이 이길 것이다. 그러므로 조선은 일본을 도와 러시아에 선전포고를 하고 출병하여 참전함으로써 전승국의 지위를 얻고, 그것으로부터 명실상부한 독립국의 지위를 확보하여 근대화를 추진해 간다는 것이 의암의 구상이었다. 당시 조선은 친러파가 집권하고 있었기 때문에 그 계획을 실천할 길이 묘연했다. 이에 의암은 동생인 손병흠에게 지시하여 일본 군부의 핵심 중 한 사람인 다무라를 통해 군자금 일만 원을 제공하고, 친러파를 제거하는 계획을 추진했다. 그러나 이 계획은 다무라와 손병흠이 각각 돌연히 사망하면서 수포로 돌아가고 말았다. 의암은 크게 실망하였으나 좌절하지 않고 교단 안팎의 젊은이들을 선발하여 일본 유학을 주선하고 후원하며 훗날을 도모했다. 한편으로 1904년 들어 동학교단을 통한 전면적인 개화 운동을 계획하고 진보회를 설립하여 교도들을 규합하고 일제히 단발(斷髮)하여 과거를 일신하면서 "예로부터 은혜를 갚기 위하여 머리털을 베어 신을 삼아 바친다 하였는데 이번 우리가 단발하는 것은 국은과 사은을 아울러 보답하며 또는 먼저 단발을 하고서야 우리 일을 성취할 수 있는 것"이라는 뜻을 분명히 하였다. 또 무명옷에 흑색 물을 들여 입음으로써 신문명(新文明) 세계에 참여한다는 뜻을 과시하였다. 진보회는 집약된 세력을 바탕으로 "하나, 황실을 존중하고, 독립 기초를 공고히 할 사. 둘, 정부를 개선할 사. 셋, 군정 제정을 정리할 사. 넷, 인민의 생명 재산을 보호할 사"로 된 4대 강령을 선포하여 국정 쇄신과 개화 혁신운동을 전개해 나갔다.

1904년 대한제국 전국 팔도 360개 군에서 8월 한 달 동안 동학도인 20만 명이 일제히 궐기하자 조선 사회는 '동학당(東學黨)'이 다시 일어났다며 동요하였다. 진보회가 동학의 후신인 것을 알게 되자 정부와 일본군은 동학을 탄압하기 시작했다. 이용구는 탄압을 모면할 요량으로 송병준의 일진회가 내민 손을 잡고 친일노선으로 선회했다. 의암은 이용구를 불러 그의 뜻을 들어보기로 했다. 이용구는 "일본의 보호를 받으며 장차 대한의 완전 독립을 하고자 하는 것입니다."라고 말했다. 의암은 "독립을 하려면 보호를 버려야 하고, 보호를 받으려면 독립을 버려야 하네. 보호 아래는 완전 독립이 있을 수 없는 거야!"라고 이용구의 마음을 돌리려 애썼다. 이용구는 동학농민혁명 당시 의암과 생사를 같이하던 동지요, 그때까지만 해도 의암이 가장 아끼는 제자 중의 한 사람이었다.

그러나 거듭되는 충고에도 이용구는 끝내 돌아서지 않았다. 의암은 일진회를 버리고, 다시 한 단계 도약을 감행키로 했다. 이제 동학의 등장을 세상이 알게 된 이상 주저할 필요가 없게 되었다. 의암은 동학을 천도교라는 이름으로 세상에 공개 선포하였다. 이날이 1905년 12월 1일이다. 이때까지 의암은 일본에 체류중이었다.

5. 다시, 개벽하여 천도교 시대를 열다

천도교라는 이름은 일찍이 수운 최제우 선생이 "도는 비록 천도이지만, 학인즉 동학이라"고 한 데서 연유한 것이다. 천도교로 이름을 바꾸자 국내와 일본에서 지도자 손병희에 대해서 뜨거운 관심을 보였다. 선생은 일본에 있을 때 '이상헌'이라고 했기 때문에 그가 곧 손병희인 줄 모르는 사람들이 많았다. 동학도인들은 그동안 주문 한번 크게 소리 내어 외우지 못했는데 이제 마음 놓고 외울 수 있으니 그 기쁨은 크지 않을 수 없었다. 1906년 1월 5일 의암은 일본 생활을 끝내고 조국으로 돌아왔다. 부산항에서 선생을 맞이한 제자들이 질문을 했다. "선생님께서 다년간 국외에 유람하신 결과 어떻게 하면 혼란한 이 세상을 바로 잡을 수 있다고 생각하십니까" 의암은 대답하기를 "하늘을 다시 뜯어 고치는 수밖에 없다고 생각합니다." 제자들이 이 말씀을 이해 못하자 의암은 "사람은 곧 하늘이라. 사람의 마음이 곧 하늘 마음이니, 지금 세상이 이와 같이 혼란한 것은 사람의 마음이 혼란한 까닭입니다. 그러므로 먼저 사람의 마음을 고치어 안정시켜야 되겠다는 말이요." 또 제자들이 질문하기를 "지금 같이 혼란한 인심을 어떤 방법으로 어느 시기에나 안정시킬 수 있을까요?" 답하시기를 "우리 도는 후천 개벽의 도인지라 후천개벽은 인심개벽으로부터 시작되는 것이요, 인심개벽은 정신개벽으로부터 시작되는 것이니, 정신개벽은 우리가 지금 하고 있는 천도 그것을 잘 실천하는 데 있는 것입니다."라고 대답했다. 의암의 천도에 대한 확실한 믿음은 새로운 세상으로 나아가는 근본적인 힘이었다.

의암은 2월 1일 서울에 '천도교중앙총부'를 설립하고 지방에는 72개의 대교구를 설립하여, 흩어진 교도들을 수습하고 포덕을 전개하는 한편, 두목들을 자택으로 초청하여 교리, 종지, 교체 등을 설명하고, 또한 중앙총부의 직제와 제도를 정비하면서 교단 개혁에 앞장서 나갔다. 『만세보』라는 일간신문을 간행하고, 각종 교서를 편찬하여 보급하였으며, 1907년 2월에는 성미제도를 실시하였고, 연원제도는 폐지하였다. 연원(淵源)이란 재세시부터 있던 동학교단의 특수한 조직 형태로, 동학을 전도-전수한 인맥 관계에 따라 형성된 조직이다. 동학의 은도시대(隱道時代; 동학이 非/反合法이던 시기)에 동학이 퍼져나가게 된

주요한 동력이었지만, 근대적인 교단 체제로 개혁하려는 시점에서는 장점보다 단점이 많다고 판단한 것이다.

1909년에는 전국에 교리강습소를 8백여 개를 만들고 천도교 교리는 물론 국어, 산술 등의 기초 교양을 습득하게 했다. 또한 동덕여학교와 보성전문학교를 비롯하여 십여 개의 학교를 인수 운영하거나 지원하였다. 그해 제자 4명을 대동하고 수운 선생이 49일 기도한 천성산 적멸굴을 다녀왔다. 지금도 천성산 내원사 올라가는 계곡 절벽 위 바위에 의암 선생과 함께 이곳을 찾았던 4명의 제자 이름이 새겨진 바위가 남아있다.

일본은 1910년 드디어 조선을 강제로 병합하여 식민지로 만들어버렸다. 의암은 잃어버린 국권의 회복은 천도교가 해 낼 수밖에 없다고 판단하고 그 준비에 착수하였다. 이 무렵 주요 두목들이 모인 자리에서 "10년 안에 나라를 찾겠다."고 선언하였다고 한다.

강제병합 직후 일본은 국내의 모든 사회, 정치 단체들을 해산시켜버렸다. 다행히 천도교는 '종교유사단체'로서 명맥을 보존하게 되었으나, 일제 당국에는 눈엣가시와 같은 존재였다. 일제 당국은 천도교를 압박하여 약화시키거나 회유하여 친일적인 단체로 변모시키는 두 가지 전략을 병행하였다. 어느 날 일본 헌병대에서 의암을 소환하였다. 의암은 당시 늘 하던 대로 쌍두마차를 타고 헌병대로 찾아갔다. 쌍두마차란 당시로서는 국왕에게나 가당한 탈 것이었다. 그런데 의암은 당시 출타를 하거나 이동할 때 이 쌍두마차를 타고 다녀서 당대 사람들의 뒷말이 무성하였다. 이것은 의암이 한편으로 독립운동을 준비하는 천도교의 행보를 숨기기 위하여 세간의 이목을 다른 데로 돌리기 위함이었다. 의암을 소환한 헌병대의 대장은 의암이 격에 맞지 않는 사치를 한다며 비아냥댔다. 의암이 '내 돈으로 쌍두마차를 타고 다니는 데 무슨 잘못'이냐고 대꾸했다. 궁색해진 헌병대장은 의암이 쓰는 돈은 천도교인들의 성미를 모은 것인데, 그것은 마치 '세금'과도 같다면서, 세금은 각령 2조에 따라 총독부에서만 거둘 수 있는 것이므로 성미제를 폐지하라고 강압하고 나섰다. 의암은 "성미제는 우리 도에서 예로부터 내려오는 풍습"이라며 항의하였으나 헌병대장은 앞으로 성미를 걷지 않겠다는 것과 허무맹랑한 말로 민심을 동요시키지 않겠다는 서약서를 쓰게 하고서야 의암을 내보내 주었다. 이러한 이유로 1914년부터 한동안 성미제는 무기명제로 변경하여 시행되었다.

또 한번은 데라우치(寺內正毅) 총독이 의암을 소환하여 천도교경전『용담유사』중「안심가」편에 "개같은 왜적놈을 한울님께 조화받아 일야에 멸하고서"라는 대목을 트집 잡아 의암의 속내를 떠 보려 하였다. 의암은 그것은 수운 최제우 선생께서 지은 것으로, 나는 그분의 제자일 뿐이므로 어쩔 수 없다고 답변했다. 총독은 이 대목을 두고 일반 교인들이 두고두고 쑤군거리고 그것은 치안유지에도 큰 부담이 되니, 의암이 책임지고 그 내용을 제거하라고 했다. "치안은 당국이 책임질 문제이고, 경전은 나보다 위에 있는 것이니, 금하려면 그 또한 당국에서 금해 보라"라고 단호히 대꾸했다. 총독은 몇 마디 더 어물거리다 유야무야 넘어가고 말았다.

6. 인류의 가슴에 새 문명 정신을 새기다

이렇게 일본 당국과 세상의 눈을 교리나 교회 제도, 그리고 의암 개인의 생활상에 쏠리게 하고, 의암은 조국의 독립을 위한 준비를 진행하고 있었다. 학교 경영을 확장하며 민족의 동량(棟樑)을 길러나가는 한편으로, 『천도교회월보』라는 잡지를 통해 천도교인은 물론 일반 사회의 교양을 증진시켜 나갔다. 직접적인 독립운동을 위한 인재 양성 방안으로, 당시로서는 '경기도'의 심심산골이던 우이동에 부지를 마련하고, 봉황각을 건축하여 전국의 지도자들을 차례로 불러 모아 49일간의 영성수련과 정신교양을 강화해 나갔다. 그 핵심은 이신환성(以身換性), 즉 일시적인 객체인 육신을 위주로 생각하는 관념을 영원한 주체인 성령을 중심으로 생각하는 훈련이었다. 우리의 몸은 100년 안에 죽게 마련이다. 이 몸에 구애되는 사람은 큰일을 도모할 수 없게 된다. 그러나 몸이 비록 죽더라도 영원히 죽지 않는 성령의 실체를 굳건히 믿는 마음을 갖게 되면, 어떠한 고난 속에서도 대의(大義)와 정도(正道)를 향한 길에 온몸을 불사를 수 있게 된다. 의암이 지도한 봉황각의 수련은 바로 이러한 훈련이었다. 1912년 1차 수련을 시작으로 1914년까지 매 회차 49일씩, 21명에서 105명까지 총 483명이 이 수련을 거쳐 갔다. 이들은 훗날 전국 각처의 자기 근거지를 중심으로 3.1

운동을 주도하고 이끌어간 핵심 지도자가 되었다.

이렇게 주체적인 준비를 갖추어 가는 동안 객관적인 정세도 독립의 기운을 북돋는 쪽으로 전개되어 갔다. 1918년 제1차 세계대전이 끝나고 당시 미국 대통령 윌슨이 세계평화와 새로운 국제질서 구축을 위해 발표한 14개 조항 중 9항의 민족자결주의 원칙 때문이었다. 민족자결주의는 "피지배 민족(식민지나 점령 지역)에게 자유롭고 공평하고 동등하게 자신들의 정치적 미래를 결정할 수 있는 자결권을 인정해야 한다"는 것이다. 이 조항이 발표되자 당시 강대국의 지배를 받던 전 세계의 수많은 약소민족들은 커다란 희망과 용기를 불러일으켰다. 민족자결주의 정신에 고무된 식민지 상태의 민족들은 독립을 쟁취하기 위한 다양한 운동을 전개하였다. 의암이 지도하는 천도교도 예외는 아니었다. 그동안 준비해 오던 역량을 바탕으로 이 기회에 독립운동을 벌이기로 하고, 그 실효성을 높이기 위해 천도교뿐 아니라 당대의 모든 사회세력을 일원화하는 목표를 세웠다.

1차로는 구한국 고위직 출신 관료들을 규합코자 하였다. 그들은 국정을 운영해 본 경험도 있는 사람들이고 또 당시 조선 백성들에게 널리 알려진 사람들이었다. 그러나 이상과 현실은 달라서 서로 생각이 다른 사람들을 모두 하나의 길로 모으기란 쉽지 않았다. 그들은 이런저런 이유를 내세우며 앞장서기를 거부했다.

이에 의암을 비롯한 천도교 지도부에서는 종교계와 연합하여 이 운동을 전개하기로 하고, 우선 기독교 측의 이승훈과 접촉하여 함께

하겠다는 약속을 받아냈다. 기독교의 합류가 가시화될 즈음 한 가지 문제가 생겼다. 기독교인들은 자신들이 독립만세를 부르다 옥에 갇히거나 죽게 되면 남은 가족들의 생활이 어찌 될지 걱정했다. 둘째는 전국적인 규모로 만세 시위를 조직하는 데도 큰 비용이 필요하였다. 이승훈은 최린에게 운동 비용 지원을 요청했다. 최린이 의암을 찾아가 기독교 측의 사정을 이야기하자 의암은 "오천 원을 청구하였으니 그 액수대로 융통하는 것이 옳은 일이요, 내 춘암(春菴 朴寅浩, 당시 천도교 大道主)에게 말할 터이니 돈을 받아 전달하시오"라고 했다. 천도교 측이 제공한 독립 자금은 이 오천 원 외에도 임시정부로 송금한 막대한 자금이 따로 있었다. 또 천도교 인쇄소인 보성사에서 독립선언서를 인쇄할 때 한국인 경찰에게 현장이 발각되어 독립선언이 수포로 돌아갈 위기에 처했을 때도 의암의 지시로 5천 원의 거금을 들여 비밀을 유지하는 데 성공하였다. 이들 자금은 결국 천도교 교인들의 성금이다. 그렇고 보면 독립운동은 우리 국민 모두가 함께 했다고 할 수 밖에 없는 것이다.

의암은 1919년 들어서, 천도교단이 실시한 전국 교인들의 49일 기도가 끝나고, 만세운동 준비가 막바지에 이르렀을 때 전국에서 모인 두목(지역 지도자)들에게 다음과 같이 말씀하셨다. "우리가 만세를 부른다고 당장 독립되는 건 아니오. 그러나 겨레의 가슴에 독립 정신을 일깨워 주어야 하기 때문에 이번 기회에 꼭 만세를 불러야 하겠소." 그리고 만세를 부를 때 조직 방법의 대강을 일러주었다. "태극기를 그려서 거리로 뛰어나가 만세를 부르기만 하면 되니 굳이 학식 높은 지도자나 인격자를 기다릴 필요는 없소."

불교 측은 만해(한용운) 스님이 주선하여 백용성 스님과 함께 참여하였고, 유교 측은 한용운이 교섭에 나섰으나 시간 관계상 함께하지 못하고 말았다. 또 독자적으로 독립운동을 준비하던 학생들과도 연결이 되어 운동을 일원화하기로 합의하였다. 독립선언(천도교)으로 할 것이냐 독립청원(기독교)으로 할 것이냐를 두고 심각한 의견 차이를 보이기도 했으나 최종적으로 천도교의 뜻에 따라 독립선언으로 결정이 되었다. 독립운동을 전국에 전파하는 일은 천도교와 기독교의 지방 교구(교회) 조직을 이용하기로 했고, 독립선언서 전국적 배포는 천도교가, 그리고 서울 시내에는 학생들이 맡기로 하였다. 독립운동 선언서는 의암 선생이 일찍이 독립운동의 원칙으로 제시한 '대중화, 일원화, 비폭력화'의 3대 원칙을 골간으로 하여, 최남선이 작성했다. 독립선언 준비의 마지막 과업은 선언서에 서명할 민족대표 선정과 거사 일정과 장소의 결정이었다. 민족대표는 천도교 측 15명 기독교감리 측 8명, 기독교장로 측 8명, 불교 측 2명의 33인으로 결정되었는데, 서명 순서를 정할 때 문제가 생겼다. 처음에는 나이순이나 가나다순으로 하자고 기독교 측에서 제의하였다. 그러나 그렇게 되면 천도교로서는 교주(教主)이신 의암 선생이 제자 밑에 서명하는 일이 생길 수 있어 받아들일 수 없는 방안이었다. 게다가 운동을 준비하고 지도해 온 그동안의 입장으로 보아도 이것은 불가한 일이었다. 이 문제로 운동이 결렬될 위기까지 치달았으나 결국 손병희 선생이 제일 먼저 서명하고 다음 각 교단별 대표 1인, 그리고 그 이후는 가나다순으로 하기로 했다. 날짜는 고종 장례에 참석차 지방에서 한양에 사람들이 많이 모이는 3월 1일 오후로 정하고 장소는, '파고다공원'으로 결정했다. 거사 전날인 2월 28일 민족대표들은 상견례를 겸하여 의암 선생 댁(종로구 가회동)에서 회합을 했다. 의암은 이 자리에서 "이번에 우리의 거사는 조선(祖先)의 신성 유업을 계승하고 아래로 자손만대의 복리를 작흥(作興)하는 민족적 위업입니다. 이 성스러운 과업은 여러분의 충의에 의지하여 반드시 성취할 줄 믿어 의심치 않는 바입니다."라고 인사말을 하였다. 그 자리에서 만약 파고다공원에서 독립선언을 하면 필경 일본 군경이 체포하려 들 터이고, 이때 군중들이 흥분하여 일본 경찰과 충돌이 일어나면 독립선언의 대원칙이 훼손될 우려가 있다는 우려에 따라 태화관으로 변경하였다.

  3월 1일 오전부터 파고다공원에는 수천 명의 학생들이 모여들었고, 태화관에서는 33인이 회집하여 독립선언서를 돌려보며 수개 월간의 준비 과정에서 일제에 발각되지 않고 오늘에 이르러게 된 것을 감격해 하였다. 만해가 대표들을 대신하여 일장 연설을 하는 것으로 독립선언식을 마친 민족대표들은 음식점 주인으로 하여금 종로경찰서에 신고케 하였다. 민족대표들은 일본 경찰이 보낸 차량에 차례로 탑승하여 경찰서를 거쳐 남산의 총독부 건물로 이송·수감되었다.(당시는 총독부가 남산 자락에 있었음) 민족대표들이 호송되는 연도에는 수많은 군중이 몰려들어 독립만세 함성으로 이들을 배웅하였다. 탑골공원에서 학생들의 주도로 '독립선언서 낭독식'을 마친 군중은 곧 서울 시내 전역으로 시위 물결을 확산시켰고, 고종의 장례차 상경하였던 사람들이 귀경하면서, 또 2월 28일 독립선언서를 배부 받아서 전국 각지로 흩어져 간 천도교, 기독교의 연락책들에 의해서 만세 시위는 전국으로 번져나갔다. 일제 당국은 비무장의 군중들을 향해 총격을 가하여 수많은 살상자가 생겨났고, 특히 수원의 제암리에서는 4월 15일 그 마을의 천도교인과 기독교인 수십 명을 예배당 안에 회집시킨 후 밖에서 문을 걸어 잠그고 일제사격을 가하여 학살하는 만행을 저질렀다. 또 평북 정주에서 독립만세를 주동하던 천도교 정주교구장 최석일은 오른팔에 태극기를 들고 독립만세를 외치며 시가를 행진하던 중이었는데, 일본 헌병이 칼로 오른팔을 내리쳐 팔이 잘려 나갔다. 그러나 최석일은 왼팔로 태극기를 들고 다시 독립만세를 외쳤다. 이에 헌병이 왼팔을 자르므로, 이번에는 입으로 태극기를 물고 만세를 부르다가 일본군의 칼 앞에 최후를 맞이했다. 또한 일제는 독립선언서를 인쇄한 보성사에 화재를 일으켜 전소시켜 버렸다. 의암을 비롯한 민족대표들은 총독부에서 서대문감옥으로 이송되었다.

7. 의암, 한울로 돌아가 세상에 드러나다

민족대표를 심문하는 과정에서 일본인 검사는 의암 선생에게 이렇게 물었다. "그대는 조선이 독립될 줄로 생각하는가?" "그렇다. 될 줄로 생각한다." "어째서 된다고 생각하는가?" "그것은 파리에서 개최한 강화회의에 일본이 참석하고 있는데, 이 회의는 민족자결 등의 권리를 줄 것을 의제로 하고 있는데, 일본은 당연히 조선의 안녕 질서를 지키기 위하여 조선의 독립을 승인할 것이라 생각하였다." "피의자는 장래나 또는 미래도 독립 운동을 하려고 하는가?" "기회만 있으면 독립 운동을 하려는 나의 의지를 관철하려고 생각하고 있다. 그런데 그것은 폭력으로서 수행할 생각은 조금도 없고 평화리에 해결할 것을 생각하고 있다." 일제 당국은 절대로 의암을 살려서 감옥에서 내보낼 생각이 없었다. 오랫동안 위장병을 앓아 오던 의암은 열악한 감옥 환경 속에서 뇌출혈까지 발병하여 생사의 기로를 헤매었다. 재판정에도 들것에 실려서 단 한 차례 출정한 이후에는 아예 재판정 출입도 할 수 없는 위중한 상태였다. 밖에서 이러한 소식을 전해들은 언론은 연일 이 문제를 대서특필하였고, 천도교단은 변호사까지 동원하여 여러 차례 병보석을 신청하였지만, 일본 당국은 오불관언이었다. 그러다가, 의암의 병세가 돌이킬 수 없는 지경에 이른 다음에야 겨우 보석으로 풀려 나왔다.

그러나 의암은 이미 의식이 없고, 손가락 하나 까딱할 수 없는 상태였다. 이때 의암의 간호를 맡아 나선 이가 부인 주옥경 여사였다. 주옥경 여사는 의암이 서대문감옥에 수감중일 때도 감옥 앞 동네에 방한 칸을 얻어 놓고 사식을 만들어 차입하며 옥바라지를 하였다. 의암 선생의 별저(別邸)인 상춘원에서 주옥경 여사의 간호와 양의, 한의사의 응급 치유를 받으면서 다행히 선생의 몸이 조금씩 좋아지는 듯하였다. 1922년 봄에 접어들면서 어느 정도 대화도 가능하게 되었다. 하루는 춘암(박인호) 대도주를 불러 "나를 좀 일으켜 주오."라고 하였다. 춘암과 간병자들이 어렵사리 의암을 일으켜 자리에 앉히자, 이번에는 웃옷을 걷어 내려 보라 하였다. 어깨가 드러나도록 웃옷을 걷자 의암은 춘암을 돌아보며 말했다. "춘암! 내 어깨를 좀 보시오! 어떻소? 보통 사람의 어깨와 다르지요? … 춘암도 잘 알지만 내가 20년 가까이 해월 선생님을 모시면서 가마 앞채를 혼자 메었소. 나도 사람인지라 힘인들 왜 들지 않았겠소? 아직 굳은살이 풀리지 않았을 것이오." 그 굳은살은 의암의 해월에 대한 마음이기도 하고, 동학-천도교가 걸어온 지난 역사의 상징이기도 했다. 그리고 해월이 순도한 이후 오로지 교단의 중흥 발전을 통해 수운-해월 선사(先師)의 뜻이 이 세상에 널리 펼쳐지는 데에만 집중해 온 의암이 자신의 일생을 돌이켜, 다시금 스승(해월·수운)님들의 뜻에 얼마나 부응하였는지를 회고하는 순간이기도 했다. 또한 그것은 다른 말로 의암이 그 스승들의 뒤를 따라 영원의 길로 나아갈 순간이 다가오고 있음을 의미하는 것이었다. 마침내 1922년 5월 19일 오전 3시쯤 환원(還元)하여 성령출세(性靈出世; 몸은 죽어도 그 性靈이 자손과 후학들의 心靈 속에 영원히 살아 있음)하였다.

II.

의암 손병희의
심성 수련법 연구 *

* 이 글은 『유학연구』 22집에 실렸던 것을 수정하여 재수록하였다.

의암의 수련법 역시 21자 주문 수련이기는 하지만, 구체적으로 마음의 상태를 제시한다는 점이 특징적이다. 의암은 주문 공부로써 마음을 "굳세게 하여 빼앗기지 않고, 안정하여 움직이지 않고, 부드럽게 하되 약해서는 안 되고, 깨어 있고 어두워서는 안 되고, 침묵하되 잠겨서는 안 되고, 한가하나 쉬어서는 안 되고, 움직이되 어지러워서는 안 되고, 흔들려도 뽑혀서는 안 되고, 고요하지만 적막해서는 안 되고, 보이나 돌아보아서는 안 되고, 사용할 수 있는 능력은 있으나 사용해서는 안 된"다고 하였다.

1. 들어가는 말

의암 손병희는 충청북도 청원의 한 중인(아전) 집안에서 서자로 태어나 자라면서, 자기의 처지로는 세상에서 큰 뜻을 펼 수 없다는 것을 알고는 자포자기한 채 청년 시기에 이르렀다. 그러나 20대 초반 어느 날 나이 많은 조카 손천민의 소개로 동학에 입도하여 수련을 거듭하고 또 동학교단의 주인(法軒) 해월을 만나면서 그의 인생은 결정적인 전기를 맞이한다. 즉 사람은 고귀한 한울님을 모신 존재이고, 그 가치는 태어난 신분이 아니라 살아가는 방식과 의지하는 진리에 따라 결정된다는 것을 알게 된 것이다. 그 살아있는 증거가 바로 해월 선생이었다. 의암은 그때부터 동학 수행의 핵심인 주문 수련에 매진하여 해월이 신임하는 새 사람, 큰 사람으로 성장하였다. 1894년 동학농민혁명 때는 통령으로서 호서 일대(충청+경기)동학군을 이끌고 전봉준과 합세하여 일본군-관군을 상대로 수많은 전투를 벌이며, 개벽세상을 향한 살신성인의 대도를 걸었다. 1897년 동학의 제3세 교조가 된 이후에는 동학 교단의 재건에 매진하여 1905년 동학을 천도교로 개칭하고, 근대적 교단 체제와 제도를 도입하고 인재를 발굴-양성-규합하여 교세를 확장시켜 나갔다. 국권을 상실한 지 채 10년이 되지 않은 1919년에 기독교, 불교 및 학생층과 제휴하여, 대중화, 일원화 비폭력화의 3대 원칙하에 3.1운동을 영도하였다. 이러한 의암의 초인적인 추진력은 어디서 유래했을까? 그의 힘이 동학-천도교의 공부로부터 비롯된 것임은 분명하다. 의암이 동학을 공부한 방법은 스승들의 그것대로일까 아니면 그로부터 어떤 점이 달라졌을까? 의암의 공부 방법론을 연구하기 위해서는 우선 의암이 이해한 마음의 구조를 알아야 한다. 그런데 의암의 공부 방법론을 연구하면서, 맹자의 공부방법론과 비교하여 그 특성과 차이점을 분석하면 각각의 공부방법론을 더 잘 이해하는 좋은 방법 중의 하나가 된다는 것을 알게 되었다.

맹자는 "예가 아닌 예와 의가 아닌 의를 대인은 하지 않는다."라고 하고 "대인은 적자(赤子, 갓난아이)의 마음을 잃지 않은 사람"(『맹자』「이루하」)이라고 하여 대인이 곧 성인의 경지에 버금가는 인물임을 암시한다. 예와 의를 실행하면서도, 한편으로는 인간이 본래 타고난 성리(性理)의 마음을 잃지 않고 살아간다는 것은 보통의 사람으로서는 겸전할 수 없는 경지이기 때문이다. 맹자는 대인이 되려면, 하늘과 땅 사이에 가득 찬 기운, 즉 호연지기(浩然之氣)를 길러야 한다고 말한다. 그리고 호연지기를 기르는 방법을 맹자는 자세히 언급하고 있다. 이런 맹자의 방법론과 비교하면서 의암의 방법론이 어떤 특징을 가지고 있는지 알아보는 것이 이 글의 목표이다.

이 과제를 해결하기 위해, 그리고 이 과제를 풀어가면서 의암이 말하는 마음과 본성의 관계에 대해서 자세하게 살펴볼 것이다. 이것이 한마디로 의암의 심성론이고, 그러한 심성론의 기반 위에서 이를 닦아 나가는 것이 수련법이다. 이 부분에서는 성리학자들의 이론과 비교하면서 고찰할 것이다. 의암의 수련법에서도 주문 수련은 핵심을 차지한다. 의암의 주문 수련 이해는 스승들의 그것과 어떤 점이 같고 또 어떤 점이 차이 나는지도 살펴볼 것이다.

2. 본론

1) 심성론

의암은 마음(心)을 크게 두 측면으로 구분한다. 하나는 사물에 물든 마음, 다른 하나는 사물에 물들지 않은 순수한 마음이다. 전자를 물정심(物情心)이라 하고, 후자를 해탈심(解脫心)이라 한다.

> 나에게 두 마음이 있으니 하나는 사랑하는 마음이라 이르고, 하나는 미워하는 마음이라 이르느니라. 사랑하고 미워하는 두 마음이 마음을 가리운 것이 티끌과 같으니라. 사랑하고 미워하는 것은 어디서 온 것인가. 모든 물건이 마음에 들어오면 스스로 사랑하는 것과 미워하는 것이 생기나니, 사랑하고 미워하는 것은 물건의 반동심이라. 비유

하면 젖먹이가 눈으로 물건을 보고 사랑하는 마음이 생기어 기뻐하며 웃다가 물건을 빼앗으면 성내어 싫어하니, 이것을 물정심이라 이르느니라. 물정심은 곧 제이 천심이니 억만 사람이 다 여기에 얽매어 벗어나지 못하느니라. (『의암성사법설』「진심불염」)

여기서 의암은 사랑하는 마음과 미워하는 마음 두 가지가 모두 사람의 물정심, 즉 '사물에 물든 마음'이라 하고, 사람이면 누구나 이것을 갖고 있다고 한다. 그러나 이 마음은 모두 본래의 마음이 티끌에 가려져서 생긴 것이라 하였다. 거울에 티끌이 끼면 사물의 본래 모습을 온전히 비추지 못하듯이, 내 본래 마음에 티끌이 끼면 본래 마음이 온전히 드러나지 못하고, 사랑하는 마음이나 미워하는 마음으로 왜곡되어 드러난다는 것이다. 이때 본래 마음은 곧 한울마음 혹은 한울님 그 자체이다. 그런데 보통의 세상 사람은 '나의 본래 한울을 돌아보지도 않고 찾지도 않고 다만 물정심으로써 세상에 행하니 이들 범인(凡人)의 어리석음'은 이로부터 생겨나는 것이다.

그러나 인간은 사랑하거나 미워하거나 간에 물정심에 얽매어 살아갈 수밖에 없는 존재가 아니다. 의암에 의하면 물정심과는 다른 마음이 있으니, 그것을 추구하는 사람은 범인으로 살아가는 데 머무르지 않고 성현의 삶을 추구하는 사람이라고 했다.

성현은 그렇지 아니하여 항상 나의 본래 마음을 잊지 않고 굳건히 지키며 굳세어 빼앗기지 않으므로, 모든 이치의 근본을 보아 얻어 모든 이치가 체를 갖추게 하며, 마음 머리에 머뭇거리어 둥글고 둥글어 그치지 아니하며, 스스로 놀고 놀아 마음을 슬기로운 빛 안에서 고요하지 아니하며, 일만 티끌 생각이 자연히 꿈 같으니 이것을 해탈심이라 이르느니라. (『의암성사법설』「진심불염」)

성현이 추구하는 해탈심은 사랑하는 마음과 미워하는 마음에 집착하지 않고, 자신의 근본 마음을 굳건히 지켜서 모든 사물이 원래의 모습으로 드러나게 하고, 모나지 않아서 항상 가만히 있는 것 같지만 그러나 고요하지 않은 즉 매우 활동적인 마음이다. 여기서 또 하나 간과하지 말아야 할 것은 '성현'이어야 만 해탈심을 추구하는 것이 아니라, 해탈심을 추구하는 사람이 '성현'이라는 점이다. 왜냐하면 사람은 누구나 한울님을 모신 존재이므로, 태생적으로 성현의 자질을 타고났다. 그러나 앞서 보았듯이 보통 사람은 물정심에 구애되어 살아가는 반면, 성현으로 나아가는 사람은 해탈심을 염두에 두고 이것을 추구해 나가는 것이다.

의암은 해탈심을 얻는 방법을 '견성법'이라 했는데, 여기서 본성(本性)의 개념이 등장한다. 나의 본성을 보아 사랑하는 마음과 미워하는 마음에 흔들리지 않는 마음을 해탈심이라 한 것이다.

성품은 이치니 성리는 공공적적하여 끝이 없고 헤아릴 수도 없고, 움직임도 없고 고요함도 없는 원소일 뿐이요, 마음은 기운이니 심기는 원원충충하여 넓고 넓어 흘러 물결치며 움직이고 고요하고 변하고 화하는 것이 때에 맞지 아니함이 없는 것이니라. (『의암성사법설』「후경」)

의암은 성품은 이치로서 무엇이라 정의할 수 없는 근원적인 원소라고 하고, 마음은 성품에서 흘러나와서 모든 변화에 꼭 들어맞는 기운이라고 하여 성리심기(性理心氣)의 설을 제시한다. 성품은 본디 어디에도 집착하지 않기 때문에 성품을 오롯이 따르는 마음은 자유자재로 동정(動靜)과 변화(變化)가 무상(無常)하지만, 모두 때에 맞아서 이치에 어그러지지 않을 수 있다. 이런 마음을 의암은 해탈심이라 했다. 그런데 물정심이든 해탈심이든 그 근원은 성품이라는 것은 알지만 위의 인용문만으로는 물정심의 근원을 알 수가 없다. 사물에 집착하는 물정심은 도대체 어디에서 나온 것일까? 다음에서 그 실마리를 찾을 수 있다.

나를 체로 하고 용으로 하는 것이 실로 세 성품이 있으니 첫째는 원각성이요, 둘째는 비각성이요, 셋째는 혈각성이니라. 원각성은 만법으로 인과를 삼아 함이 없이 되는 것이므로, 마음을 지키고 성품을 단련하는 사람은 법체의 인과를 얻지 못하면 좋은 성과를 얻기 어렵고, 비각성은 만상으로서 인과를 삼아 나타남이 있으나 헤아림이 없는 것이니, 마음을 닦고 성품을 보려는 사람이 만일 바르게 보고 생각하여 헤아리지 않으면 진경을 얻지 못할 것이요, 혈각성은 화복으로 인과를 삼아 선도 있고 악도 있어 수시로 서로 보는 것이니, 선을 위하여 세상의 성과를 얻으려는 사람은 좋고 좋은 화두(化頭)를 가려야 할지어다. (의암성사법설』「삼성과」)

　의암은 성품을 셋으로 나누어 성품의 특징을 열거한다. 첫째 원각성은 모든 법의 원인이 되는 것으로 무엇을 하려고 하지 않아도 저절로 되는 것이다. 이러한 성품의 속성에서는 물정심이 일어날 여지가 없다. 다음으로 비각성으로 만물의 모든 모양을 만들어내는 원인자이다. 이것은 보이기는 하지만 무엇이라 헤아릴 수 없다고 했으니 역시 물정심의 원인이 되지 않는다. 세 번째 혈각성은 재앙과 복을 주는 원인 제공자로 이 성품은 선도 있고 악도 있다고 했다. 이 혈각성이야말로 물정심의 출발점이 된다. 인간의 영성(靈性=三性을 아울러 갖춘 것)이 지각에 임하여 나에게 이익을 주고 복을 주는 것은 선으로 판단하고, 나에게 손해를 주고 재앙을 주는 것을 악으로 판단하는 작용은 바로 이 혈각성의 차원에서 일어나는 심리작용이다. 원각성과 비각성에서 바로 나온 마음은 해탈심이고, 혈각성으로 말미암는 마음이 물정심이다. 혈각성이란 용어는 우리에게 익숙하지는 않다. 동아시아 사상사에서 이 혈각성이란 용어에 대응하는 단어는 기질지성(氣質之性)이다. 이것은 인의예지신(仁義禮智)의 사단(四端)을 낳는 마음이 아니라 희로애락애오욕(喜怒哀樂愛惡慾)의 칠정(七情)이 비롯되는 자리라 할 수 있다.

맹자의 제자 공도자가 맹자에게 질문하기를 "고자는 '본성은 선함도 없고, 불선함도 없다'고 했고, 어떤 사람은 '본성은 선을 할 수도 있으며, 불선을 할 수도 있다. 그러므로 문왕과 무왕이 일어나면 백성들이 선을 좋아하고 유왕과 려왕이 일어나면 백성들이 포악함을 좋아한다' 라고 했고, 어떤 사람은 말하기를 '본성이 착한 사람도 있고 본성이 착하지 않은 사람도 있다.' (고 하였습니다.) 그런데 지금 선생님께서 '본성이 착하다'고 말씀하시니, 그렇다면 저들은 모두 틀린 것입니까?" 맹자께서 말씀하셨다. "그 정으로 말하면 착하다고 할 수 있으니, 이것이 내가 말하는 본성이 착하다는 것이다." (『맹자』「고자상」)

여기서 맹자는 사람의 본성은 착하다고 하면서, 그 증거로 정(情)을 거론한다. 원래 정은 본성이 움직이면 밖으로 표현되는 것이기 때문에 반드시 착한 것은 아니다. 그러나 본성이 착한 그대로가 표현된다면 그때 정은 착하다고 할 수 있다. 맹자는 "사람은 인의예지의 본성과 측은지심, 수오지심, 공경지심, 시비지심의 정을 본래 가지고 있는 순수한 존재였는데 착하지 않은 일을 하게 되는 이유는 생각을 하지 않았기 때문"이라고 말한다. 여기서 맹자는 사람이 원래 자기에게 있는 착한 본성과 정을 확충하면 착하지 않은 일이 발생하지 않는다고 하는 것에 중점을 둔다. 그러나 이 답변으로는 착하지 않음(不善)이 일어나는 원인이 명백하게 밝혀지지 않는다. 그 해답은 북송의 정자에게서 시작하고 주자에게 와서야 충분하게 설명된다. 정자는 불선의 원인을 다음과 같이 말한다.

> 본성은 바로 이치니, 이치는 요순으로부터 평범한 사람에 이르기까지 똑같은 것이요, 재질(才質)은 기(氣)에서 받은 것이니, 기에는 청탁이 있어 청한 기를 받은 사람은 현인이 되고, 탁한 기를 받은 사람은 어리석은 사람이 된다.(『맹자집주』)

정자는 사람의 본성은 '요순에서부터 평범한 사람에 이르기까지' 똑같은 것인데, 그것이 발현되는 기(氣)는 재질(材質)에 따라 청탁(清濁)이 좌우되고, 청탁에 기인하여 현우(賢愚)가 갈린다고 하였다. 다시 말해 사람이 차이가 나는 것은 바로 기의 측면이라는 것이다. 주자는 이런 관점에서 기질지성(氣質之性)을 잘 관찰하고 바로잡아 가는 공부가 필요하다고 하였다.

이것을 의암의 본성론에 대비해보면 원각성과 비각성은 주자의 본성에 해당되고, 혈각성은 바로 주자의 기질지성에 해당된다고 할 수 있다. 두 사람이 쓴 용어는 다르지만 결론은 혈각성을 원각성으로, 기질지성을 천명지성으로 회복하는 공부를 하자는 것이다.

2) 수련법

물정심에 휘둘리지 아니하고 마음을 닦고 지키며 성품을 보고 단런하기 위해서는 원각성과 비각성으로써 혈각성을 제어할 수 있어야 한다. 그것이 동학의 수련이다. 의암의 수련법의 핵심은 나의 주체와 객체를 바르게 깨닫는 데서 시작한다.

천하 일만 생각이 전혀 한 몸에 있으니, 앞의 물결이 겨우 쉬면 뒤의 물결이 일어난다는 이 생각이 어느 때에 없어질 것이냐. 이것을 끊으려고 불가능의 심력을 공연히 허비하지 말고 다만 내 속에 어떤 내가 있어 굴신동정하는 것을 가르치고 시키는가 하는 생각을 일마다 생각하여 오래도록 습성을 지니면 성품과 몸 두 가지에 어느 것이 주체요 어느 것이 객체인 것과 어느 것이 중요하고 어느 것이 중요하지 않은 것을 스스로 깨닫게 될 것이니, 이 깨달음이 곧 육신을 개벽하는 것이니라. (『의암성사법설』「인여물개벽설」)

의암이 제시한 수련 방법은 내가 굴신동정(屈伸動靜)하는 모든 것, 즉 나의 일거수일투족을 가능하게 하는 '본래의 나'를 언제나 생각하여 염념불망하는 것이다. 이것을 온몸으로 익혀서 습관화함으로써, 영원한 주체인 성품이 본질임을 알고, 육신관념을 성령관념으로 개벽할 수 있다. 이러한 수련 방법을 뒷받침하는 가르침은 「이신환성설」에서 확인할 수 있다.

몸은 백 년 사는 한 물체요, 성령은 천지가 열리기 전에도 본래부터 있는 것이니라. 성령의 본체는 둥글고 둥글어 꽉 차 있고, 생겨나는 것도 아니고 없어지지도 않으며, 더하여지지도 않고 줄어들지도 않는 것이니라. 성령은 곧 사람의 영원한 주체요, 몸은 곧 사람의 한때 객체니라. 주체로써 주장을 삼으면 영원한 복록을 받고, 객체로써 주장을 삼으면 재앙이 가까우니라. (『의암성사법설』「이신환성설(1)」

위에서 의암은 성령은 천지가 열리기 전부터 본래 있었던 것이기 때문에 없어지지 않는 영원한 존재라고 하였다. 그러므로 이 성령을 깨닫는다면 비록 몸은 죽을지라도 성령은 영원히 죽지 않는다는 논리적인 근거를 마련한 것이다. 의암은 성령을 깨닫고자 한다면, 생각하고 생각하라고 하였다. 수운이 「논학문」에서 제시한 '죽을 때까지 잊지말라(永世不忘)' 곧 '생각하고 또 생각해서 잊지 말라(念念不忘)'는 것을 지칭한다. 수운은 한울님과 대화를 하는 방식으로 그 근거를 제시했고, 의암은 스승님들의 가르침을 바탕으로 자기 내면에서 자신의 근거를 찾는 방식으로 제시한 것이 다를 뿐이다.

그런데 의암이 생각하라고 할 때, 무엇을 생각하는 것인가?

생각 염(念) 자로 말하면 사람이 서로 생각하는 것이니 생각하면 있는 것이요, 생각하지 않으면 없는 것이라. 이로써 추구하면 한울님의 덕과 스승님의 은혜도 생각하면 있는 것이요, 잊으면 없는 것이니, 천덕사은(한울님의 덕과 스승의 은혜)을 생각하고 생각하여 잊지 아니하면 지극한 기운과 지극하게 하나가 되어 지극한 성인에 이르는 것이니라.

(『의암성사법설』「수수명실록」)

첫째로 의암은 한울님의 덕과 스승의 은혜를 생각하고 생각하라고
하였다. 모든 일에서 이 두 가지를 늘 생각하면 지극한 기운과 하나가
되어 성인으로 거듭난다는 것이다. 어떻게 해서 그렇게 되는가. 한울
님과 스승님을 생각하면, 성품을 가리고 있던 장애들을 모두 제거하
고, 본래의 마음을 회복하고, 굳건히 할 수 있기 때문이다.

> 성품의 맑고 깨끗한 것을 많은 장애물이 둘러서 진흙 속에 묻힌 구슬
> 과 같으니, 다른 묘법이 없고 다만 마음으로써 스승을 삼아 굳세게 하
> 여 빼앗기지 아니하며, 정하여 움직이지 아니하며, 부드러우나 약하지
> 아니하며, 깨어있어서 어둡지 아니하며, 잠잠하나 잠기지 아니하며,
> 한가하나 쉬지 아니하며, 움직이나 어지럽지 아니하며, 흔들어도 뽑히
> 지 아니하며, 고요하지만 고요하지 아니하며, 보이나 돌아보지 아니하
> 며, 능력이 있으나 사용하지 않을 것이니라. (『의암성사법설』「후경(2)」)

위에서 의암은 마음을 스승으로 삼아 수련하라고 한다. 이때의 마
음은 한울의 마음(天心)일 것이다. 일찍이 해월 선생의 이심치심(以心
治心)의 수련 방법을 떠올리게 한다. 이 글은 해월의 이심치심법의 부
연인 셈이다. 그 실천 방법으로 첫째, 마음을 굳세게 하여 빼앗기지

말라고 하였다.(剛而不奪) 우리의 마음을 빼앗는 대상은 돈, 명예, 권력 등이다. 그것은 대개 감각기관이 좋아하는 요소나 감각기관의 만족을 위해 요구되는 것들이다. 한마디로 욕망의 산물이며, 욕망을 불러일으키는 것들이다. 이런 것들에 마음을 빼앗기면, 본래의 한울마음은 안개 속으로 사라져 버리고 만다. 둘째, 마음을 정하여 움직이지 말라고 했다.(定以不動) 이것은 일찍이 수운 선생이 모실 시(侍)의 뜻을 풀이하는 가운데, 각각 알아서 옮기지 아니한다(各知不移)라고 하신 그 뜻을 부연한다. 또 수운은 「수덕문」에서 믿음에 관하여 말하기를 "믿음(信)이란 사람(人=亻)의 말(言)이라는 뜻이니 사람의 말 가운데는 옳고 그름이 있는 것을, 그중에서 옳은 말은 취하고 그른 말은 버리어 거듭 생각하여 마음을 정하라. 한번 작정한 뒤에는 다른 말을 믿지 않는 것이 믿음이니 이와 같이 닦아야 마침내 그 정성을 이"룬다고 하였다. 이것은 대인접물의 모든 순간에 생각하고 생각하는 자세를 보여준다. 공자는 이를 '불혹(不惑)'이라 했고, 맹자는 '부동심(不動心)'이라 했다. 맹자는 부동심의 방법으로 호연지기를 기르라고 했다. 항상 호연지기를 기르는 일에 마음을 집중하되(必有事焉), 그렇다고 빠른 결과를 기대는 하지 말고(勿正), 다시, 그렇다고 해서 호연지기를 기르는 일을 마음에 잊어서는 안 되고(心勿忘), 끝으로, 억지로 호연지기를 기르려고 해서는 안 된다(勿助長)는 네 가지 방법을 제시했다. 수운은 유혹에 넘어가 이리저리 옮기는 마음을 '번복지심'이라 했고, 수도하는 사람은 늘 '한울님의 덕에 다가가 하나가 되고, 한울님의 마음에 내 마음을 하나되게 하라(合其德 定其心)'고 했다. 셋째로 부드러우나 약하게 하지 말라(柔而不弱)고 했다. 이것은 맹자의 호연지기 수양법에서 억지로 하지 말라는 것과 통한다. 해월도 수도는 먼 길을 가는 것과 같으므로 조금씩이라도 꾸준히, 중도에 그만두지 말고 가라고 했다. 부드러움은 오래가는 반면 강(剛)함은 쉽게 부러지는 것이다. 또 부드러움이 약(弱)한 것이 아니어서 중도에 그만두지 않는다고 하였다. 넷째로 깨어 있어서 어둡지 말아야 한다(惺以不昧)고 했다. 깨어 있다는 것은 한울님 마음이 항상 주인의 자리에 있는 것이다. 그렇게 되면, 감각이 일으키는 욕심에 이끌려 이리저리 헤매지 않게 된다. 이것을 해월은 "사사로운 욕심을 끊고 사사로운 물건을 버리고 사사로운 영화를 잊으라"라고 했다. 그에 앞서 수운은 "흐린 기운을 쓸어버리고 맑은 기운을 어린아이 기르듯 하라"라고 했다. 실제 주문 수련 과정을 통해서 설명해 보면 다음과 같다. 21자 주문의 초기 단계는 한울님 마음을 확충하는 과정이다. 이 단계가 진행되면, 마음이 모여 무엇인가 실체가 있는 것 같다. 이것을 해월은 "기운이 모이고 신이 모이는 것"이라고 했다. 그러나 이 단계에서 더 깊어지면, '모인 것'이 풀어지면서 텅 빈 듯한 단계를 체험하게 된다. 이것을 해월은 "머무르게 되면 신이 모여 크고 텅 비게 된다"라고 하였다. 이때는 길을 가면 발끝이 평탄한 곳을 가리키고, 자리에 앉으면 숨결이 고르고 편안하며, 누우면 신이 그윽한 곳에 들어, 하루 종일 어리석은 듯하며 기운이 평정하고 심신이 청명하게 된다. 다섯 번째로 잠잠하나 잠기지 말며(黙以不

沈), 한가하나 쉬지 말며(閑以不息), 멈추었으나 고요하지 말라(靜以不寂)고 하였다. 한마디로 말하면 정적(靜的)이면서도 허무적멸에 빠지지 않고 활활발발한 상태를 유지하는 것이다. 이것을 해월은 「수심정기」에서 다음과 같이 말하였다.

> 수심정기는 모든 어려운 가운데 제일 어려운 것이니라. 비록 잠잘 때라도 능히 다른 사람이 나가고 들어오는 것을 알고, 능히 다른 사람이 말하고 웃는 것을 들을 수 있어야 수심정기라고 말할 수 있느니라.(『해월신사법설』「수심정기」)

일반적으로 잠이 들면 모든 감각기관의 기능은 효력을 상실한다고 생각한다. 소리가 귀에 들리더라도 의식이 잠들어 있으므로 그것을 인지하지 못한다고 생각하는 것이다. 그러나 해월은 비록 감각기관이 의식에 연결되지 않더라도 더 깊은 의식인 영성으로써 감각기관이 수용한 정보를 인지하고 판단할 수 있다고 말한다. 이것은 잠들었을 때조차 의식을 완전히 놓아 버리지 않는 고도의 영성적 각성 상태를 유지하는 데서 가능한 일이다. 의암의 수련법에 따르면, 한편으로는 이와 정반대로 움직이고 있을 때라도 오히려 잠들었을 때처럼 고요할 수 있다고 말한다.

> 움직이나 어지럽지 아니하며, 흔들어도 빼어지지 아니하며, 보이지만

찾을 수 없으며, 능력이 있으나 사용하지 않을 것이니라. (『의암성사법설』「후경(2)」)

의암이 열거하는 인간의 행동, 즉 움직이고, 흔들고, 보고, 행위 할 수 있는 것 등은 모두 겉으로 드러나서 우리가 감각할 수 있는 현상들이다. 감각이 활성화되면, 필연적으로 감각으로부터 유래하는 욕심이 함께 일어날 것이라고 예상할 수 있다. 그러나 의암은 마음공부를 지극히 하는 사람은 이렇게 겉으로는 감각과 동작이 일어나더라도 그 속은 고요함을 유지할 수 있다고 말한다.

맹자는 이런 사람을 가리켜 대장부라고 말한다.

천하의 넓은 집에 살며, 천하의 바른 자리에 서며, 천하의 대도를 행하여 뜻을 얻으면 백성과 더불어 이것을 따르고, 뜻을 얻지 못하면 홀로 그 도를 행하여, 부귀도 마음을 방탕하게 하지 못하며, 빈천도 지조를 바꾸게 하지 못하며, 권력과 무력도 뜻을 굽히게 하지 못하는 사람을 대장부라고 한다. (『맹자』「등문공하」)

맹자는 부귀와 빈천 권력과 무력에도 자기의 마음을 굽히지 않고 끝까지 자기의 지조를 실천하는 사람을 대장부라고 했다. 그리고 이러한 대장부가 되기 위해서는 인의예지를 지키고 확충해야 된다고 했다. 의암의 개념으로는 혈각성에서 생긴 물정심을 비각성, 원각성에서 나오는 해탈심의 마음으로 바꾸는 것이요, 육신을 성령으로 바꾸는 것이다. 수운의 개념으로는 번복지심을 없애는 것이고, 물욕에 좌우되지 않는 것이다. 해월의 개념으로는 사람의 인심을 한울의 천심으로 다스리는 것이다. 이렇게 도를 닦으면 어떤 일이 앞에 펼쳐지는지 그 결과를 의암은 다음과 같이 말하고 있다.

> 대답하시기를 그 성품을 닦아 그 도를 얻은 사람은 진실로 지극히 다할 것이나 그러나 성품에서 마음이 생기면 몸은 청풍명월에 있고 집은 우주강산에 있느니라. 천지를 나에게서 보면 나도 있고 세상도 있어 나와 나, 만물과 만물이 각각 그 천성을 이루며 각각 그 도를 지키며 각각 그 직분을 얻나니, 기쁜 나와 기쁜 만물이 어찌 극락세계가 아니겠는가. (『의암성사법설』「후경(2)」)

성품을 닦아 도를 얻은 사람의 몸은 청풍명월처럼 맑고 가벼워지고, 우주강산이 집이 되기 때문에 어디에 있으나 편안할 수 있다. 더욱이 자기의 마땅한 직분에 따라 살게 되니 이것이 바로 극락세계가 된다. 이것은 『중용』에서 "중화를 이루면 하늘과 땅이 바로 서고 만물이 모두 잘 길러진다"라는 말과 같은 맥락이다.

3. 나가는 말

지금까지 의암의 심성론과 수련법을 살펴보았다. 심성론에서는 의암이 우리 마음 구조를 어떻게 이해하고 설명하는지를 알아보았다. 특히 의암의 심성론은 사람은 누구나 한울님을 모신 존재임에도 불구하고 왜 선과 악이 존재하는지를 설명하고, 이것으로부터 수양의 기초를 닦아 나가는 것을 보았다. 의암에 따르면 사람의 마음은 물정심(외부 사물에 물든 마음)과 해탈심(외부 사물로부터 자유로운 마음)이 있는데, 이 물정심 때문에 악이 발생한다고 한다. 그런데 마음이 성품으로부터 비롯되는 것이므로, 이 마음을 낳는 성품의 부면이 있게 마련이다. 그것이 혈각성이다. 반면에 해탈심은 성품 중에서도 원각성과 비각성으로부터 말미암는다. 해탈심의 경지에서는 외부 사물에 마음을 빼앗기거나 흔들리지 않으므로 언제나 고요한 본성을 그대로 유지할 수 있다. 사람은 몸을 가지고 외부 사물과 타인을 접촉하면서 살아가므로 언제나 혈각성이 활성화될 소지를 안고 있다. 그러므로 이 혈각성을 제어하고 원각성과 비각성을 활발하게 하여 해탈심을 잃지 않도록 할 필요가 있다. 그것이 수련이다.

의암의 수련법 역시 21자 주문 수련이기는 하지만, 구체적으로 마음의 상태를 제시한다는 점이 특징적이다. 의암은 주문 공부로써 마음을 "굳세게 하여 빼앗기지 않고, 안정하여 움직이지 않고, 부드럽게 하되 약해서는 안 되고, 깨어 있고 어두워서는 안 되고, 침묵하되 잠

거서는 안 되고, 한가하나 쉬어서는 안 되고, 움직이되 어지러워서는 안 되고, 흔들려도 뽑혀서는 안 되고, 고요하지만 적막해서는 안 되고, 보이나 돌아보아서는 안 되고, 사용할 수 있는 능력은 있으나 사용해서는 안 된다"라고 하였다.

III.

의암 손병희의
이신환성설 연구 *
― 맹자의 대체 · 소체와 관련하여

* 이 글은 『동양문화연구원』 21집에 실렸던 것을 수정하여 재수록했다.

'이신환성'은 육신관념을 성령관념으로 바꾼다는 뜻이다. 의암은 육신의 의의를 두 방향으로 상반되게 정의했다. 첫째는 육신은 백 년이라는 한정된 시간을 살아가는 객체라고 했다. 둘째는 육신은 성품(性靈)이 의지하고 근거하는 바로서 그 측면에서는 몸 또한 주체로서 기능한다고 했다. 몸, 즉 육신의 두 측면은 시간과 공간에 즉하여 어느 것이 주체로 자리매김하느냐에 따라 작용하는 한 이치의 두 측면일 뿐이다. 그런 가운데서도 의암은 성품(성령)을 원소라고 하여, 육신이 있기 이전에도 있고 육신이 사라진 뒤에도 있을 영원한 주체는 성품이라는 점을 분명히 한다. 우리는 일상에서 대부분 육신을 주체로 한 삶과 생각을 영위하지만, 의암은 사람이 끊임없이 육신관념을 돌이켜 성령관념을 보존하고 확장시켜 나가야 한다고 가르친다. 그것이 바로 '이신환성'이다.

1. 들어가는 말

　의암의 대표적인 법설 중 하나가 「이신환성설(以身換性說)」이다. 이신환성은 "육신을 위주로 한 관념을 성령을 위주로 한 관념으로 바꾼다"는 것이다. 몸은 기본적인 욕구 즉 의·식·주에 대한 욕구를 가지고 있기 때문에 이것을 충족시키기 위해서 양보보다는 경쟁하는 경우가 많다. 의암은 동학에 입도한 이후 끊임없는 수련과 스승 해월로부터 받은 가르침에 따라, 이 세상의 문제들을 근본적으로 해소하기 위해서는 정치적, 제도적인 것보다는 사람의 관념이 육신으로부터 비롯되는 욕념이 아니라, 이 세상 만물이 모두 한 계통으로 이어진 성령에 기반을 두는 문명으로 전환(개벽)되어야 한다는 것을 깨달았다. 의암이 국망의 상황에서 전국의 두목 483명을 차례로 우이동 봉황각에 불러들여 49일간 수련을 하게 하면서 가장 강조한 것이 이 이신환성의 법설인 바, 이것은 단기적으로는 국권 회복 운동에 살신성인의 자세로 앞장설 수 있는 정신적 단련을 기하는 것이지만, 장기적으로는 세계의 개벽을 위한 토대를 구축하는 일이었다.

의암의 이신환성설에 관해서는 오문환과 정혜정이 논구한 바 있고, 필자도 연구 결과를 내놓은 바 있다. 오문환은 「의암 손병희의 성심관: 『무체법경』을 중심으로」(『의암 손병희와 3.1운동』, 모시는사람들, 2008)에서 성품과 마음 몸의 관계를 잘 설명하였다. 성품은 몸을 만들어 내는 뿌리이고 마음은 성품과 몸을 이어주는 연결고리이다. 몸과 마음의 뿌리인 성품을 깨닫는 것은 자기 마음의 정성에 달려 있다. 성품을 깨달아 그 결대로 살면 몸도 한울이 되고 마음도 한울이 되지만, 성품과 떨어져 살아가면 세상은 세상대로 사람은 사람대로 흘러간다. 의암은 성품이 드러나는 바에 따라 원각성, 비각성, 혈각성으로 구분하여 설명한다. 원각성은 모든 것의 원인이 되고, 비각성은 모든 모양 있는 것의 원인이 되고, 혈각성은 모든 재앙과 복의 원인이 되는 것이다. 성품으로부터 비롯된 마음도 이 세상 만물과 조응하는 가운데 여러 갈래-층으로 나뉘는 바 그것을 수련의 단계별로 보면 첫 번째는 허광심의 영역이다. 두 번째는 여여심의 영역, 마지막으로는 자유자재(自由自在), 자심자법(自心自法)한 자유심의 경지에 도달하게 된다. 의암이 상정하는 바 수련의 극치에 이른 마음이 자유심의 영역이다. 오문환은 이 점을 상세하게 분석하였지만, 육신관념을 성령관념으로 바꾸는 직접적인 방법, 즉 수련법의 내용을 구체적으로 정리하고 있지 않다.

정혜정은 『동학의 심성론과 마음공부』(모시는사람들, 2012)에서 동학의 수련법을 불교의 염불선과 좌선 및 성리학의 거경궁리와 비교하여 정교하게 분석하였다. 그렇지만 역시 육신관념을 성령관념으로 바꾸는 구체적인 수련 방법은 볼 수 없다. 그래서 필자는 논문 중 「동학의 수양론」에서는 의암의 '이신환성설'을 근거로 의암의 수련법을 제시하고, 「의암의 심성수양론 연구」에서 의암의 무체법경을 근거로 마음과 성품 그리고 수련 방법을 분석 고찰했다. 이러한 선행의 연구 성과들을 기반으로 이 장에서는 의암의 수련법을 맹자의 수양론, 그리고 불교의 염불선 혹은 간화선 등과 비교·고찰함으로써, 그 의의를 좀더 분명하게 드러내고 새롭게 계승할 여지를 찾아보고자 한다.

2. 신·심·성과 소체·대체의 관계

1) 몸과 작은 몸

의암에게 몸은 두 가지 의미가 있다. 첫째는 육신관념이다. 의암은 "육신은 백 년 사는 한 물건"이라고 규정한다. 백 년이 지나면 이 세계에서 사라지는 존재라는 것이다. 의암은 '그러므로 몸은 한때의 객체'라고 표현하고 있다. 그런데 우리 사람이 이 객체를 중심으로 생각하고 또 살아가려 하면 모든 일에 반드시 재앙이 따라 온다고 하였다. 이 세상에 공간을 점유하는 육신은 사람마다 가지고 있는데, 그 육신을 중심으로 생각하면 살아 있는 것은 어느 것이나를 불문하고 (사람은 물론 동물과 식물까지도) 그 물리적 심리적 공간을 유지하고 확장하려고 하기 때문에 경쟁하거나 갈등할 수밖에 없기 때문이다. 그 경쟁과 갈등은 직접적인 폭력이 아니더라도 이 세계의 관계성을 파괴하고, 그것은 결국 나 자신에게 재앙으로 돌아오게 되는 이치이다. 오늘날의 전 지구적 기후위기가 이 점을 적나라하게 보여준다.

　육신에 대한 이러한 생각은 의암의 스승 해월에게서도 이미 구체적으로 드러난 바 있다.

> 심령은 오직 한울이니 높아서 위가 없고 커서 끝이 없으며, 신령하고 호탕하며 일에 임하여 밝게 알고 물건을 대함에 공손하니라. 생각을 하면 한울 이치를 얻을 것이요 생각을 하지 않으면 많은 이치를 얻지 못할 것이니, 심령이 생각하는 것이요, 육관(눈 귀 코 혀 몸 뜻)으로 생각하는 것이 아니니라. (『해월신사법설』「수심정기」)

　여기서 심령에 대응하는 육관(六官)은 오감에 의(意)가 더해진 것으로 의암이 말하는바 육신관념은 해월에 따르면 '육관'으로부터 비롯되는 관념이다. 여기서 '의(意)'는 보통 사람이 생각을 하는 작용을 말하는데 여기서는 나머지 오감으로부터 비롯되는 생각 즉 욕심, 사사로운 마음이라고 이해할 수 있다. 이 육관이 '생각할 수 없다'는 것은 그것이 사고기능이 없다는 물리적인 설명에 더하여 오감은 외부의 사물에 반응하는 것이 주된 기능이기 때문에 그것을 쫓아가기만 할 뿐 성찰하는 기능이 없음을 주로 지적한 것이다.

해월의 이런 생각은 해월만의 것은 아니다. 해월 이전 동양의 철학 전통, 특히 맹자의 사유에서도 이 점이 잘 드러난다. 맹자는 몸을 대체·소체로 나누어 설명한다.

공도자가 말하기를 "모두 사람인데 누구는 대인이 되고 누구는 소인이 되는 까닭은 무엇입니까?" 맹자가 말하기를 "대체를 따르면 대인이 되고 소체를 따르면 소인이 된다. 귀와 눈의 기능은 생각이 없기 때문에 바깥 사물에 가리워진다. 사물에 접하게 되면 끌려가 버린다. 마음의 기능은 생각할 수 있다. 그러므로 생각하면 얻어지고 생각하지 않으면 얻지 못한다. 이것은 하늘이 나에게 준 것이다. 먼저 큰 것을 확립하면 작은 것은 빼앗아 갈 수 없다. 이러하면 대인이 될 수 있다." (『맹자』 「고자상」)

대인(聖人)과 소인(凡人)이 갈리는 이유를 묻는 공도자의 질문에 맹자는 '대체(大體)'를 따르면 대인이 되는데 여기서 대체란 하늘이 나에게 준바 '생각하는 마음'을 말한다. 즉 마음의 길을 따라가면 대체를 따르는 것이며 귀와 눈 같은 감각의 길을 따라가면 소체를 따르는 것이다. 여기서도 귀와 눈 같은 감각기관, 즉 소체는 생각할 수 없기 때문에 바깥 사물을 따라가 버린다. 맹자는 이것을 '사물에 가리워진다'고 말한다. 이렇게 몸과 마음을 나누어 설명하는 동양 사상의 전통 위에 해월의 사상도 놓여 있음을 알 수 있다. 의암의 육신관념과 성령관

넘도 결국 맹자와 해월에게서 보이는바 몸(소체)과 마음(대체)을 구분하는 전통 위에 서 있다고 할 수 있다.

> 성령은 사람의 영원한 주체요, 육신은 곧 사람의 객체니라. 만약 주체로써 주장을 삼으면 영원히 복록을 받을 것이요, 객체로써 주장을 삼으면 모든 일이 재앙에 가까울 것이니라. … 그런데 주체가 영생하고자 하면 객체 즉 육체가 험하고 괴로움이 많고, 객체가 안락하고자 하면 주체 즉 성품의 앞길이 들떠 있으리니 그대들은 무엇을 취하겠는가? (『의암성사법설』「이신환성설」)

의암도 성령과 육신을 구분하면서 성령을 따르면 복을 받고 육신을 따르면 재앙이 따라온다고 말한다. 여기서 의암은 성령과 육신을 적대적인 것으로 보는 것은 아니다. 즉 성령과 육신 가운데 어느 것을 주체로 보고 어느 것을 객체로 보느냐의 문제, 주객 관계를 명확하게 설정하는 것이 관건이라고 보는 것이다. 이때 객체인 몸이 안락하면 주체인 성품이 들뜨고, 주체인 성령이 영생하고자 하면 객체인 육신이 험하고 괴로움이 많다고 한다. 의암이 일찍이 동학에 입도한 직후에 하루에 주문 삼만 번 독을 외우며 성심수련을 다한 결과 육신의 고단함에 반비례하여 마음이 고요해지고 맑아져서 성령의 밝음이 드러나게 됨을 체험한 것이 성령-육신관념의 관계를 직접 체험한 사례라고 할 수 있다. 그런데 현실 세계에서 이 관계는 절대적이며 불변한 상태를 고집하지 않는다. 즉 주-객은 서로 넘나들며 서로 살리고 보존한다.

> 몸이 있을 때에는 불가불 몸을 주체로 알아야 할 것이니, 왜 그런가 하면 몸이 없으면 성품(性靈)이 어디 의지해서 있고 없는 것을 말하며 마음이 없으면 성품을 보려는 생각이 어디서 생길 것인가. (『의암성사법설』「성심신삼단」)

의암이 위에서 몸을 주체로 말한 것은 바로 성품은 몸이 없으면 있을 곳이 없기 때문이다. 물그릇으로 설명해 보면 몸은 그릇이고 성품(性靈)은 그릇에 담겨져 있는 물과 같다. 그러므로 둘 다 제자리에 온전히 있을 때 존재의 의미가 드러난다.

의암은 '나'의 주체인 성령을 온전히 보존하고 그것이 드러나도록 하기 위해서라도 육신을 주체로 사유하는 태도를 버리지 말아야 한다고 말한다. 이것은 앞의 말(성령-주체, 육신-객체)과 모순되는 것이 아니라, 주체와 객체의 관계가 상호 의존함을 말하는 것이다.

맹자는 육신(氣)과 성품(志)의 관계를 장수와 부하의 관계로 묘사한다. 맹자는 "뜻(志)은 기(氣)의 장수요, 기는 몸에 가득 찬 것이니, 뜻이 지극하고 기가 다음이다. 그러나 뜻을 지녔어도 그 기를 해치지 말라."고 했다. 또한 맹자는 뜻은 기를 지휘하는 장수라고 했으니, 뜻을 먼저 세워 기가 자연스럽게 따라오게 해야 한다는 의미임을 알 수 있다. 그러면서도 '기를 해치지 말아라'고 했으니, 이것은 뜻과 기의 조화로움을 강조한 것이다.

그러면 마음과 성품(性靈), 즉 대체는 어떤 상태로 있을까? 역시 해월과 맹자의 사유를 인용하면서 의암의 생각을 살펴본다.

2) 마음과 성품 그리고 큰몸(大體)

의암은 몸에 있는 마음과 성품을 다음과 같이 설명한다.

> 성품은 이치니 성리는 공공적적하여 끝이 없고 양도 없으며 움직임도 없고 고요함도 없는 원소일 뿐이요, 마음은 기운이니 심기는 원원충충하여 넓고 넓어 흘러 물결치며 움직이고 고요하고 변하고 화하는 것이 때에 맞지 아니함이 없는 것이니라. 이러므로 이 두 가지에 하나가 없으면 성품도 아니요 마음도 아니니라. (『의암성사법설』「성심신삼단」)

의암은 성품은 텅 비고 고요하면서 움직임도 고요함도 없는 원소요, 마음은 움직이면 움직이고 고요하면 고요한 기운이라고 한다. 성품을 바탕이면 마음은 그 위에 그려진 그림이다. 그러므로 성품과 마음 가운데 하나라도 없으면 존재할 수가 없다.

또 의암은 "성품을 보는 것은 누구이며 마음을 보는 것은 누구인가. 만약 내 몸이 없으면 성품과 마음을 대조하는 것이 어느 곳에서 생길 것인가."라고 하여 성심이 몸에 의존하여 있음을 말하면서, 이들은 선후 관계이기보다는 상호 의존적인 관계이며 무엇을 주체로 삼느냐가 관권이라고 본다.

> 성품이 있고서야 몸이 있고, 몸이 있고서야 마음이 있으나 그러나 성품과 마음과 몸 세 가지에서 어느 것을 먼저 할 것인가. 성품이 주체가 되면 성품의 권능이 몸의 권능을 이기고, 몸이 주체가 되면 몸의 권능이 성품의 권능을 이기느니라. (『의암성사법설』 「성심신삼단」)

여기서 성품이 마음과 몸의 뿌리이며, 성품(性靈)을 주체로 하여 몸(육신)의 권능을 이기는 이치를 설명한다. 그러나 성품이 몸의 권능을 이기는 것이 몸의 존재 의의를 무로 돌리는 것은 아니다.

> 성품을 주체로 보고 닦는 사람은 성품의 권능으로써 비고 고요한 경지를 무궁히 하고 그 원소를 확충하여 불생불멸을 도라 말하고, 몸을 주체로 보고 닦는 사람은 몸의 권능으로써 활발하고 거리낌 없이 현세계에서 모든 백성을 함양함을 도라고 말하느니라. (『의암성사법설』 「성심신삼단」)

의암은 성품의 측면에서는 비고 고요하여 없는 듯하지만 그래도 그 바탕을 확충하라고 하고 있다. 그리고 몸의 측면에서는 몸은 눈으로 보이니 닦아서 자신도 이롭게 하고 그 결과 백성에까지 좋은 영향을 파급시키라고 말하고 있다.

그러나 성품과 마음과 몸은 상호 의존적이며 또 각각의 의의가 있음에도 불구하고, 성품과 달리 몸과 마음은 그 한계가 여실하다. 이 세계의 악과 불선(不善)은 모두 이 몸과 마음의 불선(不善)의 가능성이 현실화되면서 생겨난 것이다. 마음의 불선함은 곧 감각으로부터 비롯되는 육신관념에 의존하거나 종속되는 데서 생겨난다. 의암은 이 것을 물정심이라고 한다. 감각이 선호하는 것은 '사랑'으로 드러나고 감각이 거부하는 것은 '미움'으로 드러나는데, 이 둘 모두 감각이 사물에 응하여 생겨난 것이라는 점에서 '물정심'인 것은 매한가지이다. 물정심 또한 '내 마음'이 아닌 것은 아니다. 그러므로 의암은 이 물정심이 '제2 천심'이라고까지 말한다. 그러나 제2 천심이라고 하여 물정심 또한 보존하고 확충시켜 가야 하는 것은 아니다. 물정심은 몸과 마음(사심)으로부터 비롯된 마음이기 때문에 성품을 주체로 하여 다스리고 제어하고, 가라앉혀야 하는 마음이다.

의암이 말하는 '물정심'을 야기하는 감각을 맹자는 소체라고 말한다. 맹자가 말하는 소체, 즉 눈과 귀의 감각기관은 주체적으로 성찰(생각)하지 못하고 외부의 사물에 끌려가 버린다. 그렇게 되면 욕념이 내 마음을 가득 채우게 되는 것이다. 그러나 이 마음을 성품(성령)으로서 제어하고 가라앉히면, 그 마음은 고요하고 맑아서 사물의 정도(正道)를 따라 흐르고 또 사물이 바르게 자리매김하도록 한다. 의암은 이를 두고 "마음은 기운이니 심기는 원원충충하여 넓고 넓어 흘러 물결치며 움직이고 고요하고 변하고 화하는 것이 때에 맞지 아니함이 없다.”
라고 하였다. 이런 마음을 의암은 구체적으로 '해탈심'이라고 하였다.

> “성현은 그렇지 아니하여 항상 나의 본래를 잊지 않고 굳건히 지키며
> 굳세어 빼앗기지 않으므로, 모든 이치의 근본을 보아 얻어 모든 이치
> 가 체를 갖추게 하며, 마음 머리에 머뭇거리어 둥글고 둥글어 그치지
> 아니하며, 스스로 놀고 놀아 슬기로운 빛 안에서 고요하지 아니하며,
> 일만 티끌 생각이 자연히 꿈 같으니 이것을 해탈심이라 이르느니라.”
>
> (『의암성사법설』「무체법경」)

　의암이 말하는 해탈심은 항상 나의 본래를 잊지 않고 굳건히 지키
고 빼앗기지 않으므로 모든 이치를 보고 얻어서, 일만 티끌 같은 사랑
하고 미워하는 마음을 보기를 덧없는 꿈처럼 볼 수 있는 그런 마음이
다. 이런 마음을 맹자는 대체라고 했다. 그리고 대체는 생각할 수 있
는 기능이 있기 때문에 생각을 해서 먼저 큰 것을 우뚝 세워서 사랑
하고 미워하는 마음에 흔들리지 않는다. 그래서 일과 이치가 엇갈리
지 않게 되고, 세상에 물들지도 않게 되어서 나 자신을 자유자재로 사
용하게 된다. 이런 경지에 도달하기 위해서 의암은 몸을 성품으로 바
꾸라고 한 것이다. 이제 몸이 갖고 있는 한계를 극복하고 한계가 없는
성품의 영역으로 넘어가는, 즉 물정심에서 해탈심으로 바꾸는 공부
방법에 대해서 서술해 보자.

3. 육신관념을 성령관념으로 바꾸다

1) 마음을 스승으로 삼다

　의암이 육신관념을 성령관념으로 바꾸는 수련 방법 가운데 여기서는 '이심위사(以心爲師)', 즉 마음을 스승으로 삼아서 굳세게 수련하는 것에 관하여 주로 이야기하고자 한다. 수련이 요구되는, 인간이라면 누구나 당면한 현실을 의암은 "해와 달은 비록 밝으나 검은 구름이 가리면 병 속의 등불 같고, 성품(性靈)의 맑고 깨끗한 것을 많은 장애물이 둘러서 진흙 속에 묻힌 구슬과 같다."고 표현하였다. 여기서 해와 달은 성품이고 병은 소체, 즉 몸이다. 등불은 소체에 가려진 성품, 즉 물정심과 같은 것이다. 이 흐릿하고 흔들리는 등불을 밝게 빛나게 하기 위해서는 다른 생각 하지 말고 굳세게 밀고 나아가서 '마음을 스승으로 삼아서(以心爲師)' 소체에 그 본성을 빼앗기지 않도록 하는 것이다. 여기서 '스승'은 나에게 가르침을 주는 존재이고, 나의 생사와 언행과 진퇴를 지시하는 궁극적인 진리 기준을 의미한다. 그 마음은 곧 한울이라고 할 수 있다. 이렇게 마음을 스승으로 삼아 마음을 굳세게 하면 마음이 편안하게 정해지며, 부드럽게 처신하고 밝게 깨달아 미혹되지 아니하며, 일을 따라 움직이면서도 잠잠하고, 멈추어도 죽어버리지 않으며, 보고 듣는 것에 집착하지 않고, 분수를 잃어 지켜 나가게 된다.

실제로 의암은 수련을 열심히 할 때 꼭 바보처럼 보였다 한다. 수련을 하면서 하루에 짚신을 여러 켤레 만들었는데, 이것을 장에 가서 팔아서 생활에 보태곤 했다. 그런데 이상한 것은 짚신의 가격을 꼭 다른 사람 가격의 절반만 받는 것이었다. 그래서 사람들은 의암을 세상 물정 모르는 바보로 생각했다. 그러나 의암의 마음은 그것이 아니었다. 의암에게는 돈을 얼마 받는가가 중요한 것이 아니라, 내 마음이 얼마나 짚신 만드는 데 집중해서 훌륭한 짚신을 만들어 내는가가 중요한 것이었다. 겉으로는 부드럽고 약한 것처럼 보였지만, 속으로는 알찬 성품을 만들고 있었던 것이었다. 이렇게 되면 결국 "움직이나 어지럽지 않으며, 흔들려도 빼앗을 수 없"는 경지에 도달한다. 실로 의암이 동학에 입도하여 성심 수련하고, 이윽고 스승인 해월을 만나 가르침을 받은 뒤로, 그가 순국순도의 길에서 환원하던 날까지 의암의 일생은 움직임을 멈추지 않았으나 어지럽지 않았으며, 주변에서 수많은 시련과 유혹, 그리고 배반(시천교)과 분열의 공작이 있었으나, 그의 뜻을 빼앗지는 못하였던 것이다. 그러므로 의암은 다음과 같이 노래하였다.

천지일월이 가슴 속에 드니,
천지가 큰 것이 아니요 내 마음이 큰 것이라.
군자의 말과 행동은 천지를 움직이나니,
천지조화는 내 마음대로 할 것이니라.
天地日月入胸中 天地非大我心大

君子言行動天地 天地造化吾任意 (『의암성사법설』「강시」)

2) 마음을 닦아서 성품을 드러내다

의암이 제시한 공부 방법의 특징을 수심견성(修心見性)으로 표현할
수도 있다. 이는 정혜정이 그의 책 『동학의 심성론과 마음공부』에서
주장한 것인데, 필자는 이 주장에 동의하면서 또 다른 근거를 제시하
고자 한다. 여기서 '마음을 닦는다'는 것은 동학의 21자 주문 수련으
로 그 맥을 잡을 수 있다. 본래 해월이 수운 스승으로부터 받은 도법
은 수심정기(守心正氣)인데, 의암은 수심(修心)으로 표현하였다. 수심
(守心)과 수심(修心)은 마음의 어떤 측면을 보느냐에 따라 달라지는 것
으로, 그 궁극의 지향은 같다고 본다. 수심(修心)의 요체가 되는 동학
의 21자 주문은 '지극히 한울님을 위하는 글'이므로, 이 주문을 염송함
으로써 덕을 밝게 하고, 늘 생각하여 잊지 않으면 지기(至氣)와 화하여
성인에 이르게 된다고 하였다. 주문을 외면서 단정히 않는 것은 염불
과 좌선의 결합처럼 삼매의 상태에 들게 하는 방법인데, 동학 주문 공
부는 거기에 감응의 기화가 있는 것이다.

여기서 의암의 수련법을 불교의 수행법과 견주어 살펴볼 여지가
생긴다. 실제로 의암은 스승 해월과 같이 여러 차례 절에 들어가서 주
문 수련을 했다. 이 과정에서 자연스럽게 불교 수행법의 영향을 받았
을 것이라고 추론해 볼 수도 있다.

천하 일만 생각이 전혀 한 몸에 있으니 앞의 물결이 겨우 쉬면 뒤의 물
결이 일어난다는 이 생각이 어느 때에 없어질 것이냐. 이것을 끊으려
고 불가능의 심력을 공연히 허비치 말고, 다만 '내 속의 어떤 내가 있
어 굴신동정하는 것을 가르치고 시키는가' 하는 생각을 일마다 생각하
여 오래도록 습성을 지니면, 성품과 몸 두 가지에 어느 것이 객체인 것
과 어느 것이 중요하고 어느 것이 가벼운 것인 줄을 스스로 깨닫게 될
것이니, 이 깨달음이 곧 육신을 개벽하는 것이니라. (『의암성사법설』 「인
여물개벽설」)

위에서 "(끊임없이 일어나는) 생각을 끊으려고 심력을 허비하지 말고
내 속의 어떤 내가 있어 굴신동정하게 하는가를 일용행사에서 늘 생
각"하라는 불교의 간화선 수행 전통과 유사하다. 간화선(看話禪)은 화
두를 들고 참선을 한다는 뜻이다. 화두는 1700여 개가 있다고 하는데,
이 중에서 유명한 화두가 '이 뭣고?'이다.

밥 먹고 옷 입고 말하고 보고 듣는 이 놈, 일체처 일체시에 밝고 또렷
또렷한 주인공 이놈이 무엇인고? 부모미생 전 나의 본래 면목이 무엇
인고? 이 몸뚱아리를 끌고 다니는 이놈이 무엇인고?(『간화선 입문』)

'이 뭣고?'는 '이것이 무엇인가?'라는 뜻이다. 화두는 물음의 정답이
나 일상적인 의미를 찾는 것과는 다르다. 오히려 물음 그 자체, 일상

적인 의미를 넘어서기가 화두의 본질이며, 더 중요한 것은 이 화두를 내 몸에서 떠나지 않게 하는 것이다. 화두에 끊임없이 집중하다 보면, 어느 날 문득 성품의 자리가 환하게 열리고, 만물의 이치가 투득(透得) 되는 경험을 하게 된다.

그러나 초보자에게는 화두가 쉽게 들리지 않는다. 그래서 화두선에 나아가는 요령을 몇 가지로 제시한다. "간절하게 들어라. 끈질기게 규칙적으로 들어라. 망상과 싸우지 마라. 조급하지도 말고 느리지도 말라" 등등. 이러한 요령을 통해 화두가 익숙하게 될 때까지 밀어붙이다 보면, 화두가 무르익어 한 덩어리로 뭉쳐지는데, 이것을 의단(疑團)이라 한다. 나와 화두가 단단히 뭉쳐져 한 조각 반달처럼 하늘에서 밝게 빛나는 모습이라 할 수 있을 것이다. 이 상태를 '은산철벽(銀山鐵壁)'이라 한다. 은으로 만든 산, 철로 만들어진 벽이라는 뜻이다. 이런 은산철벽이 앞뒤좌우 사방을 가로막고 있는 것이다. 생각의 길이 철저히 차단된 것이다. 이렇게 의심으로 똘똘 뭉친 화두의 은산철벽을 뚫고 나가야만 비로소 대자유의 세계가 펼쳐진다. 다시 말해 화두 간화선은 서서히 깨달음으로 나아가는 것이 아니라, 장애(생각)를 하나로 모아서 그것을 한꺼번에 깨뜨려 버리므로, 깨달음의 울림이 매우 크다고 할 수 있다.

의암이 "일마다 생각하여 오래도록 습성을 지니면"이라고 한 것은 화두선과 절묘하게 부합한다. 이것을 오래도록 하여 습성으로까지 지니게 되면, 성품과 몸 두 가지의 관계와 어느 것이 중하고 어느 것이

가벼운지를 깨닫게 된다. 이것이 견성(見性), 즉 성품이 온전히 드러나는 순간이다. 이 순간을 불교 간화선에서는 '소식을 듣는다'라고 표현한다. 결국 이론이나 철학이 점진적이고 중층적으로 지혜를 넓혀나가는 방법을 취하는 것이라면 불교의 화두선과 의암의 수심견성의 방법이 말해주는 것은 마음의 장애나 의문을 '하나로 뭉쳐서' 일거에 타파하는 것이다. 그러나 의암의 수심견성의 방법에서는 '일마다 생각'하는 것이므로, 일상생활을 흔들림없이 해 나가는 것이라는 점도 간과해서는 안 된다.

4. 나가는 말

지금까지 의암의 '이신환성'에 대해 살펴보았다. '이신환성'은 육신 관념을 성령관념으로 바꾼다는 뜻이다. 의암은 육신의 의의를 두 방향으로 상반되게 정의했다. 첫째는 육신은 백 년이라는 한정된 시간을 살아가는 객체라고 했다. 둘째는 육신은 성품(性靈)이 의지하고 근거하는 바로서 그 측면에서는 몸 또한 주체로서 기능한다고 했다. 몸, 즉 육신의 두 측면은 시간과 공간에 즉하여 어느 것이 주체로 자리매김하느냐에 따라 작용하는 한 이치의 두 측면일 뿐이다.

그런 가운데서도 의암은 성품(성령)을 원소라고 하여, 육신이 있기 이전에도 있고 육신이 사라진 뒤에도 있을 영원한 주체라는 점을 분명히 한다. 우리는 일상에서 대부분 육신을 주체로 한 삶과 생각을 영위하지만, 의암은 사람이 끊임없이 육신관념을 돌이켜 성령관념을 보존하고 확장시켜 나가야 한다고 가르친다. 그것이 바로 '이신환성'이다.

　이 장에서는 이신환성의 구체적인 방법론으로 마음을 굳세게 하여 나아가는 방법과 마음을 닦아나감으로써 화두선에서 한 소식을 듣는 것처럼 일거에 깨달음을 얻는 방법을 제시하였다. 의암의 '이신환성'의 법설은 '성령출세(性靈出世)'라고 하는 생사관으로도 연결되고, 현실세계에서는 동학혁명과 3.1운동 같은 동학의 개벽운동을 가능케하는 근본적인 동력이 되었다.

　오늘의 세계는 다시 한번 개벽의 거대한 흐름이 요동치고 있다. 지금까지 살펴본 동학의 수양론은 과거 한때의 이야기가 아니라, 오늘 인류와 지구가 직면한 상황을 극복하고, 세계가 한 차원 드높은 새 지평을 열어나가는 데 절실하게 요청되는 덕목이며 방법론이라고 할 수 있다. 의암은 일찍이 "너는 반드시 한울이 한울된 것이니, 어찌 영성이 없겠느냐. 영은 반드시 영이 영된 것이니, 한울은 어디 있으며 너는 어디 있는가. 구하면 이것이요 생각하면 이것이니, 항상 있어 둘이 아니니라."라는 법문으로써 자신의 도력을 제자들에게 전수한 바 있다. 그 안에는 수운 - 해월 - 의암으로 이어져 온 동학의 진리의 핵심은 물론이고, 동학 수양론의 요체도 포함되어 있다. 세상 사람들 모두가 '내가 곧 한울임을 깨달아, 내 안의 성령이 밝게 드러나는 삶과 세계'를 건설하는 데로 나아가기를 심고한다.

『金剛經』『六祖壇經』『馬祖語錄』『大慧普覺禪師書』.

천도교중앙총부, 『천도교경전』, 천도교중앙총부출판부, 포덕 142년판.

김춘성, 「동학의 자연과 생태적 삶」, 『동학학보』 창간호, 동학학회, 2000.

김태완 역주, 『마조어록』, 침묵의 향기, 2005.

김홍근, 『참선일기』, 교양인, 2005.

김홍호, 『양명학공부1, 2 전습록풀이』, 솔출판사, 1999.

대혜종고, 장순용 옮김, 『참선의 길』, 고려원, 1997.

두유명, 권미숙 옮김, 『한 젊은 유학자의 초상』, 통나무출판사, 1994.

박경환, 「동학과 유학사상」, 『동학학보』 5, 동학학회, 2003.

성백효 역주, 『맹자』, 전통문화연구회, 2009.

송봉구, 「맹자의 수양론에 관한 연구」, 성균관대학교 석사논문, 1996.

_____, 「주자의 거경궁리론 연구」, 성균관대학교 박사논문, 2004.

_____, 「동학의 수양론 연구」, 『유학연구』 제20집, 충남대유학연구소, 2009.

_____, 「양명의 치양지와 수운의 시천주 비교연구」, 『유학연구』 제23집, 충남대유
      학연구소, 2010.

_____, 「손병희의 이신환성설 연구」, 『동양문화연구』 제21집, 영산대동양문화연
      구원, 2015.

_____, 「손병희의 심성 수양론 연구」, 『유학연구』 제22집, 충남대학교 유학연구소,
      2010.

_____, 「해월 최시형의 이심치심 연구」, 『동양문화연구』 제9집, 영산대동양문화연
      구원, 2012.

_____, 「동학의 주문 수련법 연구」, 『동양문화연구』 제29집, 영산대동양문화연구
      원, 2018.

_____, 「수운 최제우의 수심 수양방법 연구」, 『동양문화연구』 제24집, 영산대동양
    문화연구원, 2016.

_____, 「주자의 거경과 해월의 수심정기 비교연구」, 『유학연구』 제25집, 충남대학
    교 유학연구소, 2011.

_____, 「쉽게 이해하는 유학과 동학의 마음수양」 심포지움, 2012.

_____, 「새로운 학문의 개척자 수운 최제우」 심포지움, 2017.

_____, 「의암 손병희의 사상과 마음 수양」 심포지움, 2017.

영남대학교 민족문화연구소, 『동학사상의 새로운 조명』, 영남대학교출판부, 1998.

오문환, 「수운 최제우의 인간관 '시정지'를 통해 본 신인간」, 『동학연구』4, 한국동학
    학회, 1999.

오문환 편저, 『한국의 사상가 10인 수운 최제우』, 예문동양사상연구원, 2005.

오문환 외, 『의암 손병희와 3.1운동』, 모시는사람들, 2008.02.20.

월호의 육조단경강의, 『문안의 수행 문밖의 수행』, 불광출판사, 2009.

윤석산, 『주해 동경대전』, 동학사, 1996.

_____, 『동학교조 수운 최제우』, 모시는사람들, 2004.

_____, 『해월 최시형의 삶과 사상』, 모시는사람들, 2014.

이광순, 『의암 손병희』, 태극출판사, 1970.

이기동 역해, 『노자』, 동인서원, 2001.

이기동, 『대학 중용강설』, 성균관대학교출판부, 2003.

이해영, 「맹자의 마음과 기」, 『동양철학연구』 제41집, 동양철학연구회, 2005.

정인재 한정길 역주, 『전습록 1, 2』, 청계출판사, 2007.

정혜정, 『동학의 심성론과 마음공부』, 모시는 사람들, 2012.

조계종 포교원 연구실, 『간화선입문』, 조계종출판사, 2006.

최준식, 『한국의 종교, 문화로 읽는다』2, 사계절, 1998.

동학을 배우다 마음을 살리다

등록 1994.7.1 제1-1071
1쇄 발행 2020년 8월 31일

지은이   송봉구
펴낸이   박길수
편집장   소경희
편 집   조영준
관 리   위현정
디자인   이주향
펴낸곳   도서출판 모시는사람들
         03147 서울시 종로구 삼일대로 457(경운동 수운회관) 1207호
전 화   02-735-7173, 02-737-7173 / 팩스 02-730-7173
홈페이지 http://www.mosinsaram.com/

인 쇄   (주)성광인쇄(031-942-4814)
배 본   문화유통북스(031-937-6100)

값은 뒤표지에 있습니다.
ISBN   979-11-88765-97-3   03100

이 도서의 국립중앙도서관 출판예정도서목록(CIP)은 서지정보유통지원시스템 홈페
이지(http://seoji.nl.go.kr)와 국가자료공동목록시스템(http://www.nl.go.kr/kolisnet)
에서 이용하실 수 있습니다.(CIP제어번호: CIP2020034350)

* 이 책은 2019년도 영산대학교 교내연구비로 출판되었습니다.